3년 후,
# 한국은 없다

공병호

# 3년 후,
# 한국은 없다

총 체 적  난 국 에  빠 진  대 한 민 국  민 낯  보 고 서

21세기북스

"지금 이 길은 편안하지만 우리가 죽는 길입니다.
지금 불편하고 힘이 들더라도
다른 길을 선택해야만 우리는 살 수 있습니다."

# 어떻게 세운 나라인데
# 이대로 주저앉을 것인가

"공공부문 부채 957조 원 돌파, 3년 만에 204조 원 증가."

광복 70년에 공공부문 부채가 1,000조 원이고, 이 가운데 20% 이상이 박근혜 정부 3년 동안 증가하였다. 이것이 정치하는 사람들만의 책임이겠는가! 조간신문을 펼쳐보면 돈 달라는 사람들이나 단체들의 아우성은 점점 높아져가기만 한다. 더 걱정스러운 일은 그런 요구를 당연한 권리로 받아들이는 사람들이 점점 늘어나고 있다는 것이다. 앞으로 공공부문 부채가 얼마나 빠른 속도로, 얼마만큼 더 늘어날지 알 수 없는 일이다.

사회 전체가 착 가라앉은 상태가 지속되고 있다. 구조적인 불황 상태가 지나치다 싶을 정도로 오래 계속되고 있다. 우리 사회의 무기력 상태가 이대로 굳어지고 마는 것이 아닌가, 우려하는 국민들도 점점 더 늘어나고 있다.

한국 경제는 불황 상태에 놓여 있는 것이 아니다. 이미 구조적인 불황, 즉 '저(低)성장 경제'의 초입에 들어섰다는 판단을 내리지 않을 수 없다. 여기서 '저성장'이란 상당 기간 보이는 만성적인 2%대 경제성장률을 뜻한다. 정부가 경기부양책을 사용하면 잠시 동안 3%대 초반을 기록했다가 다시 원래 상태인 2%대 성장률로 되돌아간다. 2%대 성장률도 어느 시점이 되면 1%대로, 그리고 또 어느 시점이 되면 제로(0) 성장률 혹은 마이너스 성장률이 정상인 상태가 된다. 이처럼 저성장 경제란 경기 변동상 호황을 기대할 수 없는 구조적이고 장기적인 불황에 한 나라 경제가 깊이 빠져버린 상태, 즉 이러한 구조적인 요인 때문에 잠재성장률이 계속 하락하는 경제를 의미한다.

경제도 사람이 하는 일이므로 상황을 반전시킬 가능성이 없는 것은 아니다. 그러나 현재의 정치·경제·사회 상황을 종합해보건대, 올바른 개혁을 추동해야 할 정치 세력의 부족한 역량과 어설픈 개혁 방법 그리고 현 정권의 부재에 가까운 리더십으로는 저성장 상태를 반전시킬 수 있는 가능성은 그리 높지 않아 보인다.

안타까운 점은 경제적으로 보수 이념을 내세운 정권이 연속해서 두 번씩이나 집권에 성공했음에도 불구하고, 우리 사회의 구조적인 핵심 과제들을 개혁하는 데는 거의 성공을 거두지 못했다는 것이다. 보수 이념은 올바르고 건강한 개혁의 충실한 길잡이 역할을 했어야 하지만, 실천의 영역에서 거의 제 역할을 하지 못했다. 확고한 이념적 토대에 기초하지 않고 정치인 개인의 인기몰이나 재량권에 바탕을 둔 개혁 시도는 올바른 방향이나 방법을 정할 수 없을 뿐만 아니라 개혁의 효과를 거두기 힘들다.

실망스러운 점은 이뿐 아니다. 우리는 일본이 지난 20년간 어떤 어려움을 겪어왔는가를 옆에서 생생하게 지켜보았다. 일본이 구조 조정 기회를 놓침으로써 어떤 길을 걸었는지 모두가 잘 알고 있었음에도 불구하고 우리는 그것을 타산지석으로 삼지 못했다. 대한민국의 개혁은 실행이 아닌, 말의 성찬(盛饌)이나 유희(遊戱)로 끝나고 말았다. 훗날 우리는 이를 두고두고 안타까워하게 될 것이다. 세상만사가 그렇듯이 어떤 나라의 회생이나 재건도 '타이밍'이 결정적이다. 시기를 놓치고 나면 상황은 걷잡을 수 없이 악화되고 만다.

## 우리가 반드시 물어야 할 4가지 질문

젊은 사람들은 괜찮은 일자리를 구하지 못해 아우성이다. 은퇴를 전후한 중장년층도 특별히 가리지 않더라도 일자리를 찾기가 어렵다. 노년층도 삶이 힘겹기는 마찬가지다. 한평생을 힘들게 살아온 노년층 가운데 제대로 노후를 준비해둔 사람들은 드물다. 사회는 점점 늙어가고 출산율 역시 떨어지고 있다. 그보다 더 큰 걱정은 "앞이 보이지 않는다"고 낙담하는 사람들이 늘어나고 있다는 점이다.

어쩌다 우리 사회가 이처럼 딱한 상황에 놓이게 되었을까? 과거에도, 또 지금도 우리가 갖고 있는 문제가 무엇인지를 몰라서 해결책을 마련하지 못하는 것은 아니다. 실행에 고통이 따르는 해법을 택하기보다는, 눈에 보이는 단기 정책들에 매달리다가 시간만 흘려보내고 말았다는 것이 정확한 진단일 것이다. 여기서 우리는 다음 4가지 중요한 질문과 마주하게 된다.

- 우리 사회는 현재 어떤 상황에 놓여 있는가?
- 우리 사회의 핵심 문제는 무엇인가?
- 우리 사회는 어디를 향해 가고 있는가?
- 어떻게 해야 이처럼 어려운 상태를 벗어날 수 있을까?

　우리 사회가 겪고 있는 저성장, 고실업, 고부채, 저출산, 고령화 등은 하나하나 볼 때는 마치 독립적인 현상들처럼 보인다. 그러나 이들은 서로 밀접하게 연결되어 있으며, 때로는 원인으로 때로는 결과로 작용한다. 이들 사이의 상호작용에 의해 우리 사회가 만들어내는 성과(performance)가 달라진다.

　경제성장률이 낮아지고 일자리를 만들어내는 속도가 떨어지면서 더불어 부채 규모와 증가율이 현저히 높아진다면, 이는 다양한 요인이 상호작용을 일으킨 결과물로 이해할 수 있다. 즉, 우리 사회가 겪고 있는 저성장, 고실업, 고부채, 저출산, 고령화 등과 같은 현상은 하나의 결과물(output)이기도 하지만, 한편으로는 또 다른 현상에 영향을 미치는 투입물(input)이기도 하다. 낮은 성장률 때문에 출산율이 낮아지고, 낮은 출산율은 관련 산업의 침체를 가져와 다시 성장률을 낮추게 된다. 선순환이 일어날 수도 있지만 역으로 악순환이 일어날 수도 있는 것이다. 현재 우리 사회에서는 역동성 저하, 성장률 침체, 고실업 상태 지속, 조세 및 준조세 부담 증가, 경제활동 침체, 사회적 갈등 증가, 자신감 상실 등의 악순환 고리가 활성화되고 있다.

## 혁신의 국민적 체계와 국가 성과

우리 사회가 앓고 있는 문제를 정확하게 진단하고 해법을 도출하기 위해서는 '시스템(system)'이라는 용어에 주목해야 한다. 한국이란 나라를 하나의 시스템으로 가정하고, 시스템이 만들어내는 성과에 영향을 미치는 주요 요인들의 과거, 현재 그리고 미래를 분석하고 전망함으로써 개선 방법을 생각할 수 있다.

이런 접근 방법을 학문적으로 체계화한 사람은 18세기 독일의 대표적인 경제학자 게오르크 프리드리히 리스트(Georg Friedrich List)다. 그는 18세기 중엽부터 진행된 산업혁명으로 인해 '세계의 공장'으로 부상한 선진국 영국에 대항하여 자신의 조국인 독일이 후발 주자로서 어떻게 성공할 것인가를 고민했다. 후발 주자인 독일이라는 시스템이 만들어내는 성과를 높이기 위하여 그는 대외 개방으로부터 자국 산업을 보호·육성해야 한다는 '유치산업 보호론'을 주장했다. 이 이론은 독일이 영국을 따라잡는 데 큰 기여를 했다.

독일을 하나의 시스템으로 이해한 그는 국가 시스템의 성과를 높이는 방안을 〈정치경제학의 국민적 체계(The National System of Political Economy, 1841)〉라는 책으로 펴냈다. 여기서 우리가 주목해야 할 것은 한 나라 경제를 하나의 시스템으로 받아들인 '국민적 체계(National System)'라는 용어다.

그의 주장은 자유방임을 주장했던 애덤 스미스(Adam Smith)와 비교우위론에 의한 자유무역을 주장했던 데이비드 리카도(David Ricardo)와 대비된다. 선진국인 영국을 따라잡기 위해서는 국가에 의한 체계적인 개입이 필요하다는 그의 주장은 당시로서는 파격적인 발상이었다. 나라 전체를 하나의 시스템으로 파악하고 접근한 점도 매우 독창적이다.

그의 접근 방법은 훗날 기업과 산업의 성과를 극대화하기 위한 방법론으로 널리 확대되어 적용되는데, 이것이 바로 '혁신의 국민적 체계(The National System of Innovation)'다. 이 주장은 '혁신'이라는 성과를 창의적인 개인이나 기업에 의해 결정되는 것으로 받아들이지 않는다. 혁신을 둘러싼 다양한 요소들의 상호작용으로 구성되는 시스템의 경쟁력에 의해 결정된다고 주장한다. 혁신을 만들어내는 시스템의 성과로 혁신을 이해하는 접근 방법이다.

예를 들어, '혁신의 국민적 체계'를 구성하고 있는 요소들은 기업의 혁신 능력, 연구소의 능력, 연구 지원 기관들 이외에도 교육기관의 효율성, 한 나라의 과학 체계가 중요한 역할을 담당한다. 이들 외에도 상품 및 요소시장의 효율성, 거시경제 환경 및 규제의 효율성 여부, 교육기관과 직업훈련기관 등도 영향을 미친다. 이들 사이의 상호작용에 의해 최종적으로 한 국가라는 시스템의 성과물이 만들어진다. 이들 성과물 가운데 대표적인 것들이 성장률, 경쟁력, 그리고 일자리 창출 능력 들이다. 이를 '국가의 성과(Country Performance)'라고 부른다.

이 책은 한국의 현재 모습을 파악하고 미래를 내다보기 위해서 한국이란 나라를 하나의 시스템으로 이해한다. 그리고 그 시스템의 성과에 주목함과 아울러 성과를 떨어뜨리는 요인들을 탐구함으로써 시스템의 미래를 전망해볼 것이다.

## 역사적 시각과 맥락에서 보자

이 책은 국가 시스템의 성과에 직접 혹은 간접적으로 영향을 미치는 요소들뿐만 아니라 성과 그 자체를 포함해 이를 총 17가지 테마로 나누어 대한민국을 진단한다. 각각의 구성 요소들과 성과의 현재 모습, 미래 전망을 살펴봄으로써 한국이란 나라가 현재 어떤 상황에 놓여 있는지 그리고 앞으로 어떤 상황을 맞게 될지 전망해보려고 한다. 특히 한국이 갖고 있는 문제와 미래 전망을 하나의 개별 시스템으로 접근하는 것이 아니라, 시스템을 구성하고 있는 요소들의 '합(合)'으로 이해하고 접근한다. 마지막 파트에서는 이러한 전체 조망의 기반 위에 지속 가능한 국가 시스템 재건에 대한 대안을 제시하고자 한다.

이 책에서 필자는 우리가 갖고 있는 문제를 제시하고 전망을 행하기 이전에 역사에서 배울 수 있는 대표적인 교훈을 소개한다. 각 테마는 '역사의 교훈 - 한국의 현주소 - 미래 전망'의 틀로 짜여 있다. 역사는 교훈의 유용한 창고이기 때문이다.

우리가 겪고 있는 어려움은 우리만이 갖고 있는 특수한 문제가 아니라 역사 속의 수많은 사례들 가운데 하나일 뿐이다. 이렇게 접근하면, 이 시대에 우리의 문제만 특별하다는 생각을 접고 역사로부터 해결책을 배울 수 있다.

언제부터인가 우리 사회에서는 자신을 지나치게 높이는, 즉 '자고(自高)'하는 성향이 강해지고 있다. 뒤로 보나 앞으로 보나, 좌로 보나 우로 보나 우리가 지나치게 코를 높이고 잘난 척할 만한 처지는 아니라고 본다. 이런 안타까운 현상은 통사적 시각의 부족에서 비롯되는 경우가 많다고 생각한다. 역사적으로 잘나가던 나라가 어떤 요인들에 의해 연속적으로 타격을 맞고 몰락의 길로 들어서는지를 살펴볼 것이다.

우리는 이런 방법을 통해서 우리 사회가 갖고 있는 문제가 무엇인지, 그 문제들이 어떤 상황에 놓여 있는지, 그리고 이들에 대해 특별한 조치가 취해지지 않을 경우에 어떤 미래를 맞게 될지를 알 수 있을 것이다.

이 책에서는 또한 한국 사회가 바람직한 성과를 지속적으로 만들어내는 사회가 되기 위해서, 그리고 위기 상황을 맞지 않기 위해서 무엇에 시급하게 손을 대야 하는지를 살펴볼 것이다. 해결책에 대한 부분은 에필로그에서 강조했다. 이를 통해 독자들은 개인적으로 어떤 선택을 해야 할지, 정치적인 의사결정을 내릴 때 어떤 점을 기준으로 삼아야 할지에 대해 나름의 생각을 정리할 수 있는 기회를 가질 수 있을 것이다.

## 그냥 지나쳐버린 것들이 불러올 파국

한 나라 경제라는 시스템은 열린 시스템이다. 시대 환경이 변화함으로써 그런 환경에 적절히 대응하고 변화를 거듭해야 한다. 한때 아주 잘 통하던 시스템도 시대가 바뀌고 환경이 바뀌면 효율성이 크게 떨어진다. 시스템을 바꾸는 일은 많은 부분 정치의 영향을 받는다.

어느 나라든 좋은 정치를 갖기는 힘들지만, 좋은 정치로부터 멀어질수록 그만큼 환경과 시스템 사이의 간격이 벌어지게 된다. 마치 강의 하구에 토사가 쌓여가듯이, 환경 변화에 적응하지 못한 모든 시스템하에서는 비효율성이 차곡차곡 누적된다. 그런 비효율성은 만성적인 경상수지 적자, 성장률 저하, 부채의 급속한 증가, 기업들의 경쟁력 상실, 격차의 확대, 세입 확보를 위한 무리한 증세를 야기하고 연속적으로 사회 경보음을 울린다.

국민들과 정책 입안자들은 이런 경보음에 진지하게 귀를 기울여야 한다. 그러나 과거에 크게 성공한 사람들이나 집단적으로 큰 성취의 경험을 가진 사람들은 대부분 한 귀로 흘려듣는다. 이런 일들이 수차례 반복되고 누적되면서 어느 순간 비효율성이 임계점을 넘어서게 되면 시스템 전체의 비효율성이 통제할 수 없을 정도로 커지게 된다. 이런 상태에서도 시스템은 그럭저럭 일정 기간 굴러갈 수 있다. 사람들의 고통은 커지겠지만 자본시장에서 우호적인 시각은 계속될 수 있기 때문이다. 그러나 이런 상태가 오래 계속될 수는 없다. 시스템이 비효율을 감내할 수 없을 정도가 되면 결국 파국은 불가피하다.

오늘날처럼 정보가 투명하게 공개되어 있고 자본의 유동성이 빠른 시대일수록 기업의 평판은 쉽게 표변할 수 있다. 국가의 신인도(信認度) 역시 급격하게 변화할 수 있다. '저 나라는 정말 문제가 많다'라는 인식과 함께 차입금의 롤오버가 제대로 진행되지 못하면 결국 '경제위기'라는 파국을 맞게 된다. 이런 사태가 오기 전까지 제법 오랜 시간 동안 많은 사람들은 저성장과 고실업의 문제로 고통을 겪게 된다.

매일매일 분주하게 살아가는 생활인의 입장에서는 자신에게 이익을 가져다주는 의사결정에 더 많은 시간을 쏟을 수밖에 없다. 그럼에도 불구하고 한 사회의 구성원들이 무심하게 취했던 집단적 선택은 그냥 넘어가는 법이 없다. 어느 순간 구성원들 전부에게 상당한 비용을 요구하는 청구서가 갑자기 날아들게 마련이다.

## 국가 '시스템 재건 프로젝트'를 서둘러야 할 때다

이 책은 우리가 그런 엄청난 비용 청구서를 받기 전에 지금 우리 사회에서 어떤 일이 일어나고 있는지를 알아야 한다는 사실을 강조한다. 제대로 알아야 준비를 할 수 있기 때문이다. 그러나 정치인들은 자본주의의 또 다른 경제 주체들처럼 자신들의 이익 챙기기에 급급하다. 그들은 그저 단기적인 치적을 쌓거나 면피하는 일에만 관심이 있을 뿐이다. 자신의 재임 기간만 무난하게 넘어갈 수 있다면 제법 큰 비용도 다음 정권의 책임으로 은근슬쩍 미루어버리는 일이 반복적으로 일어난다. 깨어 있는 국민들이 알아야 하는 것이 이것이다. 정치인들이야 자리를 떠나고 나면 그만이지만, 그 비용은 고스란히 국민들 개개인에게 전가된다는 잔인한 사실을 말이다.

이제껏 우리가 이루어왔던 걸출한 성과에 취해 있지 말고 다시 한 번 우리 사회의 토대를 구축하고 있는 '시스템 재생(再生) 혹은 재건(再建) 프로젝트'를 실천에 옮겨야 한다. 가난하고 어두웠던 개발 시대 초기에는 우리가 가진 것이 없었다. 그러나 이제는 다르다. 우리는 이미 사람, 기술, 기업, 기관, 인프라 등 충분히 좋은 조건을 갖추고 있다. 이들을 효과적으로 연계시켜 큰 도약을 이룰 수 있는 거의 모든 토대를 갖고 있는 셈이다.

이처럼 과거에 비해 모든 요소들이 잘 갖춰진 상태임에도 불구하고 지금 우리가 저성장과 고실업의 굴레를 벗어나지 못하는 것은,

전적으로 비효율적인 시스템과 리더십 부재에 그 책임이 있다. 시간은 우리를 기다려주지 않는다. 계속해서 시스템의 비효율성을 방치하면 가까운 미래에 큰 비용을 치를 수밖에 없음을 우리는 명심해야 한다.

적당히 괜찮다고 하기엔 여러 가지 객관적 사회지표가 매우 암울한 미래를 예고하고 있다. 우리는 더 이상 그 진실을 회피하거나 다른 말로 포장해서는 안 된다. 이대로 가다간 우리가 꿈꾸던 한국은 없다. 세상의 속도는 빠르고 1년 후, 3년 후도 낙관하기 어려운 상황인데, 느리고 낮은 길에 들어선 채 갈팡질팡하고 있는 우리의 현실이 안타깝다. 지난 2004년 〈10년 후, 한국〉을 집필할 때와는 비교할 수 없을 정도로 심각한 걱정과 우려 때문에 쓰게 된 책이다. 이 책을 통해 다시 한 번 촉구한다. 지금은 한국 '재건 프로젝트'가 빠르게 추진되어야 할 시점이다. 이 프로젝트를 제대로 실행에 옮기지 못한다면 한국은 또 한 번 크나큰 어려움을 겪게 될 것이다. 불행히도 그런 상황이 닥친다면 일부를 제외한 국민 대다수는 극심한 고통을 경험하게 될 것이다. 이는 남유럽 국가들의 재정 위기를 보면서 깊이 생각하고 또 생각해야 할 일이다. 지금은 국민 모두가 현실을 분명히 인식하고 고통에 대비해야 할 절체절명(絶體絶命)의 시기다. 부디 우리 사회가 다시 활력을 찾는 데 이 책이 큰 도움이 되기를 기대한다.

2016년 1월
공 병 호

# CONTENTS

PROLOGUE  어떻게 세운 나라인데 이대로 주저앉을 것인가 ···· 7

PART 1  **대한민국의 민낯**

**01 늘어나는 국가부채** ················· 23
쉽지 않은 '무임승차' 줄이기

**02 갚기 힘든 가계부채** ················ 41
소득의 정체와 고비용 구조

**03 저성장이 고착되는 경제성장률** ·············· 54
돈을 풀어서 성장률을 끌어올리는 것의 한계

**04 추락하는 산업 경쟁력** ················ 70
우리가 아는 것보다 상황은 심각하다

PART 2  **보이지 않는 미래**

**05 반등할 기미를 보이지 않는 저출산** ············ 97
젊은 층을 배려하는 극적 조치 필요

**06 급속히 진행되는 고령화** ············· 114
추가적인 재정 부담의 증가

**07 옴짝달싹할 수 없는 규제공화국** ·········· 126
반드시 혁파해야 할 성역화된 규제

**08 시대와 동떨어진 한국 교육** ················· **143**
시대 변화를 적극적으로 수용할 수 있어야 한다

**09 구조조정** ································· **161**
자원 배분의 효율성을 높이려는 처절한 노력

**10 공공부문 축소** ···························· **175**
필연적이지만 너무나 어려운 과제

---

**PART 3**   **중심부와 주변부의 길목에 선 한국**

**11 시대정신** ································· **193**
그릇된 시대정신이 그릇된 미래를 만든다

**12 빈부격차** ································· **210**
어떤 노력을 기울이더라도 확대될 수밖에 없다

**13 경제위기** ································· **227**
지금의 실력을 정확히 알아야 한다

**14 국제환경** ································· **245**
잘 조직화된 거대국가의 부상은 주변에 큰 충격을 준다

**15 가까이 다가온 통일** ······················· **262**
결코 머지않은 미래

**16 답이 없는 정치** ··························· **279**
분열적이고 투쟁적인 정치 문화는 지속될 것이다

**PART 4** **지속 가능한 대한민국 시스템 재건**

**17 한국인의 원형** ·········· **295**
모든 것은 원래 모습으로 돌아가게 될 것이다

**18 대한민국 재건 프로젝트** ·················· **309**
지나친 비관론은 경계해야 한다


**EPILOGUE** **직시하되 타이밍을 놓치지 않아야 한다** ········· **317**

# PART 1

# 대한민국의 민낯

어떤 국가나 민족도 이제까지 해오던 관성과 핏속에 면면히 흐르는
민족적 기질로부터 자유롭기가 쉽지 않으며,
미래를 위해 현재의 불편함을 감내하기는 더욱더 쉽지 않다.

# 01

# 늘어나는 국가부채

쉽지 않은 '무임승차' 줄이기

> **살림살이가 어려워지면 어려워질수록
> 민중주의의 파고(波高)는 더욱더 높아질 것이다.**

인간은 본래 편안함을 원한다. 설령 미래의 큰 이익을 약속해주는 일이라 하더라도 현재의 불편함을 참아내려 하지 않는다. 또한 이익은 내가 즐기고 비용은 타인들이 지불하는 무임승차를 선호한다. 이를 위해 필요하다면 집단적으로 채무를 증가시키는 일도 꺼리지 않는다. 지속적인 채무 증가의 끝에 나락으로 떨어질 것을 은근히 걱정하면서도 현재의 달콤함을 버리지 못한다. 특히 혼자서 감당할 부채가 아니라 함께 짊어지는 부채인 경우에는 더더욱 그렇다. 이런 현상은 비단 오늘날에만 일어나는 특별한 사건이 아니다.

기원전 5세기, 그리스의 도시국가 아테네의 상황은 민주제(민중에 의한 지배)가 어떤 문제를 낳을 수 있는지를 잘 가르쳐준다. 당시 아테네는 페르시아 전쟁 승리의 여세를 몰아서 페리클레스(BC 495~BC 429) 시대의 전성기를 구가하고 있었다. 페리클레스는 아테네와 외항 피레에프스를 잇는 큰 성벽을 쌓았으며, 동맹을 맺은 도시국가들의 기금을 이용하여 아테네를 재건축했다. 그뿐 아니다. 그는 아크로폴리스에 파르테논을 비롯한 큰 신전들을 건축하는 등 아테네를 가장 부유하고 아름다운 도시로 만들었다.


## 민중주의의 뿌리, 아테네로부터
## 교훈을 얻어야

──────────── 아테네는 동맹국으로부터 갹출(醵出)한 자금과 입항료 및 판매세 등으로 탄탄한 재정을 갖추었을 뿐만 아니라 온갖 대규모 국가 주도 프로젝트를 성사시킬 수 있었다. 그래서 이 시기를 고대 그리스의 '황금시대'라고 부른다. 아테네가 누리던 번영을 짐작해볼 수 있는 자료가 남아 있다. 기원전 5세기 중엽에 동맹을 맺은 도시국가(폴리스)들이 아테네에 바친 '조공'은 현대 화폐 기준으로 2억 달러 규모였다. (당시 노동자의 하루 임금은 평균 80달러로 추산된다.) 이는 불과 인구 3만에서 4만 명의 시민으로 구성된 도시국가 아테네가 막대한 돈을 보유하고 있었음을 뜻한다.

그러나 대개의 현대 민주주의 국가들이 한때 번영을 누린 다음 쇠락의 길을 걸었듯이, 아테네 역시 그런 선례를 역사에 남겼다. 엄청난 잉여 자원이 생기자 아테네 시민들은 너 나 할 것 없이 이를 어떻게 나누어 가질 것인가에 대해 골몰했다. 여기에 기름을 부은 이들이 있었다. 진리의 절대적 기준을 부정하는 소피스트(민중주의자)들이었다. 대중 연설과 논증의 기술을 앞세워 터무니없는 주장을 진리로 둔갑시키는 재주를 갖고 있던 이들은 "절대적인 진리는

존재하지 않으며, 상황에 따라 진리를 변화시킬 수 있다"는 주장을
당당하게 펼쳤다.

모든 진리는 상대적이라는 소피스트들의 주장은 "인간은 만물의
척도다. 만물의 상태가 이러이러하다 혹은 이러이러하지 않다는 것
에 대해서는 인간이 주된 척도가 된다"라는 한 문장에 잘 표현되어
있다. 옳고 그름이 상대적이라는 이들의 주장은 아테네 사람들을
당황하게 했지만 시대의 큰 흐름을 피할 수는 없었다.

여기서 우리는 한 가지 사실을 깨달아야 한다. 어떤 사회가 큰 어
려움에 처하기 직전에는 어김없이 가치관의 혼돈이 있었다는 점이
다. 시절이 수상할 때마다 자신에게 이익이 되는 것이라면 무엇이
든 진리라고 믿고 우기는 사람들이 세상에 부쩍 늘어나게 되는데,
당시의 아테네 시민들이 그랬다. 이렇게 해서 아테네는 민중주의
(포퓰리즘)를 향해 힘차게 달려갈 만반의 준비를 갖추게 되었다.

아테네의 민중들은 "이것도 공짜로 해달라, 저것도 공짜로 해달
라, 우리는 그럴 만한 충분한 자격이 있다"라며 온갖 주장을 늘어
놓기 시작했다. 이런 시류에 편승하여 권력을 획득하길 원하는 민
중주의 정치가들이 처음으로 등장하는 시점은 페리클레스 사후인
5세기 초엽, 광범위하게 확산되는 시점은 5세기 말엽이었다. 정치
가들은 민중들이 원하는 정책이라면 무엇이든 그들의 손을 들어줌
으로써 후대 사람들에게 '데마고고스(demagogos, 저급 정치가·선동
정치가)'라는 오명을 듣게 되었다.

당시는 국제금융이 존재하지 않았던 시대였기에 고대 그리스는
국가부채를 이용하여 현재의 소비를 늘릴 수 없었다. 대신에 아테
네의 재정을 전적으로 담당하던 사람들은 전쟁 비용이나 축제 비용

등을 도맡아 공급하는, 상당한 재산을 소유한 약 6,000명의 부자들이었다. 추가적으로 이들 가운데 1,200명의 부자들은 축제 비용까지 도맡아야 했다. 부자들은 재산상의 손실을 막기 위해 가능한 한 스파르타와의 전쟁을 피하려고 노력했지만 다수 민중들의 생각은 달랐다. 전쟁이 계속되면 될수록 일자리를 구할 수 있기 때문에 그들은 전쟁을 계속하는 쪽에 표를 던졌다. 민중주의 정치가들 역시 권력을 쥐기 위해 국가의 미래는 안중에도 없었다. 그들은 계속해서 전쟁을 원하는 민중 편을 들었다.

당시의 전쟁은 오늘날의 복지 정책이나 소득 재분배 정책과 같은 것이었다. 계속해서 전쟁이 진행되던 141년(BC 479~BC 338) 동안 아테네에서는 평화가 10년 이상 지속되는 시기가 없었으며, 평균적으로 3년에 두 번 꼴로 전쟁을 치렀다. 역사학자 폴 카트리지(Paul Cartledge)는 "아테네에서 전쟁은 순수하게 물질적인 이득과 재분배를 위한 목적을 갖고 있었다"라고 주장한다.

전쟁은 수입을 현저히 줄이고 지출을 현저히 늘린다. 전쟁이 계속되면서 마침내 부자들도 전쟁 비용을 댈 여력을 잃었다. 전쟁이 가져다주는 이익에 눈이 먼 민중과 그들에 영합하는 포퓰리즘이 나라를 휩쓸면서 국가 재정은 급속도로 말라버렸으며, 이후 아테네는 신흥 강국인 마케도니아에 의해 복속당하고 말았다.

당시 깨어 있던 일부 지식인들은 대중을 설득하는 데 안간힘을 썼지만, 전쟁을 원하는 다수의 대중 앞에서 속수무책이었다. 자신만이 절대적으로 옳다고 믿고 당장의 이득에 눈을 가린 다수를 설득하는 일은 과거나 현재나 무척 어려운 일이다. 이성이나 논리보다는 이익과 감성의 힘이 너무 크기 때문이다. 당시만 그런 것은 아니다. 오늘날에도 생각이 무너지면서 물질도 함께 무너지는 일이 일어난다. 이것은 우리 사회 구성원들도 깊이 새겨야 할 교훈이다. 옳고 그름이 무너지면 물질적인 번영도 함께 끝난다.

고대 아테네와 달리 오늘날 민주주의 체제를 택하고 있는 나라들은 언제든지 돈을 꾸어줄 금융기관을 구할 수 있다. 국제 금융시장이 잘 발달되어 있기 때문이다. 더욱이 행정부는 세율을 올리는 일과 같이 복잡한 절차를 통하지 않더라도 현재의 소비를 늘리기 위해 돈을 쉽게 꿀 수 있는 체제를 갖추고 있다. 집권에 성공한 사람들이 마음만 먹으면 손쉽게 부채를 늘릴 수 있는 방법은 얼마든지 있다. 국회의 동의를 얻어야 하는 국채 발행 이외에도 행정부가 주도적으로 행할 수 있는 다양한 방법들이 존재하기 때문이다. 국가부채 통계에 잡힐 비용이라면 공기업에 떠넘겨버리면 된다.

흔히 국가부채를 이야기할 때면 국제 비교를 즐겨 한다. GDP(국내총생산) 대비 국가채무의 비중을 기준으로 하면 현재 우리나라의 상황이 크게 우려할 만한 수준이 아니라는 주장을 펼치는 사람들이 있다. 이는 국가채무 증가를 정당화시키는 수치로 흔히 사용되기 때문에 특별한 주의가 필요하다. 국가부채를 줄이려는 노력은 우선 정직하게 부채 규모를 직시하는 데서부터 시작해야 한다. 무엇보다도 우리 한국인들은 숫자 앞에 정직해야 한다. "빚 앞에 장사가 없다"는 옛말을 깊이 새겨야 한다.

## 국가가 책임져야 할
## 부채의 실상

──────────── 우선 좁은 의미의 국가부채에 해당하는 국가
채무(National Debt)를 중심으로 우리의 상황을 진단해본다.

먼저 외환위기가 발발한 1997년과 같이 특별한 시점을 기준으로
생산량에 해당하는 GDP와 국가채무의 증가 규모를 비교해보자. 이
상적인 경우라면 기준년도에 비해 GDP의 증가 배수와 국가채무의
증가 배수가 엇비슷한 수준을 유지해야 한다.

1997년 한국의 국가채무는 60.3조 원(달러 기준 298억 달러)였다.
2014년에는 527조 원으로 875.6% 증가했다. 외환위기가 발발한
지 18년 만에 국가부채가 8.7배로 증가한 것이다. 반면에 GDP는
1997년 506조 원(달러 기준 5,605억 달러)에서 2014년 1,410조 원으
로 278.7% 증가했다. 같은 기간 동안 GDP는 2.8배가 증가한 셈이
다. 경제 규모가 2.8배 증가하는 동안 국가채무는 8.7배 증가했다.
국가채무는 정부가 직접적인 상환 의무를 부담하는 확정 채무를 말
한다. 여기에는 국가가 발행하는 국채, 정부가 중앙은행으로부터
빌린 차입금, 기타 국고 채무 부담 행위, 지방정부 순채무를 포함한
다. 국가가 짊어진 빚 가운데 가장 좁은 의미의 빚이다.

이번에는 1997년을 기준으로 해마다의 GDP 증가율과 국가채
무 증가율을 비교해보자. 1997년에서 2014년 사이에 GDP의 연
평균 증가율은 4.53%인 데 반해서 국가채무의 연평균 증가율은
13.12%(1998년 증가분을 제외하면 11.86%)다. 부채 증가율이 생산량
증가율보다 연평균 2.9배 정도로 빠르게 증가해왔음을 확인할 수
있다. 한마디로 국가의 빚이 늘어나는 속도가 소득 증가율을 크게

앞질러온 것이다. 산술적인 의미에서 바람직한 것은 부채 증가율과 생산량 증가율이 엇비슷한 비율을 유지하는 것이다.

어떻게 이처럼 큰 폭으로, 그리고 빠른 속도로 우리나라의 국가 채무가 늘어나게 되었을까? 그 원인은 3가지로 요약할 수 있다. 첫째, 외환위기가 낳은 부실 금융기관과 기업의 정상화에 투입된 공적자금 때문이다. 예를 들어, 1997년 11월부터 2012년 4월까지 투입된 공적자금 168조 6,000억 원 가운데서 회수된 것은 103조 1,000억 원이다. 회수되지 못한 65조 5,000억 원 가운데 대부분이 국채로 전환되어 국가채무를 늘리는 데 일조했다. 일부 대기업들이 부실화되면서 금융기관에 떠넘겼던 금융권부채 가운데 일부는 고스란히 국가부채로 계정이 이전되어 국민 일반이 부담해야 할 국가부채로 남게 되었다. 둘째, 1997년 외환위기가 남긴 추가적인 부담 때문이다. 공적자금보다 훨씬 큰 비중을 차지하는 것이 외환시장 안정을 위한 국가채무인 외국환평형기금을 유지하는 비용이다. 이 기금에서 외국인 투자자를 대상으로 발행하는 채권이 '외국환평형기금채권(외평채)'이다. 정부는 1998년에 환율 안정에 필요한 외화를 조달하기 위해 외화 표시 외평채 40억 달러를 발행했다. 이후 부족한 외화를 조달할 목적으로 달러 표시 채권 발행 규모를 늘려왔는데, 이들 가운데 일부가 외환보유고를 늘리는 데 사용되고 있다.

외국환평형기금은 1997년에는 4.22조 원에 불과했으나 2011년에는 137조 원까지 증가했으며, 2015년에는 195조 원으로 그 규모가 계속 증가하여 국가채무의 가장 중요한 부분을 차지하게 되었다. 갖고 있는 돈으로 외국환평형기금을 운영하는 것이 아니고 돈을 꾸어서 기금을 운영하기 때문에 이자 부담이 클 수밖에 없다. 바로 이

점이 우리의 국가채무 증가의 특별한 점이다.

외환보유고를 늘리는 방법은 2가지다. 국내 투자자들에게 '통화안정기금채권(통안채)'을 발행하여 확보된 원화로 달러를 사들이는 방법과 외국인 투자자들에게 외평채를 발행하여 외국에서 달러를 빌려오는 방법이 있다. 그런데 외환보유고를 쌓는 데 들어가는 돈은 100% 이자를 지불해야 하는 돈이다. 예를 들어 3,000억 달러의 외환보유고를 원화로 계산하면 약 390조 원이 된다. 연 5%의 금리를 가정하면 18조 원의 돈이 고스란히 이자로 나가게 된다. 그럼에도 불구하고 우리가 이 비용을 감내할 수밖에 없는 것은 환율 정책의 실패나 부족한 외환보유고가 불러올 위기 상황이 우리에게 너무 큰 비용을 지불하게 만들 것이라는 우려 때문이다.

마지막으로 경기 부양 성격의 일반회계 채무가 큰 몫으로 늘어나고 있는 점이다. 이는 경제성장률이 떨어지면서 경기 부양 목적으로 발행하는 적자국채 규모가 크게 늘어남을 뜻한다. 2008년 글로벌 금융위기를 극복하기 위해 이명박 정부(2008~2012년)는 확장적 재정 정책을 활용했는데 이로 인하여 국가채무가 143.9조 원 증가했다. 이 가운데 99.6조 원은 국채 발행으로 조달되었다. 참고로 국민의 정부의 국채 발행 규모는 20.1조 원이고 참여정부는 31.5조 원이었다. 이는 금액 면에서 외환위기를 능가하는 부채 증가에 해당한다. 우려스러운 점은 일본이 20여 년 동안 경기를 살리기 위해 계속해서 경기부양책을 사용한 것처럼 우리도 그런 상황에 놓이는 일이다. 일본과 비슷한 정책으로 저성장 경제를 벗어나려 노력하면 할수록 우리는 점점 더 국가부채를 누적시키는 일을 하게 된다.

**■ 국가채무 추이**

| 연도 | 1997 | 2003 | 2010 | 2014 |
|---|---|---|---|---|
| 국가채무 (GDP 대비, %) | 60.3 (11.9) | 165.8 (21.6) | 392.2 (33.8) | 530.5 (35.7) |
| 일반회계 | 0.0 | 29.4 | 97 | 200.6 |
| 공적자금 | 0.0 | 14.4 | 49.5 | 48.7 |
| 외환시장안정용 | 4.2 | 33.5 | 104.9 | 185.2 |
| 국민주택기금 | 16.6 | 36.8 | 48.5 | 52.8 |
| 기타 | 39.5 | 51.7 | 54.4 | 8.8 |

출처: 기획재정부

정책을 담당하는 사람들은 가능한 한 바깥으로 발표되는 공식적인 부채 규모를 축소하려는 성향이 강하다. 재임 기간 동안 국가부채 문제가 불거지는 것을 원하지 않기 때문이다. 그러나 국가부채 문제 또한 실상을 정확히 직시할 수 있어야 한다. 왜냐하면 최종적으로 국가채무를 부담해야 하는 사람들은 납세자들이기 때문이다. 우선 국가가 책임져야 하는 부채를 정확히 파악하는 일이 중요하다.

## 빚의 규모와
## 위기를 보는 관점

──────────── 넓은 의미의 부채인 국가부채(국가채무+4대 연금의 잠재부채)는 2014년에 1,212조 7,000억 원이다. 같은 해에 좁은 의미의 부채인 국가채무는 527조 원에 불과한 점에 주목해야 한다. 전자(국가부채)에 주목하면 부채 관리에 위기감을 느끼겠지만, 후자(국가채무)에 매달리면 "아직 우리는 국가부채를 걱정할 필

요가 없습니다"라는 답이 나오게 된다.

국가부채는 급속히 증가하는 추세에 있다. 2011년 773조 5,000억 원, 2012년 902조 1,000억 원(증가액 128.6조 원), 2013년 1,117조 9,000억 원(증가액 215.8조 원)에서 2014년에는 1,212조 7,000억 원(증가액 94.8조 원)에 달한다. 주무부서인 기획재정부는 "재무제표상 부채는 공무원, 군인 기여금, 고용주로서 국가부담금 등으로 지급해야 할 연금 충당부채를 포함하고 있기 때문에 국가부채로 표현하는 것은 적절하지 않다"고 말한다. (기획재정부, 2014. 4. 8)

그러나 국가가 약속한 공무원과 군인에 대한 연금수급권의 부담을 국가부채에 포함하지 말아야 한다고 주장하는 것은 궁색해 보인다. 부채 규모의 급증에 따른 정치적 부담을 고려하더라도, 적절한 국가부채 관리를 위해서라도 충당부채를 포함시켜야 한다. 국제공공부문회계기준(IPSAS)에 의하면 충당부채는 "자원 유출 가능성이 높은 현재 의무의 존재"로 정의하고 있기 때문에 공무원 및 군인연금 충당부채는 당연히 국가부채에 포함되어야 한다.

2014년 국가부채 1,212조 원 가운데 공무원연금 충당부채는 523.8조 원, 군인연금 충당부채는 119.8조 원으로 총 643.6조 원이 포함되어 있다. 국가부채에 연금 충당부채가 차지하는 비중은 무려 53.1%에 달한다. (공무원 및 군인연금 충당부채는 연급 수급자의 경우 장래 연금 수급 기간 동안 지급할 것으로 추정되는 연금을 현재 가치로 평가한 금액이다. 이를 부채로 인식하는 나라는 호주, 미국, 캐나다, 뉴질랜드, 영국 등이다.) 정부가 연금 개혁을 서두르지 않을 수 없는 긴박감이 여기에 있다. 이처럼 국가채무에서 국가부채로 부채의 범위를 확장하면, 국가가 책임져야 할 빚은 GDP 대비 30%대에서 80%

대로 수직 상승하게 된다. 30%대라고 믿고 빚을 대하는 태도와 마음가짐은 80%대에서는 크게 달라질 것이다.

국가가 발표하고 싶은 국가채무와 국가가 발표해야 하는 국가부채 사이에 차이가 나는 이유는 무엇일까? 한국은 국제통화기금(IMF)의 '정부재정통계편람(GFSM 1986)'에 근거하여 국가채무란 "국가가 직접적으로 갚을 의무가 있는 확정채무"로 한정하고 있기 때문이다. 궁극적으로 국가가 지불에 대한 책임을 질 수밖에 없는 숨어 있는 부채들이 모두 다 빠져나가게 된다. 반면에 미국, 호주, 캐나다, 유럽 등은 '증보판 정부재정통계편람(GFSM 2001)'과 1993년의 '국가재무재표(SNA)'를 기준으로 삼아 국가가 책임져야 할 넓은 의미의 부채를 포함하고 있다.

한국경제연구원은 '국제 기준에 따른 국가부채 현황(2012년)'을 기준으로 발표한 바 있는데, 그동안 정부의 국가부채 추계치가 크게 과소평가되어 있음을 경고하고 있다. 이 연구소의 주장대로 숨겨진 빚을 하나하나 찾아내다 보면 한국은 국가부채에 관한 한 이미 위험 수준을 넘어섰음을 알 수 있다. "국제 기준으로 우리나라 국가부채는 GDP 대비 낮은 수준이므로 걱정할 필요가 없다"는 정책 입안자들의 주장은 더 이상 진실이 아님을 확인할 수 있다. "국제 기준으로 우리는 문제없다"고 말하는 사람들은 그 자리를 떠나고 나면 그만이다. 궁극적으로 국가부채에 대한 최종 부담자는 일반 국민들일 수밖에 없다. 우리가 국가부채의 증가에 대해 더 신경을 쓰지 않을 수 없는 이유다.

| 국가채무<br>(D1) | 일반정부부채<br>(D3) | 국가부채 | 넓은 의미의<br>국가부채 |
|---|---|---|---|
| 443.1 | 1,207 ~ 1,218 | 1,674.5 ~ 1,685.8 | 2,124.1 ~ 2,135.4 |
| 34% | 94.9 ~ 95.7% | 131.6 ~ 132.5% | 166.9 ~ 167.8% |

출처: 한국경제연구원

D3=D1+중앙 비영리공공기관 부채+공기업 부채
국가부채=D3+공무원 및 군인연금 충당부채 포함
넓은 의미의 국가부채=국가부채+사립학교 교직원의 미적립부채 및 국민연금 미적립부채

# '악어의 입'이 되어가는
# 국가부채

———————————— 가장 좁은 의미의 부채인 국가채무를 기준으로 하더라도 규모가 늘어나는 것에 비례해서 이자 부담도 계속 커지고 있다. 예를 들어, 2006년 11.4조 원이던 국채에 대한 이자 부담이 2013년에는 20조 3,000억 원까지 늘어나 있는 실정이다. 이는 2013년 정부 예산의 7.7%를 차지할 정도의 큰 비중을 차지하고 있다. 매년 정부 예산의 10% 가까운 돈이 이자로 나가는 상황이 머지않았음을 알 수 있다.

여기서 눈여겨봐야 할 것은 2013년이나 2014년까지의 국가부채에 복지와 관련된 대규모 재정 수요는 거의 반영되어 있지 않았다는 점이다. 2011년 8월의 무상급식 지원 범위에 관한 서울시 주민투표로 시작된 복지 관련 예산 수요가 잇따르고 있다. 2011년 4월, 무상복지에 대한 논의가 막 시작될 당시 야당 정책위 의장을 맡고 있던 전병헌 의원은 "무상급식 1조 원, 무상보육 4.1조 원, 무상의료 8.1조 원, 반값 등록금 3.2조 원으로 매년 이들 정책이 실시될 경우

16조 4,000억 원 정도면 충분하다"고 주장한 바 있다. (전병헌, 〈비타민 복지〉, 연인M&B, 2011. 4., pp. 103~104, 134~135) 그는 또 "재정 규모와 국민 부담의 급격한 증가를 막고, 재정건전성이 악화되지 않도록 국채 발행이나 새로운 세목의 신설, 급격한 세율 인상과 같은 증세 없이 재원 확보가 가능하다"고도 주장했다.

그러나 필자는 일단 무상복지는 시작되고 나면 고정비 성격의 지출이 계속 증가할 수밖에 없다는 점을 우려했다. 또한 적용 대상도 자꾸 늘어날 수밖에 없는 점을 우려하지 않을 수 없었다. 당시에 필자는 초등생 329만 명(한 끼 식사에 5,000원 지원), 중학생 197만 명 그리고 고교생 196만 명에게 전면적으로 무상급식이 실시될 경우 장기적으로는 7조 원대의 예산이 소요되는 대규모 국책 사업으로 받아들였다. 최근에 예산 집행 사항을 보면 쉽게 시작한 복지 정책들이 앞으로 두고두고 예산에 부담을 줄 수 있음을 확인할 수 있다. 굵직굵직한 항목만 보더라도 무상보육(2014년 예산액 3조 4,000억 원), 무상급식(2조 6,000억 원), 의료급여(5조 8,000억 원), 선심성 건강보험, 기초연금 등이 속속 추가되고 있다.

예를 들어 건강보험은 2016년부터 적자가 발생할 것으로 예상되며, 2020년에는 6조 3,000억 원의 적자가 예상된다. 우리 사회가 고령화 사회로 접어들면서 건강보험 관련 적자액은 피할 수 없는 고정비 성격의 비용 급증을 뜻한다. 또한 노인 기초연금 소요액은 2016년에 15조 원이 예상되고, 2040년에는 100조 원이 넘을 것으로 보인다. 노인층 가운데서 자력으로 노후 준비가 되어 있는 사람의 비중이 낮기 때문에 정부의 추가적인 재원 투입이 불가피할 것이다. 그럼에도 불구하고 고령화로 인하여 급증하게 될 재정 수요는 아직까지 국가부채 항목에 본격적으로 반영되어 있지 않다고 할 수 있다.

국가부채도 세입이 늘어나면 굳이 빚을 낼 필요가 없다. 반면 세입은 줄어들고 세출은 늘어나는 일이 일어나면 '일본의 악어 입 재정'과 같은 구조적인 문제가 발생하게 된다. 악어가 입을 벌린 상태에서 입의 윗부분은 세출이, 아랫부분은 세입이 차지하게 된다. 만성적인 적자를 줄이기 위해 계속해서 적자국채의 발행을 늘리지 않을 수 없는 상황이 일본만의 경험이 되지는 않을 것이다.

한국은 예외적인 상황이 발생하지 않는 한 2%대 저성장 사회로 진입할 것이다. 저성장 상태에서 세수 부족을 극복할 수 있는 손쉬운 방법은 국채 발행을 늘리는 것이다. 이미 2014년 말 기준, 적자국채 규모는 200.6조 원으로 중앙정부 국가채무 503조 원의 39.9%를 차지하고 있다. 국회예산정책처는 현재의 국가채무관리계획상으로 2018년에 적자국채가 국가채무에서 차지하는 비중이 48.7%로 늘어날 것으로 전망하고 있다.

그러나 이 정도 규모에서 그치지 않을 것으로 보인다. 경기 침체가 장기화되면서 적자국채 발행을 통한 확장적 재정 정책에 대한 강력한 수요가 있을 것이며, 이에 따라 적자국채 규모는 더욱 늘어날 것이다. 참고로 박근혜 정부가 출범 첫해인 2013년부터 2015년 7월까지 경기 부양을 위해 투입한 돈은 96조 원에 달한다. 3년 동안 이 정도의 거액을 투입해서 얻은 결과는 매년 0.3% 정도의 경제성장률 증가다. 이를 종합하면 앞으로 국가부채가 더욱 큰 폭으로 늘어날 것은 명백한 사실이다. 평균 2%대 저성장 사회를 가정하면 현재의 국가부채 구조가 개선될 가능성은 거의 없으며 악화될 가능성

■ 적자국채 잔액과 증가액          2015년 3월 기준, 단위: 조 원

| 역대 정부 | 김대중 정부 | 노무현 정부 | 이명박 정부 | 박근혜 정부 | 2018년 |
|---|---|---|---|---|---|
| 잔액 | 27.5 | 59.2 | 148.6 | 302.4* | 325.9** |
| 순수증가분 | 27.5 | 31.7 | 89.3 | 153.8*** | |

출처: 기획재정부

\* 2017년 예상치(최소 추정액으로 예상됨)

\*\* 2018년 예상치

\*\*\* 적자국채 증가분: 이명박 정부 3.8조(2008년), 34조(2009년), 22.8조(2010년), 15.6조(2011년), 13.2조(2012년) / 박근혜 정부 23.2조(2013년), 27.7조(2014년), 34.2조(2015년), 37.6조(2016년), 31.1조(2017년)

만 남아 있다.

언제부터인가 우리 사회는 징징거리는 데 익숙해지고 말았다. "저 나라 때문에 우리가 힘들게 되었어요" "저 사람들 때문에 살기가 힘들게 되었어요" "저 양반 때문에 아이가 돌아오지 못하게 되었어요" 등과 같은 아우성이 들불처럼 번져가고 있다. 징징거리는 이유가 딱하기도 하지만, 그럼에도 불구하고 우리는 항상 있는 그대로의 현실을 똑바로 볼 수 있어야 한다. 위의 표가 여러분과 나에게, 그리고 우리에게 무엇을 말하는가? 이 나라는 감당하기 힘든 속도와 규모로 빚을 끌어다 살림살이를 꾸려가고 있다. 나라 전체가 현재의 소비 수준을 유지하기 위해 과도하게 빚을 끌어다 쓰고 있음을 알아야 한다.

하지만 이런 추세의 끝이 무엇을 의미하는지에 대한 깊은 고민이 있는지 없는지는 알 수 없다. 숫자는 이유를 묻지 않는다. 오로지 결과를 물을 뿐이다. 노무현 정부 시절에는 31.7조 원의 국채를 발행해서 꾸어다 썼다. 이명박 정부 시절에는 2008년의 글로벌 금융위기라는 어려움이 있었음을 염두에 두더라도 적자국채 규모는

89조 3,000억 원이었다. 박근혜 정부가 퇴임할 무렵 적자국채 규모는 153조 8,000억 원에 이를 것으로 예상된다. 잔액 기준으로 보면 김대중 정부를 기준으로 적자국채 규모가 10배로 늘어나는 셈이다. 이 수치도 하늘의 도우심이 함께한다면 일어날 법한 최소 액수라는 점을 잊지 말아야 한다.

이런 상황임에도 불구하고 우리 사회는 소득 격차의 확대, 비정규직의 증가, 고실업 상황의 지속, 빈곤층의 확대, 노령인구의 증가 등과 같은 요인으로 재정을 이용해서 도움을 주지 않을 수 없는 사람들의 숫자를 크게 늘릴 것으로 예상된다. 일부 정치인들은 청년수당, 공짜 교복 등과 같이 계속해서 '공짜'라는 수식어를 붙일 수 있는 선심성 복지 항목을 신설하는 데 열을 올릴 것이다. 여기에다 대다수 사람들의 인식도 국가가 적극적으로 그들에게 도움을 주어야 한다는 쪽을 선호할 것이다.

세입 증가율은 정체되고 세출 증가율은 가파르게 오르는 상황이 지속되는데도 불구하고 엄격한 국가부채 관리를 기대하기는 쉽지 않을 것이다. 대다수 사람들이 지출 구조조정으로 인한 고통을 참아내야 할 필요를 느끼지 못하기 때문이다. 지출 구조조정은 정치인들에게 무척 부담스러운 일이기 때문에 본격적으로 실천에 옮기기 쉽지 않다.

경제위기와 같은 어려움이 닥치기 전까지 한국 사회는 계속해서 국가부채를 큰 폭으로, 그리고 빠른 증가세로 늘려갈 것으로 예상된다.

이곳저곳에서 국가부채 급증의 위험을 경고하는 식자층의 목소리가 높아지겠지만, 지출에 대한 뼈를 깎는 구조조정으로 해결책을 마련하기는 쉽지 않을 것이다. 많은 사람들이 국가부채의 증가가 도착하게 될 종착지가 어디인지를 알면서도 마치 거센 파도에 떠밀려가듯이 위급 상황까지 도달할 것으로 보인다. 외환위기를 온몸으로 겪어냈던 사람은 빚이라는 것이 얼마나 무서운 것인지를 잘 알고 있을 것이다. 그것도 외채라는 것이 얼마나 큰 부담이 될 수 있는지를 말이다.

그러나 한국 사회는 늙어가는 중이므로, 써야 할 돈은 늘어만 가는데 벌어들이는 돈은 기대처럼 늘지 않아 계속해서 국가부채를 증가시키는 방향으로 나아갈 것으로 보인다. 이러한 추세는 재임 기간 동안 치적 쌓기와 인기 유지에 관심을 크게 둘 수밖에 없는 정치인들의 욕구와 필요에 맞물려서 빠른 속도로 늘어날 것으로 예상된다. 과연 우리 사회가 지출로 이루어진 파티 규모를 스스로 조정할 수 있을까? 고통을 국민들에게 호소하면서 부채 증가세를 꺾을 수 있는 정치인들이 나올 수 있을까? 사람마다 판단이 다를 수 있지만 필자는 그 가능성을 높게 보지 않는다. 파티의 판을 뒤엎을 수밖에 없는 외압이 오기 전까지 대한민국 국가부채의 오름세는 지속될 것으로 예상한다.

이런 전망에 의문이 든다면 잠시 생각해보라. 우리 역사에서 임박한 위기 상황을 예상하고 타개책을 실천한 체계적인 노력이 있었던가! 근현대사를 통틀어 산업화를 향한 20여 년의 대장정을 빼면 단 한 번도 없었다. 그때도 가난이라는 절박함, 뛰어난 지도자 그리고 시대의 도움이라는 큰 행운이 있었기 때문에 가능했다. 배고픔이 사라진 마당에 무엇으로 절실함이 자리 잡도록 만들 수 있을까? 정치적 리더십의 부재 속에서 눈앞의 이익에 이전투구를 거듭하는 올망졸망한 정치인들에게서 어떤 리더십을 기대할 수 있을까? 거대 중국의 부상이 모든 것을 쓸어 담아버리는 듯한 환경 속에서 어떤 행운을 기대할 수 있을까?

농경문화가 짙게 배어 있는 한국인들에게 위기에 필사적으로 대비하는 절심함은 유전자에 각인되어 있지 않다. 우리는 정교하게 뭔가를 준비하기보다는 천수답(天水畓, 하늘에서 떨어지는 빗물에만 의존해서 벼농사를 지을 수 있는 논) 농사에 익숙한 사람들이다. 예상되는 위험을 체계적인 노력으로 대비하기보다는 그저 낙관과 행운에 기대는 경향이 있다. 억수 같은 비가 내려서 홍수가 날 정도가 되어서야 마지못해 움직이는 사람들이다.

# 02

# 갚기 힘든 가계부채

소득의 정체와 고비용 구조

> 한번 지게 된 가계부채는 저성장 상태가 지속되는 동안
> 좀처럼 벗어나기 힘든 족쇄로 작용할 것이다.
> 여기에 성장률의 둔화는 가계부채를 만성적인 적자로 만들고
> 내수 침체의 주역이 될 것이다.

어느 시대나 사람들은 빚으로부터 자유롭지 않았다. 기원전 6세기 무렵 바빌론에는 25만 명의 인구가 살았는데, 비옥한 땅과 우뚝 솟은 건물 그리고 상인들의 손쉬운 해상 여행 덕택에 영화를 누리고 있었다. 이 모든 것이 메소포타미아 문명의 젖줄인 유프라테스 강과 티그리스 강이 준 선물이었다.

바빌론은 진정한 의미에서 세계 최초의 다문화 도시였으며, 지구 저 멀리에서 실려 온 황금과 진주, 각종 금은보화가 차고 넘쳤다. 그들이 부를 축적하는 방법은 교역을 통해서였다. 본디 자급자족이 불가능했기 때문이다. 어느 시대나 그렇지만 그 시대에도 엄청난 부자와 끼니를 걱정하는 가난한 사람들이 뒤섞여 살았다. 상인과 자본가들의 활동이 그 어떤 고대 도시보다 활발했지만 거듭된 흉작 때문에 농사나 생계를 위해 빌린 돈을 갚지 못해 노예의 신세로 전

락한 사람들, 즉 '빚 노예(debt slavery)'가 심각한 사회문제가 되고 있었다.

예를 들어, 빚을 갚을 수 없는 사람은 자신의 노동력을 마음대로 사용할 수 없었으며, 채권자가 지시하는 장인을 위해 일하기로 약속한 기록들이 오늘날까지 전해져 내려온다. 채권자는 '빚 노예'로 전락한 사람에게 먹을 것과 입을 것만 제공하면서 값싸게 노동력을 이용할 수 있었다.

네부카드네자르 2세(Nebuchadnezzar II, BC 634~BC 562)가 통치하던 시절 바빌론 성벽을 쌓던 노예들 가운데 상당수가 빚을 갚지 못해 노예가 된 사람이었다고 한다. 오늘날의 표현으로 말하자면 빚을 갚지 못한 중산층이 몰락하여 빚 노예가 된 경우다. 빚을 갚을 수 있는 전망이 전혀 보이지 않는 사람들은 야반도주하여 사막의 언저리를 떠돌기도 했다.

군인이자 사업가이자 작가로 명성을 날렸던 조지 S. 클래이슨 (George S. Clason)은 1926년 바빌론인들이 토판에 남긴 기록들을 바탕으로 〈바빌론 부자들의 돈 버는 지혜〉라는 베스트셀러를 펴내기도 했다. 그 책에는 주인 시라가 빚을 갚지 못해 시리아에서 노예 생활을 하고 있던 다바시르에게 전하는 빚에 대한 준엄한 충고가 실려 있는데 마치 오늘의 우리에게 주는 메시지 같다.

"네 적이 무엇이겠느냐? 네 빚이 바로 네 적이다. 그 빚 때문에 바빌론에서 쫓겨난 것이 아니냐. 빚을 갚지 않는다면 빚은 눈덩이처럼 불어나기 마련이다. 적을 그대로 내버려두면 그 적이 점점 강해지는 것이나 마찬가지다. 남자답게 적과 맞서 싸우거라."

빚은 한여름의 잡초와 같다. 잠시만 방심해도 손을 쓸 수 없을 만큼 무서운 속도로 늘어난다. 게다가 자본주의가 고도화되어가는 것에 비례해서 사회는 점점 '빚 권하는 사회'로 변화하게 된다.

"이것을 사라, 저것을 사라. 돈이 없다면 꾸어서라도 사라"는 메시지로 넘쳐나는 곳이 자본주의 사회이다. 스스로를 보호할 수 있는 지식과 지혜를 갖추지 못한 사람은 '빚 노예'에 준하는 대접을 받게 되며, 평생 동안 빚에 허덕거리면서 살아갈 수밖에 없다. 자본주의는 밝은 면도 많지만 어두운 면에 초점을 맞추면 타인의 돈을 빼먹기 위해 혈안이 된 체제라는 생각이 들 때가 있다. 스스로를 보호할 수 없다면 굴욕을 당하게 된다. 때문에 부채에 관한 한 아무리 보수적 입장을 취하더라도 이는 지나친 것이 아니다.

여기서 우리는 기원전 6세기 바빌론에서 살았던 사람들은 농업을 주업으로 했기 때문에 자연재해에 무방비로 노출되었음을 알 수 있다. 그들은 위험으로 가득 찬 시대를 살았다. 그렇다면 오늘날은 어떤가? 리스크를 합리적으로 관리해서 노출 가능성을 크게 낮출 수 있는 산업과 도구의 발전은 가히 눈부실 정도다. 그러나 〈월스트리트 저널〉의 선임 이코노미스트인 그레그 입(Greg Ip)은 반대되는 이야기를 용감하게 내놓는다. "개인 차원에서 그리고 국가 차원에서 재앙을 피하기 위한 노력들이 있었음에도 불구하고, 우리가 사는 세상은 위험으로부터 자유롭지 않은, 즉 리스크로 가득 찬 세상으로 바라봐야 한다." 오히려 모바일 혁명과 글로벌라이제이션은 지식, 상품, 서비스, 아이디어 등 모든 것의 수명 주기를 현저하게 줄이고 있기 때문에 경제적인 면에서 우리를 더 위험한 사회로 이끌고 있다.

## 가계부채 가운데서도
## 자영업자 대출에 주목해야

———————— 2014년도 기준 한국의 가계부채는 1,098조 원으로, 이는 GDP 대비 87%를 넘어선 것이다. 과연 87%는 어떤 의미를 갖고 있을까? 어느 수준 이상을 넘지 말아야 한다는 절대적인 기준은 없지만 국제결제은행은 85%를 위험과 안정을 구분하는 기준으로 삼고 있다. 세계경제포럼은 그보다 낮은 75%를 제시하고 있다. 87%의 의미는 가계부채에 대해 우리가 더욱 조심해야 한다는 경고 사인으로 받아들이면 된다. 이미 가계부채에 관한 한 우리 사회는 위험 지대에 들어서 있음을 뜻한다.

가계부채는 2004년의 494조 원에서 11년 만에 2.22배 늘어났다. 가계부채의 연평균 증가율은 2004년부터 2014년까지 7.9%로, 놀랍게도 지난 10년간 매년 8%에 가까운 부채가 증가한 것이다. 같은 기간 동안 실질경제성장률이 3.65%에 지나지 않는다는 점을 염두에 두면, 가계부채 증가율이 실질경제성장률보다 2배 이상의 속도로 증가해왔다는 것을 알 수 있다. 우리는 이 사실을 간과하지 말아야 한다.

한편 가계부채 가운데서 가장 큰 몫을 차지하는 주택담보 대출은 2014년을 기준으로 460조 원으로 41.9%를 차지하고 있다. 연평균 증가율은 2010년부터 2014년까지 6.38%이며, 2014년 한 해 동안은 무려 10.2%까지 수직 상승하기도 했다. 주택담보 대출 증가율도 실질경제성장률을 크게 웃도는 수준을 유지해왔다.

가계부채의 규모가 크고 증가 속도가 빠른 것도 문제지만, 더욱 걱정스러운 것은 '가처분소득 대비 가계부채' 비중이 점점 높아지고 있는 점이다. 이 비중은 2004년에 처음 100%를 돌파한 이후에 2008년에는 120.7%로, 그리고 2014년에는 138%로 늘어났다. 외국과 직접 비교하기 위해 자금순환 통계 기준(자금순환상 가계부채는 순수 가계 부분만 집계한 가계신용과 달리 비영리 부문까지 포함한 지표)으로 환산하면 그 비율은 164.2%가 된다.

여기서 우리는 OECD 주요국 평균이 133.5%인 점을 주목해야 한다. 일본과 미국이 각각 129.2%와 114.1%임을 고려하면 우리의 가계부채는 처분할 수 있는 소득 대비 대단히 높은 수준에 있음을 알 수 있다. 그러나 나라마다 가계부채의 특징이 다르기 때문에 일률적으로 '가처분소득 대비 가계부채' 비중이 얼마가 적정하다는 주장을 펼칠 수는 없다.

네덜란드와 덴마크는 각각 290%와 320%가 될 정도로 높다. 국제통화기금의 이코노미스트인 로메인 부이스(Romain Bouis)는 "OECD 국가들의 가계부채 총량은 1990년대 중반 이후 폭증하는 모습을 보였다. 2008년 글로벌 금융위기까지 부채 비중은 대략 2배까지 증가해왔으며, 가처분소득 대비 부채 비중은 60~300%로 다양하다"고 주장한다.

2008년 세계 금융위기가 터진 이후에 세계 각국은 부채를 축소하는 디레버리지 정책(Deleverage Policy)을 지속적으로 추진해왔지만, 우리 정부는 경기 활성화에 에너지를 쏟았다. 결과적으로 다른 국가들은 부채를 줄이는 데 효과를 봤지만, 오히려 우리는 경기 부양을 위해 부채를 늘리도록 부추기는 정책을 사용해왔다. 결과적으로 다른 나라 가계들이 소비를 줄이고 자산을 매각하면서 힘겨운 나날을 보내는 동안, 우리는 달콤한 시기를 보냈지만 가계부채는 크게 늘어나고 말았다. 가처분소득 대비 부채 비율이 높아진 근원적인 원인은 한국 경제의 성장률이 뚝 떨어져버린 것이 주요 원인이다.

우리나라는 가구주 연령이 50대인 가구가 가계부채의 약 33%를 보유하고 있으며, 인구 구조를 감안하면 고령층의 가계부채 비중이 높은 편이다. 이런 구조적인 특성 때문에 김지섭 박사(한국개발연구원)는 "우리나라의 경우 가계소득은 은퇴 시점 이후에 급격히 감소하는 경향이 있고 고령화 속도가 빠르기 때문에 고령층의 가계부채 문제가 심각한 사회문제를 일으킬 수도 있다"는 우려를 표명한다.

앞으로 가계부채가 어떤 추세를 보일지는 정부 정책과 경제성장률 그리고 금리의 향방에 따라 차이를 보일 것으로 전망된다. 가계부채의 심각성을 인식한 정부는 이미 주택담보 대출에 대해서 고삐를 바짝 죄기 시작했다. 이는 가계부채 증가 추세와 규모를 억제하는 데 도움이 될 것이다. 경제성장률이 회복될 수 있다면, 가계부채에 대한 우려도 한결 줄어들 것이다. 특히 가계부채의 증가를 걱정스럽게 보는 이유는 성장률이 회복될 가능성이 낮기 때문이다.

그런데 중요함에도 불구하고 주목을 끌지 못하는 것은 가계부채 가운데서도 자영업자 부채와 다중채무자 문제 때문이다. 주택담보 대출이 상대적인 의미에서 건전한 부채인 데 반해서 자영업자 대출은 악성 부채가 될 가능성이 높다. 자영업자 대출은 개인적으로 대출을 받으면 가계 대출로, 개인사업자로 대출을 받으면 중소기업 대출로 잡히기 때문에 전체 규모를 정확하게 파악하기 어렵다. 그래서 주택담보 대출처럼 종합적인 대책 마련도 어렵다.

김동원 박사(고려대)는 자영업자의 대출 규모가 370조 원(2014년

6월 기준)이며, 3개 이상 금융기관에서 대출을 받은 다중채무자는 329만 명, 323조 원(2014년 9월 말 기준)이라고 주장한다. 한국은행은 전체 금융권의 자영업자 부채 규모를 450조 원(가계 대출 245조 원, 기업 대출 206조 원) 안팎으로 추정한 바 있다(2013년 3월 말 기준). 금융경제연구원의 이규복 연구위원은 320조 원(가계 대출 140~170조 원, 기업 대출 150~180조 원)으로 추정했다(2012년 5월 기준). 이런 추계치를 종합하면 2014년 기준으로 자영업자 부채는 최소 370조 원에서 400조 원 내외에 달한다고 추계할 수 있다.

이러한 부채는 규모도 규모지만 증가 속도가 예사롭지 않다. 6대 시중은행의 자영업자 대출을 합산하면 2011~2014년 동안 연평균 13.1%로 증가해왔다. 더욱이 2014년도 증가 폭은 23.4%나 되며, 2015년 증가 폭도 그 이상이었을 것으로 추정된다. 한국은행이 국회의 기획재정위원회에 보고한 업무 현황 자료에 따르면 2015년 1분기 자영업자 대출 규모는 5조 2,000억 원으로 전년도 같은 기간 대비 73% 증가했다고 한다. 여기서 우리는 비(非)베이비부머 세대의 은퇴와 맞물린 시점의 대출 증가라는 점에 비상한 관심을 가져야 한다.


## 낙담할 필요는 없지만
## 초긴장해야

──────── 가계부채의 미래에 관한 한 우리는 개인적인 측면에서의 미래 전망과 거시경제적인 측면에서의 미래 전망을 구분할 필요가 있다. 우선 가계부채가 개인적인 측면에서는 어떻

게 전개될까? 주택담보 대출과 자영업자 대출을 나누어서 전망해야
한다.

가계 대출의 42~45%를 차지하는 주택담보 대출의 경우는 주택
시장의 향방과 밀접하게 연결되어 있다. 앞으로 주택 가격이 현 시
세에서 등락을 거듭하는 정체 상태를 유지한다면 문제가 없다. 그
러나 주택 가격의 하향세가 계속된다면 그리고 가격 하락 폭이 크
다면 주택담보 대출로 집을 구입했던 사람들 가운데 상당한 손실을
입는 사람들도 나올 것이다. 더 비관적인 전망을 내놓는 사람도 있
다. 1990년대 일본의 버블 붕괴나 인구 감소로 인한 신도시 아파트
단지의 몰락 같은 상황을 가정하는 사람도 있다. 일본의 전철을 우
리가 따르지 않는다면 일본처럼 급격한 주택 가격 폭락을 경험할
가능성은 낮을 것으로 본다. 하지만 경제의 장기 침체, 소득 증가율
의 현저한 둔화, 취업난의 가중, 구조조정으로 인한 지속적인 고용
환경의 악화, 노후 준비의 부실, 인구 구성비 변화 등과 같은 변수
를 고려하면 현재의 주택 가격이 유지될 수는 없을 것이다. 수요와
공급 측면만 고려하더라도 상당 폭의 가격 조정이 불가피할 것으로
본다. 만일에 경제 외적인 충격이라도 주어지면 하락 폭은 훨씬 커
질 것이다.

때문에 개인 차원에서는 정부 정책과 이해관계가 있는 집단을 중
심으로 주택 경기를 부양시키려는 집요한 노력을 객관적으로 볼 수
있어야 할 것이다. 특히 비수도권이나 도심권으로부터 떨어진 곳에
무리한 대출을 끼고 아파트를 구입하는 것이 과연 올바른 선택인
가에 대해서는 깊은 고민이 있어야 할 것이다. 경기를 부양하기 위
해 안간힘을 쏟는 사람들도 결국은 눈을 가리는 사람이기 때문이다.

정책을 추진하는 사람들은 그 자리를 뜨고 나면 그만이다. 정책 입안자나 임기가 정해진 정치가들의 목표와 개인의 목표는 다르기 때문이다. 경기 부양 성격의 정책이 활활 타오를 때면 항상 정책 이면에 실린 의도를 정확히 알아차릴 수 있어야 한다. 그렇지 않을 경우 의사결정의 모든 부담은 자신이 두고두고 짊어질 수밖에 없다.

한국에서 집을 산다는 것은 일종의 강제 저축에 가입하는 것과 같다. 무리를 해서라도 아파트를 구입한 사람들은 은퇴를 하기 이전에 대부분 원금 상환을 끝내게 된다. 여기서 예외적인 경우는 부동산 활황기에 주택을 구입한 세대다. 가계부채를 제때 상환하지 못하고 근근이 만기 연장을 해오다가 해고 혹은 정년을 맞아서 채무 상환 능력이 급격히 하락하는 사람들도 있다. 이런 상황에 빠진 사람들이 가장 큰 타격을 입게 되는데, 2014년 기준으로 전체 가계부채에서 40~50대의 비중이 63.3%임을 고려하면 이는 드물지 않은 경우라 하겠다.

주택시장 상황은 어떤가. 전세에서 월세로의 전환이 예상보다 훨씬 빠른 속도로 진행되고 있다. 선진국에서는 월세가 보편화되어 있지만, 우리는 빚을 내서 집을 구한 다음 마치 강제 저축으로 이자와 원리금을 갚아나가는 형태를 취하게 된다. 은퇴와 교육비 부담을 해결하고 나면 집을 역모기지화하여 이후 생활비를 조달할 자산으로 삼는 사람들이 앞으로 크게 늘어날 것이다. 아파트의 경우 지역별로 집값의 등락 폭이 다르기 때문에 앞으로 가격에 따라 다소의 이익과 손해를 보는 사람들이 등장할 것이다. 그러나 대다수가 이익을 보는 쪽에 설 가능성은 낮다고 본다. 왜냐하면 주택시장도 중장기적으로 실물경제와 동떨어져 홀로 서기 힘들기 때문이다.

한편 전체 대출 가운데 50%가량은 자영업자와 다중채무자들의 대출이다. 이들은 국내 경기 상황에 직격탄을 받을 수 있는 사람들이다. 국내 경기가 저성장 기조를 유지할 때 위험한 상태에 빠질 가능성이 높은 그룹이다.

내수시장을 겨냥하는 소규모 자영업의 미래는 어둡다. 일단 지나치게 많은 업체 수로 경쟁이 치열하다. 삶의 대부분 시간을 조직 생활을 하다가 잘 모르는 사업에 뛰어들어 성공을 거둘 가능성은 아주 낮다. 큰 사업이든 작은 사업이든 사업에는 쉽게 복사하거나 배울 수 없는 노하우들이 많기 때문에 배워가면서 사업을 한다는 것은 위험이 너무 크다.

더욱이 지금은 경제를 구성하는 판 자체가 바뀌고 있다. 많은 거래가 온라인으로 속속 접수되어가고 있는 이 거대한 변화는 치열한 경쟁 상황에 놓인 자영업을 더욱 어렵게 만들고 있다. 경제 권력이 길거리에 있는 가게로부터 온라인으로 빠르게 이동 중이기 때문이다. 온라인 중에서도 특히 모바일 거래가 활성화되면서 길거리로부터 온라인으로의 권력 이동은 훨씬 힘을 받을 것이다. 구조적으로 자영업이 어려워질 수밖에 없는 환경이다. 또한 긴 시각에서 보면 업종 특성상 소규모 자영업으로 영위될 수밖에 없는 소수의 업종을 제외하면 기업들이 조직화되어 업체를 접수하는 추세를 피할 수가 없다.

따라서 베이비부머 세대의 퇴역과 함께 본격화된 소규모 자영업의 확대, 그리고 이에 따른 자영업자 대출 증가는 개인적으로뿐만 아니라 국가적으로도 조심스럽게 접근해야 한다. 경제성장률이 크게 반등하지 않는 한 그들의 부채 가운데 부실화의 길을 걷게 되는 비중이 무시할 수 없을 정도로 높아질 것이다. 이미 자영업자의 평균 금융 부채인 '가처분소득 대비 부채' 비율은 240%나 된다. 정년 이후에 시작한 자영업 때문에 중산층에서 하류층으로 전락하는 노년 인구의 증가는 분명히 가계부채 증가 문제를 다룰 때 우려해야 할 부분이다.


## 가계부채, 오랫동안
## 내수 위축의 원인 제공

———————————— 한편 국민경제 전체의 입장에서 보면 어떨까? 확실히 가계부채의 증가는 우려할 만한 일이다. 앞으로 우리 사회가 겪게 될 장기 침체의 원인 중 하나는 늘어난 주택담보 대출이 될 가능성이 높다. 이런 점에서 우리는 덴마크의 경험을 참조할 필요가 있다.

덴마크는 2004년부터 2008년 글로벌 금융위기 이전까지 지속적인 주택 가격 상승으로 주택담보 대출 비중이 크게 증가한 상태였다. 이런 상태에서 2008년 금융위기를 맞게 된다. 이 위기는 주택 가격을 큰 폭으로 떨어뜨렸고, 이 충격으로 가계의 총자산은 크게 감소했다. 가계 총자산의 하락은 덴마크 가계의 레버리지(총자산액 대비 부채액) 비율 혹은 LTV(Loan to Value) 비율을 높게 상승시키면서 가계의 채무 부담을 가중시켰다. 결국 덴마크 가계는 상당한 디레버리지(Deleverage) 압력을 받게 되어 지갑을 닫고 빚을 줄여나가는 데 안간힘을 쓰게 되었다. 이미 불황 상태에서 어려움을 겪고 있던 덴마크 경제는 가계들의 급속한 소비 감소 때문에 장기 불황에 빠지고 말았다.

에스거 라우 엔더슨 교수(Asger Lau Andersen, 덴마크 코펜하겐대학교)는 높은 가계부채와 경제와의 상호관계에 대해 이렇게 말한다. "가계의 높은 부채 비율과 자산의 확장은 금융위기 이후 덴마크의 전반적인 가구에서 급격한 소비지출의 감소를 야기했으며, 이에 따라 세계 금융위기 시 덴마크의 경제는 장기적 침체를 경험하게 된다." 덴마크의 경험에서 볼 수 있듯이, 이미 상당한 가계부채를 가진 한국의 가계 역시 앞으로 원리금 상환 부담과 이자 부담, 고용불안, 그리고 노후에 대한 불안 등이 겹쳐지면서 소비를 적극적으로 줄여나갈 것이다. 이미 곳곳에서 상식적으로 이해할 수 없는 가격 파괴 상품이 등장하고 있다. 앞으로 내수 침체가 어떤 모습으로 전개될지를 알려주는 대표적인 현상이다. 내수시장을 활성화하려는 정부의 각종 정책이 효과를 거둘 수 없는 이유는, 빚을 갚는 과정에서 불가피하게 얇아질 수밖에 없는 지갑 때문일 것이다.

자영업자와 다중채무자들의 부채는 경제의 장기 침체와 함께 부실화의 길을 걷게 될 가능성이 상당히 높다. 예를 들어, 은퇴 이후 재취업이 어려운 중장년층의 준비되지 않은 자영업 진출로 중산층에서 하류층의 나락으로 떨어지는 사람들의 숫자는 크게 증가할 것으로 보인다. 생활비는 벌어야 하고, 적절한 일자리 찾기가 힘든 상태에 있는 사람들은 내수형 창업에 귀가 솔깃해지지 않을 수 없다. 이렇게 창업 대열에 뛰어드는 사람들은 줄어들지 않을 것이다. 여기에 준비되지 않은 창업을 적극적으로 권하는 사람들이나 조직들의 활발한 활동도 한몫을 톡톡히 할 것으로 보인다.

앞으로 한국 경제는 가계부채의 덫으로부터 벗어나기 위해서 길고 고통스러운 여행길에 오를 것이다. 외부 환경에 급격한 변화가 없기를, 그리고 저성장 상태에서도 완만하게라도 경제가 회복되기를 기대할 뿐이다. 만일에 예상치 못한 외부 쇼크라도 만나게 되면 '패닉(panic)'이라 부를 수 있는 상황이 전개될 수도 있다. 되도록 피해야 할 사건이긴 하지만 이런 위기 상황은 또 한 번 '부의 재편'을 촉진할 것이다. 여기서도 승자와 패자가 확연히 나뉘는 일이 일어날 것이다.

**03**

# 저성장이 고착되는 경제성장률

돈을 풀어서 성장률을 끌어올리는 것의 한계

> 우리의 고정관념을 크게 뒤흔들 정도의
> 획기적인 구조 개혁에 성공하지 못한다면,
> 3%대 성장률을 회복하기는 힘겨울 것이다.
> 성장률 회복을 위해 통념을 깨는 노력이 필수지만
> 사회 전체가 이를 수용할 수 있을지는 미지수다.

고대 유적지를 자주 찾는 필자가 유독 관심을 갖는 곳은 시민계급이 인정되었던 고대 국가다. 절대왕정에 의해 휘둘리는 정치 체제가 아닌, 시민계급이 어느 정도 영향력을 행사할 수 있었던 나라들이 건국 이후 어떤 길을 걸었는지 궁금해서다.

일찍부터 절대왕정을 버리고 민주정(직접민주주의 정치 체제)을 택했던 고대 그리스와 식민도시들, 고대 로마와 르네상스기의 도시국가를 방문할 때면 어김없이 떠오르는 생각이 있다. '어떤 문명이나 국가도 흥망성쇠(興亡盛衰)라는 조직의 필연적인 법칙으로부터 자유로울 수가 없구나.' 이 땅에 사는 사람들의 눈으로 보면 몇 십 년에서 몇 백 년이 영원처럼 긴 시간일 수 있지만 긴 인류 역사를 통해서 보면 그렇지 않다.

일본의 탐사 작가 다치바나 다카시(立花隆)의 〈사색기행〉에는 그가 젊은 날부터 중년까지 고대 유적지들을 둘러보면서 갖게 된 역사관 혹은 국가의 부침(浮沈)에 대한 생각이 잘 정리되어 있다.

1972년이면 한참 일본이 세계적인 강국으로 부상하던 시절이다. 당시 그는 도쿄 전경이 발아래 펼쳐진 고층 빌딩의 커피숍에서 데이트 중인 한 여인을 앞에 두고 자신이 고대 유적지를 둘러보면서 갖게 된 시각을 이렇게 피력한다.

"이 도쿄도 앞으로 1천 년, 2천 년이 지나면 결국 모든 게 유적이 되고 말 거야. 이 호텔도 흙 속에 묻혀 녹슨 철 골조만 툭 튀어나온 몰골이 되겠지."

데이트 중이던 여인의 시각에서는 열변을 토하는 남자의 생각이 황당하게 보였음은 물론이다.

고도성장을 향해 힘차게 달리던 시대에 어느 누가 일본과 도쿄의 미래에 대해 이런 암울한 전망을 할 수 있었겠는가? 시대를 통찰할 수 있는 굳건한 역사관을 갖지 않고서는 전성기에 몰락을 이야기할 수 없다. 그로부터 30년이 지난 2002년에 그는 그 이야기를 다시 확인한다. "30년이 지난 지금도 도쿄는 유적이 되지 않았지만, 어떤 문명이든 천 년이라는 오랜 세월 동안 번영이 계속된 사례는 없으므로(어떤 문명도 번영기는 길어야 수백 년이다), 지금도 나는 도쿄도 결국은 유적이 될 거라고 생각한다"고 주장한다. 도쿄는 유적이 되지는 않았지만 20년이 넘는 장기 침체를 거치면서 일본이란 나라는 활력을 잃고 말았다.

# 특정 국가 특수론은
# 없다

──────────── 현대 국가가 외침에 의해서 망하는 경우는 드물다. 그러나 활력과 역동성이란 면에서는 현대 국가도 탄생하고, 발전하고, 쇠퇴하고, 사라지는 흥망성쇠의 법칙으로부터 자유롭지 않다. 오히려 고대 국가에 비해 번영기는 더 짧아지고 있다고 생각한다. 어떤 나라가 파죽지세라 부를 정도로 고도성장기를 구가하면 어김없이 등장하는 것이 특수론이다.

일본이 한참 잘나갈 때는 일본 특수론이 등장했고, 한국이 한참 잘나갈 때는 한국 특수론이 등장했다. 중국의 경우 개혁개방 정책이 시작되던 해가 1978년이므로, 중국은 30년 이상 고도성장을 해오고 있는 셈이다. 이때도 어김없이 중국 특수론이 등장했다.

특수론은 대부분 어떤 나라는 특수하기 때문에 다른 나라들이 경험했던 성장의 한계를 경험하지 못한다는 주장을 포함한다. 예를 들어, 일본이 아주 잘나갈 때는 일본의 종신 고용, 계열 구조, 법인 자본주의 등을 칭송하는 이야기가 많은 사람들 입에 오르내렸다. 특수하기 때문에 일본의 성장은 계속될 것으로 믿었고 '저팬 넘버 원'이 예사롭게 유행했다. 일본 기업 연구에 정통한 김현철 서울대 교수는 일본 특수론을 기업 중심으로 다음과 같이 해석한다.

"고도성장기에는 일본 기업 특수론을 주장하는 경우가 많았다. 경쟁보다는 협력을 우선시하는 것이 일본 기업이라고 보았고, 이를 토대로 동반 성장이나 상생 협력 같은 개념도 만들어졌다. 또한 경쟁 자체도 미화되어 학습으로서의 경쟁이나 시장 지위별 경쟁, 집단적 경쟁 등의 개념도 만들어졌다. 하지만 저성장기를 거치면서 이런 이야기들은 싹 없어졌다. 이전투구형 경쟁이 일반화되었다. 일부 기업들은 이에 반발하여 일본식 경영을 사수하려고 노력했지만, 오랜 저성장은 이마저도 허용하지 않았다. 그 결과, 일본 기업 특수론은 없어지고 서구의 보편화된 이론으로 일본 기업을 설명하는 흐름이 보다 일반화되었다."

잘나갈 때는 특수론의 대상이 되는 나라가 갖고 있는 특별한 점을 모두가 부러워한다. 하지만 그런 것들은 오래갈 수가 없다. 왜냐하면 한때 잘 작동하던 제도나 정책들도 끊임없이 개선하고 혁신하지 않으면 제대로 작동되지 않을 뿐만 아니라 오히려 걸림돌이 되기 때문이다. 다시 말하면 특정 환경에서 잘 돌아갔던 제도나 정책 그리고 기관들이 환경이 바뀌면서 걸림돌이 되는 일들이 일어난다. 환경은 계속해서 변화하기 마련이므로, 이런 사례는 거의 대부분의 나라들이 경험하게 된다. 한때 어떤 사회가 성공할 수 있도록 도와주었던 제도나 문화 때문에 그 사회가 몰락에 이르는 역설적인 일이 일어나고 마는 것이다.

누군가는 이렇게 물을 수 있다. "환경 변화에 맞춰 바꿔나가면 되지 않는가?" 그러나 이것은 무척 어렵다. 기업이든 나라든 보편적인 심성과 특성을 가진 사람들로 구성된다. 사람은 가능하면 자신에게 성공을 가져다주었던 것에 안주하려는 성향이 강하고, 위급한 상황이 발생하기 전까지는 그것을 고수하려는 속성을 갖고 있다. 여기에다 특정 정책이나 제도가 오랫동안 유지되다 보면 그 정책이나 제도를 둘러싸고 갖가지 이해 집단들이 형성된다. 이들은 난공불락의 요새처럼 변화에 저항한다. 모든 특수론은 언젠가 사라지며, 모든 것은 보편적인 법칙을 따르게 된다. 일본, 한국, 중국이 그렇고, 앞으로 싱가포르도 마찬가지일 것이다.

## 한국은 과거의 성공에
## 취하지 말아야

──────────── 한국은 눈부신 성공의 기록을 갖고 있다. 2차 세계대전 이후 85개의 신생 독립국 가운데서 한국처럼 성공한 국가가 있을까? 식민지의 가난함뿐만 아니라 전쟁으로 초토화된 나라에서 일어섰기 때문에 더더욱 한국의 성장은 의미가 있다. 일부 역사가들은 독특한 사관에 바탕을 두고 한국의 산업화에 대해 우호적인 시각을 갖고 있지 않다. 그러나 시야를 확장해서 경제 경영의 변천사를 중심으로 보면 한국인은 기적이라고 불러도 지나친 법이 없는 엄청난 성취를 해냈다.

1940년대와 1950년대의 빛바랜 흑백사진에서 우리 앞 세대의 가난하고 어두웠던 시절을 확인할 수 있지만 기록으로도 그 의미를 새길 수 있다. 해방이 되고 이듬해 5월 4일, 미국기근방지위원회 회장 후버는 국무성에 긴급 전문을 보낸다. "조선이 1인 매일 1,500칼로리를 유지하기 위해 식량 수입이 필요하다." 같은 해 10월 31일 8~10월의 수출액과 수입액 자료를 확인할 수 있는데 "수입품은 중국 된장, 성냥, 사탕, 계란 등이고 수출품은 대두, 해태, 대마, 백삼 등이었으며, 수출액보다 수입액이 약 10배 내지 14~15배라는 파생적인 기현상을 우려한다"는 내용이 남아 있다(이중근 편저, 〈광복 1775일-상〉, 우정문고, p. 379, 532). 수입품은 된장과 성냥이고, 수출할 수 있는 것은 대두와 해태가 고작이었다. 제조업 기반이 갖추어지지 않은 상태였기 때문이다. 전쟁은 이마저도 완전히 파괴하고 말았다.

'광복 70년'을 맞아 발표된 통계청 자료에 따르면 GDP는 1953년의 477억 원에서 2014년 1,485조 원으로 3만 1,000배 이상 증가했으며, 현대경제연구원은 1인당 GDP는 1953년 66달러에서 2만 5,973달러로 390배 이상 성장했다고 발표했다.

한편 한국 역사상 나라 전체가 조직적이고 체계적으로 국가 개조를 향해 달리기 시작한 최초의 시도는 1961년부터 시작된 경제개발 5개년 계획일 것이다. 이런 노력들이 과실을 거둠에 따라서 한국의 실질 GDP 성장률은 1960년대 7.69%, 1970년대 10.47%, 1980년대 8.78%(-1.7%를 기록했던 1980년의 경제성장률을 제외하면 9.93%), 1990년대 7.92%(-5.5%를 기록했던 외환위기 이듬해인 1998년 경제성장률을 제외하면 8.53%), 2000년대 4.67% 그리고 2010년대 (2010~2014년) 3.74%로 변천해왔다(한국은행 [국민소득] 추계치 이용). 2000년대도 2008년 글로벌 금융위기를 전후해서 경제성장률의 격차가 두드러진다. 전반기(2001~2007년)는 4.91%인 데 반해서 후반기(2008~2013년)는 3.16%이다. 이런 성장률을 더욱 생생하게 보기 위하여 역대 대통령 재임 기간별 평균 경제성장률을 집계해보는 것도 의미가 있다.

한국의 경제성장률은 1960년대 이래 10년 터울로 8%대에서 최고 10%대까지 상승했다가 2010년대 들어서는 3%대로 내려앉았다. 이는 놀랄 만한 사실은 아니다. 2차 세계대전이 끝난 이후 일본 경제 또한 1960년대는 실질 GDP 성장률이 10.5%까지 치솟았지만, 1970년대와 1980년대 들어서는 각각 5.1%와 4.05%까지 떨어졌다

| 정부 | 박정희 | 전두환 | 노태우 | 김영삼 | 김대중 | 노무현 | 이명박 | 박근혜 |
|------|--------|--------|--------|--------|--------|--------|--------|---------|
| 국가채무 | 8.37 | 8.77 | 7.36 | 7.82 | 5.32 | 4.48 | 3.2 | 2.93(*) |

출처: 한국은행 *2013~2015년 평균값

가 버블 붕괴 이후인 1990년대 중반까지는 2.0%까지 하락한다. 당시 일본인들은 "이 상태가 바닥인 모양이다"라고 생각했으나 바닥이 없을 정도의 상태, 즉 '제로 성장 상태' 혹은 '마이너스 성장 상태'까지 도달했다.

# 2008년, 글로벌 금융위기 이후 나타난 특이한 현상

──────────── 그런데 우리가 특별히 주목해야 할 점은 2008년 글로벌 금융위기 이후의 우리 경제에서 나타나고 있는 특이한 현상이다. 정부는 매년 [국가재정운용계획]을 발표하고 있는데 2008년에 경제성장률에 대한 전망치는 2009년 경상경제성장률 7.2~7.6%를 포함하여 2012년 8.8~9.2%이다.

이런 낙관적인 전망은 2014년 전망치에도 예외 없이 계속되었다. [2013~2017년 국가재정운영계획]은 2017년 경상경제성장률을 6.6%까지 전망하고 있다. 지금 와서는 정신 나간 짓이라고 비난할 수 있지만 이명박 정부가 출범할 당시 7%대 경제성장률 달성이라는 의욕적인 목표를 갖고 있었다. 이는 당시만 하더라도 "노력하면 우리는 뭐든 할 수 있어"라는 낙관론이 집권한 사람들에게 팽배해 있었음을 뜻한다.

경제성장률 전망이 세입 전망과 재정수지 전망에 매우 중요한 영향을 미친다는 점을 고려하면, 이런 전망이 재정 적자 규모를 크게 증가시켰음을 예상하는 일은 어렵지 않다.

2008년 글로벌 금융위기는 이 모든 계획을 허물고 말았다. 이명박 정부가 이룬 3%대 성장도 대규모 적자재정을 편성하여 인위적으로 지탱한 경제성장률임을 잊지 않아야 한다. 이명박 정부 동안 경기 부양을 위하여 동원된 적자보존용 국가채무는 93조 원이었다. 한마디로 빚을 끌어다가 성장률을 끌어올렸던 것이다.(2007년 55.6조 원→2012년 148.6조 원) 또한 글로벌 금융위기를 극복하기 위한 과정에서 외환시장용 안정채권 발행을 위해 63.3조 원을 투입했다.(2007년 89.7조 원→2012년 153.0조 원)

우리가 주목해야 할 것은 이명박 정부 동안 93조 원의 적자보존용 국가채무를 지면서도 겨우 3%대 성장률을 유지했다는 사실이다. 경제 상황이 악화되었을 때 이다음에는 호황이 오리라는 기대를 갖는 일은 당연하다. 하지만 막대한 규모의 재정을 투입하고서도 3% 성장률을 간신히 유지한 것은 어떤 의미를 갖고 있을까? 이미 한국이 저성장기의 초입에 진입하고 있었음을 말해준다. 저성장기가 더욱 우리 곁에 다가서고 있음을 말해주는 또 하나의 자료는 역대 정부마다 경기 활성화를 위해 발행하는 국채 규모가 현저하게 늘어나고 있다는 점이다. 정부가 국채를 발행하고 재정을 동원해서 경제에 주입하지 않으면 경제성장률을 유지하는 일이 점점 힘들어져가고 있음을 확인할 수 있다.

■ 역대 정부별 국가채무 구성요소                          단위: %, 조 원

| 정부 | 김영삼 | 김대중 | 노무현 | 이명박 | 박근혜(계획) |
|---|---|---|---|---|---|
| 국가채무 증가액 | 29.3 | 73.5 | 165.4 | 143.9 | 216.3 |
| 적자보전 | | 26.4 | 29.2 | 93.0 | 153.8 |
| 외환시장 안정 | | 16.5 | 69.0 | 63.3 | 72.2 |
| 국민주택 | | 17.4 | 9.0 | 6.0 | 2.7 |
| 금융성 기타 | | 19.5 | 2.6 | −18.0 | −17.1 |
| 공적자금 상환 | | | 52.7 | −7.0 | 1.6 |
| 지방정부 순채무 | | −2.8 | 3.0 | 7.9 | 5.2 |
| 적자성 기타 | | −5.6 | −0.6 | −1.3 | −2.0 |

출처: 국회예산정책처, [2014~2018 국가재정운영계획 분석], 2014. 11., p. 228


## 경기부양책으로 경제를 살리는 비용을 고려해야

──────────── 경기를 부양하기 위한 목적의 재정 적자가
계속 증가하는 것도 예사롭지 않다. 이는 한국 경제가 기대하는 경
제성장률을 더 이상 자체적으로 유지하기가 불가능함을 말해주고
있다. 물론 특별한 조치가 과감하게 취해지면 가능성은 있다. 그러
나 특별한 조치에 따르는 고통을 우리 사회가 감내해낼 수 있을지
의문이고, 이런 조치들을 차고 나갈 정치적 리더십이 있는가에 대
해서도 의문이다.

[2014~2018 국가재정운영계획]에는 이런 우려가 고스란히 담겨
있다. "최근 적자성 채무가 빠르게 증가하고 있는 점을 눈여겨 살필

필요가 있다. 2013년까지는 금융성 채무의 비중이 적자성 채무의 비중보다 높았으며, 2013년부터 적자성 채무의 비중이 51.7%가 되어 금융성 채무의 비중 48.3%보다 높아졌다. 금융성 채무는 융자금, 외화 자산 등 대응 자산이 있어 채무 상환을 위한 별도의 재원 조성 없이 자체 상환이 가능한 채무인 데 반해, 적자성 채무는 대응 자산이 없어 채무 상환 시 조세 등으로 재원을 마련해야 하고 향후 국민 부담으로 연결되는 채무다. 그러므로 특히 적자성 채무 증가에 대해서는 깊은 관심을 가져야 할 것이다." (pp. 230~231)

경기를 살리기 위한 국채 발행은 발행 시점을 기준으로 하면 정당화할 수 있는 여러 가지 이유를 찾을 수 있다. 그러나 본질적으로 이것은 현재의 고통을 피하기 위하여 미래의 자원을 당겨 미리 사용하는 것이며, 현재의 어려움을 피하기 위해 미래에 빚을 떠넘기는 행위이다.

과연 국채를 발행해서 대규모 적자예산을 편성하고 경기를 부양하기 위해 돈을 투입하면 경제를 활성화하는 일이 가능한가? 이는 경제학계에서 오랜 논쟁의 대상이 되어왔으며 경제학자 케인즈 이론의 시시비비를 가리는 주제가 되어 왔다. 이른바 '케인지언 효과'는 정부가 재정 및 통화 정책을 적극적으로 활용함으로써 유효수요를 확대하고, 그 결과 경제가 불황 상태에서 벗어나는 효과를 말한다. 효과가 있을 것인가 말 것인가는 결국 재정지출승수를 1 이상으로 볼 것인가 1 이하로 볼 것인가에 따라 결정된다. 여기서 재정지출승수가 1이라는 이야기는 정부가 1 단위의 재화나 용역을 구입할 때 아무런 비용을 치르지 않고 실질 GDP가 1 단위 증가하는 것을 말한다.

예를 들어, 정부가 도로나 항만 건설에 재정을 투입하게 되면 현실 경제에서는 구축 효과가 발생한다. 정부 소비나 정부 투자가 발생하면 민간 부문의 자원이 자연스럽게 정부로 이동하기 때문에 민간 소비나 민간 투자가 위축되는 일은 피할 수 없다. 결과적으로 재정지출승수는 1보다 작은 것이 일반적이다.

OECD(2009) 보고서는 우리나라의 재정지출승수를 0.3~1.1로, 김필헌(한국지방세연구원, 2010)은 0.552~1.192로, 그리고 김혜선(국회예산정책처, 2012)은 0.27~0.42로 보았다. 김혜선은 정부가 1 단위의 재정지출을 증가시키면 1년 차에는 0.27, 2년 차에는 0.39 그리고 3년과 4년 차에는 0.42까지 GDP를 증가시키는 것으로 분석했다.

이 모든 연구 결과는 "재정지출이 얼마 동안 총수요를 확장함으로써 GDP를 상승시키지만 시간이 가면서 그 효과는 기대에 못 미치고 만다"는 사실을 지적하고 있다. 재정지출승수가 1보다 작다고 해서 정부가 손을 놓고 있어야 한다는 것은 아니다. 그러나 경기가 가라앉을 때마다 습관적으로 재정지출을 동원해서 경기를 살리려는 노력은 효과도 적고 고스란히 채무를 남길 가능성이 있음을 잊지 않아야 한다. 특히 경제적인 논리로 마땅히 제거해야 하는 부분에 대해 손을 쓰지 않는 상태에서 이루어지는 경기부양책은 투입되는 자원 가운데 상당 부분을 낭비하는 결과를 낳는다는 사실을 명심해야 한다.

여기서 필자의 개인적인 경험담을 한 가지 소개하고 싶다. 전국의 공적 성격의 시설들을 방문할 기회가 잦다. 대부분 적게는 수백억 원에서 많게는 수천억 원을 들인 공적 건물들을 방문할 때마다 갖는 단상은, 투입되는 돈들이 주로 어떻게 사용되는가다.

"사기업에도 오너가 있었더라면 돈을 이렇게 사용할 수 있었겠는가? 내 눈에는 도처에 돈이 유용되지 않고는 일어날 수 없을 정도의 부실함이 보이곤 한다. 재정이란 것은 투입하고 나면 그만이다. 챙기는 사람도 없고 책임질 사람도 없다. 그냥 예산에 잡힌 돈은 일단 써버려야 하는 대상일 뿐이다. 이처럼 우리 사회가 벌어들인 돈을 낭비하는 일이 일상화되어 있다면 언젠가는 낭비가 부메랑이 되어 우리를 공격할 것이다."


## 일본의 정책 실패에서 충분한 교훈을

──────────── 1990년 버블 붕괴 이후에 일본이 걸어온 20년의 경험은 그 어떤 학술 연구보다 교훈적이다. 일본은 2000년까지 9차례의 경기부양책을 실시했다. 2001년부터 2006년까지 집권한 고이즈미 준이치로 총리를 비롯해서 2012년 12월에 집권한 아베 총리까지 모두 8명의 총리가 등장하는데 이들도 추가적인 경기부양책을 실시했다. 그 결과 경제 활성화에도 실패하고 막대한 국가채무를 증가시킨 상태에 놓여 있음에 주목해야 한다.

2012년에 집권한 아베 내각은 기존 내각들이 실시해왔던 재정지출 확대에만 머물지 않는다. 대규모로 엔화 공급을 확대하는 준환율 정책을 실시하여 수출 증가를 통한 경기 활성화에 나서고 있다. 일시적으로는 효과가 있는 것처럼 보인다. 하지만 지속될지 여부는 대단히 회의적이다.

조동근(명지대학교, 2014)은 2004~2010년에 176개국을 대상으로 실시한 '확장적 재정지출 정책의 부(負)의 효과'에서 이렇게 역설한다. "확장적 재정 정책은 분명 단기적으로 나름의 효과를 발휘한다. 이는 소득 흐름에 정부 지출이 추가로 유입되기 때문이다. 하지만 확장적 재정 정책은 그 이상의 부정적 효과를 국민경제에 미칠 수 있다. (…) 민간 부문 구축(밀어내기), 구조조정 지연, 재정 건전성 훼손, 정부에의 의존의 타성화 등이 '숨은 비용'의 전형을 이룬다." 반복적인 "확장적 재정 정책을 통한 성장이 과연 지속 가능하겠는가?"에 대한 나의 답은 "그렇지 않다"는 것이다.

그러나 현대 민주주의 국가 체제에서 정치가들은 손쉬운 경기부양책에 매달리는 성향이 강하다. 일단은 국민들을 불편하게 만들거나 고통을 주지 않으면서 자신들이 뭔가 하고 있다는 것을 보여줄 수 있기 때문이다. 앞으로 우리는 경제성장률을 반등시키는 데 성공할 수 있을까? 재정이나 통화 정책 이외에 구조조정을 위한 피나는 노력들이 지속적으로 실시되지 않는 한 저성장 상태를 벗어날 수는 없을 것이다. 국채 발행을 통한 적자재정으로 경기부양책에 따른 효과를 잠시 거둘 수 있겠지만, 이 이상의 효과를 기대하기는 어려울 것이다.

현 정부뿐만 아니라 앞으로 누가 집권에 성공하더라도 단기적인 경제 활성화 지출을 반복적으로 시행하게 될 것으로 보인다. 경기 침체에 따른 고통을 해결해달라고 아우성치는 국민들의 원성과 언론의 질타 그리고 집권층의 과시효과를 막아낼 도리가 없기 때문이다. 여기에 힘을 더해주는 정치가들이 현재의 저성장 상태를 구조적인 문제가 아니라 잠정적이고 현상적인 문제로 받아들이고 있기 때문이다.

이명박 정부 동안 행해진 것처럼 반복적인 적자재정의 편승을 통한 재정의 투입은 이미 어려운 상황에 놓인 재정 적자 상태를 앞으로 더욱 악화시킬 것이다. 이런 상황에서 추가적인 세수 확보를 위한 세율 인상과 새로운 세원 발굴을 촉진하게 될 것이다. 재정 적자의 심화는 '정부, 가계, 기업'이라는 3대 경제주체가 악순환의 고리에 빠져들게 할 가능성을 크게 높일 것이다. 기업은 저성장으로 매출이 줄어들고 비용이 증가하여 이익이 줄면 투자를 제대로 할 수 없다. 이런 과정에서 기업은 어떻게든 비용을 줄이려 노력할 것이다. 자연스럽게 고용과 임금이 줄어들 수밖에 없다.

기업의 이런 대응은 가계에 직격탄이 된다. 가계는 임금 소득이 줄어드는 데 반해서 조세 및 준조세 부담이 늘어나게 되고, 미래를 어둡게 바라보게 됨에 따라 지출을 더욱 엄격하게 관리할 것이다. 이로써 만성적인 소비 축소가 기업의 수요와 투자를 줄이는 공급 불황으로 연결된다.

이는 세수가 감소하고 이를 위해 또 다른 재정 적자에 편승하는 악순환의 덫에 우리 경제가 걸려들 가능성이 있음을 말해준다. 그런데 가능성이라는 표현보다도 이미 그런 덫에 걸려들고 있다는 것이 솔직한 표현일 것이다. 탈출구가 없는 것은 아니지만 현재의 고통을 감내할 수 있는가에 달려 있다. 옛말에 "미워하면서 닮아간다"는 말이 있다. 그래도 일본을 이해할 수 있다. 그들에게 '잃어버린 20년'은 일찍이 어느 나라도 겪어보지 않은 처음 가보는 길이었기 때문이다.

한국은 이미 험한 길을 가본 사람들이 있었음에도 불구하고 그들로부터 배우지 못했다. 앞서 간 사람들의 고통을 뻔히 보면서도 한국이 저성장의 덫을 벗어나지 못한다면, 이는 필연적으로 무지의 소산이자 용기 부족의 결과물이라고밖에 할 수 없다.

일본 경제에 정통한 이지평 연구위원(LG경제연구원)은 일본의 아베노믹스가 한국에 주는 시사점은 3%대 명목성장률을 유지해야 하는 것이라고 강조한다. 그는 인구 고령화에 대응할 수 있는 재정 수입 확보나 사회보장 시스템의 유지가 가능하기 위해서는 명목경제 성장률 3%대가 유지되어야 한다는 사실을 거듭 강조한다. 만일 한국이 2%대 저성장에 안주한다면 어떤 일이 일어날까? 이지평 연구위원은 이렇게 경고한다. "한국 경제가 저성장의 위협을 받고 있는 것은 사실이지만 이를 당연한 것으로 알고 체념한다면 빈곤 문제 악화로 인해 사회 시스템 유지가 점점 어려워질 것이며, 재정 파탄 우려 속에서 결국 대폭적인 증세 정책으로 빠질 위험이 커질 수 있다." (이지평, "2기 아베노믹스 전망", 〈한경〉, 2015. 10. 27)

앞으로 우리 사회가 불편한 길을 갈 용기와 지혜를 가질 수 있을까? 사람이 하는 일이기 때문에 불가능하다고 말할 수는 없다. 그러나 고통으로 가득 찬 길을 함께 나아가자고 설득할 수 있는 리더들을 가까운 장래에 목격할 수 있을까? 돈을 풀어서 경제를 살리는 일이 아니라 정직한 경제 살리기를 위해 모든 것을 바꿀 수 있는 지도자를 만날 수 있을까? 그런 리더들은 3가지의 공통점을 가질 것이다. 돈을 풀어서 경제를 살릴 수 없다는 현 상황에 대한 정확한 인식, 경제 회생의 방법에 대한 확고한 신념, 그리고 일정 기간 동안 대중적인 인기와 결별하는 단호함이다. 이를 기꺼이 선택할 수 있는 리더들이 나올 수 있겠는가? 우리의 정치 상황에서 이런 리더를 우리가 만날 수 있는 행운이 함께할 수 있을지 여러분이 각자 생각 해보기를 권한다. 나는 한국의 정치 지형도하에서, 그리고 현재 권력을 쥐기 위해 뛰는 사람들의 면모를 살펴볼 때, 그런 인물이 등장할 가능성을 높게 보지 않는다.

# 04

# 추락하는 산업 경쟁력

우리가 아는 것보다 상황은 심각하다

> **한국인들은 '우리가 일부 분야에선 아직은 최고다'라는**
> **헛된 꿈을 꾸고 있을 수도 있다.**
> **한국의 8대 수출 주력 산업 가운데서 반도체를 제외한**
> **스마트폰, 자동차, 조선해양, 석유화학, 정유, 철강 등의 분야에서**
> **거의 중국에 의해 추월 직전까지 내몰리고 있다.**
> **앞으로 돌파구를 마련할 수 있을지 현재로서는 불확실하다.**

토지도, 천연자원도, 인구도 보잘 것 없는 작은 도시국가가 무역을 통해서 1천 년(8세기~1879년)까지 지속될 수 있었던 것은 놀라운 일이다. 베네치아가 15세기를 전후해서 겪은 격변은 우리나라처럼 교역을 통해 경제 문제를 해결해야 하는 국가가 주목할 만한 가치가 있다.

베네치아는 300여 년 동안 지중해를 통해서 향신료 사업으로 부(富)를 축적했다. 인도에서 생산된 후추를 포함한 향신료를 페르시아 만이나 홍해를 거쳐 수입하고 이를 서유럽에 공급했다. 또한 오늘날의 뉴욕과 같았던 이집트의 알렉산드리아를 통해 독일 상인들이 베네치아인들에게 넘긴 무쇠, 놋쇠, 구리와 은제품 그리고 이탈리아산 직물과 베네치아산 유리 제품을 이집트에 수출했다. 당시 지중해 전체 무역량의 3분의 1에서 4분의 3을 베네치아가 독점할 수 있었던 것은 경쟁 관계에 있던 제노바인들이나 카탈로니아인, 그리고 마르세유 상인들에 비해 확고한 원가 경쟁력을 갖고 있었기 때문이다.

베네치아인들은 경쟁 국가들과 달리 교역을 조직화함으로써 후추 공급가격을 내리기 위해 끊임없이 노력한다. 오늘날로 말하면 생산성 향상을 통해 타국에 비해 원가 경쟁력을 확보한 셈이다. 이런 노력에 힘입어 베네치아는 후추 도매가 시세를 1420년에서 1440년 사이에 50%나 끌어내리는 데 성공하기도 한다.

이런 시대 상황에서 포르투갈과 스페인은 지중해 무역으로는 베네치아와 경쟁할 수 없다고 판단하고, 인도양과 대서양 항로를 개척하기 위해 나선다. 대항해 시대의 주역은 바스코 다 가마와 콜럼버스다. 포르투갈과 스페인은 비즈니스 모델 자체를 근본적으로 바꿈으로서 베네치아의 독점 체제를 무너뜨리려는 도전을 감행한다. 사실 경제사를 살펴보다 보면 사람 사는 곳은 과거나 현재나 비슷하다. 더 싸게 더 잘 만들 수 없다면 언제든지 치고 올라오는 경쟁자들이 있다는 사실이다. 한때의 경쟁 우위에 취한 채 머뭇거리다 보면 어느 사이엔가 경쟁자들에 의해 추월당하고 만다. 세상의 이치가 본래 그렇다. 사람들은 흔히 자신들이 살아가는 시대를 아주 특별한 시대로 받아들이고 자신들이 겪는 경제적인 과제나 어려움을 특별한 과제나 어려움으로 받아들인다. 그러나 사람 사는 시대에는 언제 어디서나 격렬한 생존의 투쟁이 있었다. 누가 더 경쟁적인 나라를 만들어낼 것인가에 따라 영광의 시간과 고통의 시간이 주어져왔다.

# 무엇이든 더 싸게
# 잘 만들어야 한다

——————— 1499년 8월 8일 카이로에 머물고 있던 은행 가이자 상인인 지롤라모 프리올리는 베네치아 정부에 한 통의 편지를 급히 보낸다. "포르투갈 국왕 소유의 범선 3척이 향료를 찾으라는 임무를 갖고 파견되었다. 그들은 아덴과 인도의 캘커타에 도착했으며, 선장은 콜럼버스(바스코 다 가마를 콜럼버스로 착각함)다. 이는 인도에서 온 사람들이 확인한 내용이다"라고 적혀 있었다.

그는 새로운 항로의 개척이 베네치아에 큰 타격을 줄 것임을 최초로 알아차린 베네치아인 가운데 한 사람이다. 그는 편지에 "이 소식은 나에게 엄청난 충격을 주었다. 사실일까? 그러나 나는 그 소식을 믿지 않았다"라는 말을 더했다. 이런 소식에 화들짝 놀란 베네치아공화국은 사실 여부를 자세히 알아보기 위해 리스본 궁정에 대사를 파견한다. 1501년 7월에 베네치아에 도착한 대사의 보고서는 베네치아인들에게 "베네치아의 전성기는 가버렸구나"라는 공포심을 심어줄 정도로 강한 충격을 주었다. 프리올리는 베네치아인들이 받았던 놀라움을 이렇게 전한다.

"내가 가진 뉴스보다 이해할 것이 더 많은 정보를 가진 것은 없다. 이 뉴스를 접한 순간, 도시 전체는 (⋯) 어안이 벙벙해졌으며, 현명한 사람들은 지금까지 들은 소식 가운데 가장 나쁜 것이라고 생각했다. (⋯) 이 새로운 길을 통해 인도 향료는 리스본으로 운송될 것이다. 그곳에서 헝가리인, 독일인, 플랑드르인, 그리고 프랑스인은 향료를 더 좋은 가격에 살 수 있게 될 것이다. 베네치아에 오는 향료는 시리아와 술탄의 영토를 통과할 때마다 과도한 세금을 지불하기 때문에, 베네치아에 도착하면 가격이 너무 높게 올라 처음에 1두카트였던 물건이, 1.70두카트, 심지어는 2두카트가 된다. 이러한 장애물들 없이 해양 루트를 통하면, 포르투갈은 훨씬 낮은 가격에 물건을 가져올 수 있게 될 것이다."

그들의 예상처럼 후추 무역의 무게중심은 1502년부터 리스본으로 향하여 이동하다가 1505년에 이어 1506년에는 베네치아 시장이 문을 닫을 정도로 입하되는 후추량은 줄어들고 만다. 1506년에는 오랫동안 첫 번째 단골 상인이었던 독일 상인들이 후추 구입 거래선을 베네치아에서 네덜란드의 앤트워프로 옮기게 된다. 그러면 베네치아공화국의 사업 모델, 즉 주력 상품이 더 이상 쓸모가 없게 되는 것이다. 그러나 베네치아인들은 손을 놓고 있을 사람들이 아니다.

모든 도전은 응전을 낳는다. 모든 결핍은 분발을 낳는다. 1506년에 베네치아공화국은 위기 상황을 탈피하기 위해 '통상 5인 위원회'를 설치하여 해결책을 찾아나선다. 그들은 위기 타개책의 하나로 산업 정책의 획기적인 전환을 정부에 제안한다. 중계무역을 계속해서 유지하면서 동시에 수공업 진흥을 시도한다. 오늘날의 용어로 표현하면 '국가 주력 산업 육성 정책'에 해당하는 셈이다. 위원회의 조언에 따라 베네치아 정부는 원료의 운송에 따르는 비용과 관세의 절감, 새 원료시장의 개척, 장인들에 대한 지위 보장 등으로 모직물 공업, 비누제조업, 유리공업, 출판업을 적극적으로 육성하게 된다. 당시 다른 유럽 국가들은 장인들의 이익 단체인 길드가 폐쇄적인 경향이 강했지만, 베네치아공화국은 신기술 도입과 생산의 합리화에 매우 적극적이었다. 베네치아인들은 과거에 매달리지 않고 환경 변화에 유연하게 대처했다. 여기서 핵심 단어가 바로 '유연성'이다. 시대에 뒤떨어진 모든 것을 바꿀 수 있는 용기와 지혜가 있어야 살아남을 수 있다. 베네치아인들은 그런 지혜와 용기를 가졌던 사람들이다. 이 사례에서 나는 지금의 우리를 생각하게 된다.

역사가들은 대항해 시대가 베네치아에 결정적인 타격을 주었다고 평가하지만 사실은 다르다. 베네치아공화국이 주 수입 모델인 중계무역에 타격을 입은 것은 16세기에 네덜란드가 향신료 생산지인 말라카 제도를 식민지로 삼아 대량생산 체제를 구축하면서부터다. 베네치아는 자신들의 사업 모델인 중계무역이 위기에 처하자 국가 전체가 합심해서 수공업 진흥으로 대응함으로써 영광의 시간을 연장하게 된다.

대서양 항로가 개척되었음에 불구하고 베네치아가 16세기까지 번성을 누렸던 것은 인구 자료로 확인할 수 있다. 1453년 비잔틴제국이 붕괴될 때 10만 명이었던 인구는 1580년에는 70만 명까지 늘어나 있었다. 베네치아인들의 실용적인 생각에 찬사를 보내는 것은 15세기까지만 하더라도 베네치아 지배계급들은 귀족이 해야 할 일은 교역뿐이라고 생각했기 때문이다. 같은 시대의 피렌체 귀족들이 견직업이나 모직업에 적극적으로 뛰어드는 것을 비웃을 정도였다. 하지만 베네치아 귀족들은 시대가 바뀌고 환경이 바뀌면서 스스로 발상의 전환을 할 수 있는 사람들이었다. 그들을 실용주의자이자 합리주의자의 대명사라 불러도 손색이 없다. 낭만주의자와 관념주의자는 사랑의 세계나 학문의 세계에서는 잘할 수 있을지 모르지만 먹고사는 문제에 관한 한 실용주의자와 합리주의자를 당해낼 재간이 없다.

소설가 시오노 나나미는 고정관념과 과거에 얽매이지 않았던 베네치아 귀족들을 후하게 평가한다. "15세기까지 공업에 대한 이러한 그들의 소극성과 16세기 이후의 방향 전환은, 귀족이 할 일은 교역뿐이라던 이전의 호언 따위는 깨끗이 잊어버리는 베네치아인의 일면을 보여주고 있어 흥미롭다." 시대가 바뀌고 환경이 바뀌면 스스로를 과감하게 바꿀 수 있어야 한다. 개인이든 조직이든 나라든 과거의 성공에 얽매이지 않아야 한다. 스스로 시대에 맞지 않는 것을 과감하게 파괴할 수 있어야 한다.

오늘날이라고 해서 다를 바가 하나도 없다. 어떤 국가의 변신 목표 가운데 으뜸은 최고의 경쟁력에 맞추어져야 한다. 내수시장이 구조적으로 작은 나라의 경우 수출 이외에는 국민들의 삶을 나아지게 만들 수 없다. 예를 들어, 1인당 4만 달러를 달성한 국가의 경우 우리와 같이 2만 달러대에서 4만 달러를 가는 데는 평균 13년이 걸리고, 연평균 6.7% 성장을 했던 것으로 분석된다. 이런 역할을 누가 짊어져야 할 것인가? 결국 한 나라의 수출을 지탱하는 주력 기업들이 지속적으로 성장을 견인해주어야 한다. 한 나라의 번영은 결국 자국의 기업들이 경쟁국 기업들과 어느 정도 경쟁력 격차를 만들어낼 수 있는가에 따라 결정된다. 세계화가 추진되면서 "자국에 있는 모든 기업은 자국 기업이다"라는 가설이 유행했던 적이 있다. 그러나 기업에는 엄연히 모국이 있다. 핵심 기능과 핵심 지위의 다수는 모국 출신들이 차지하게 되어 있다.

우리나라 경쟁력의 현주소를 정확히 파악하기 위해서는 무엇보다 제조업 경쟁력을 우선적으로 생각해야 한다. 지난 10년치 누적 수출액을 기준으로 보면 상위 10대 수출산업은 자동차 및 부품, 반도체, 조선, 기계, 석유화학, 디스플레이, 석유화학, 철강, 휴대폰, 섬유패션 순서다.


## 세계 시장 점유율 1위
## 상품의 수

──────────── 세계 시장 점유율 1위 상품의 수는 중국이 1,539개로 가장 많으며, 한국은 65개로 5위를 차지하고 있다(2013년 기준). 중국이 가진 1위 상품의 수는 독일(733개), 미국(550개), 이탈리아(216개)로 구성되는 2~4위 국가들의 1위 상품 수 1,499개를 합친 것보다 많으며, 일본(186개)은 4위를 차지하고 있다. 한국은 2011년 65개, 2012년 63개, 그리고 2013년 65개 수준을 꾸준히 유지해왔다. 품목별로는 메모리 반도체, 자동차 부품, 탱커, 유조선 등 44개가 2012년에 이어 1위 자리를 지켰으며, 특별히 강세를 보인 제품군은 화학제품 21개, 철강 11개, 섬유제품 8개다. 이 수치는 대한무역진흥공사(KOTRA)와 한국무역협회가 유엔 통계(2013년 기준)로 분석한 결과에 따른 것이다.

지난 3~4년 사이에 1위 상품의 수는 크게 변동이 없지만 한국 기업들이 당면하고 있는 현실은 녹록지 않다. 〈세계 수출시장 1위 품목으로 본 우리 수출 경쟁력〉 보고서(2014년 1월 28일)를 작성한 무역협회 오세환 수석연구원은 이렇게 경고한다.

"우리나라의 세계 수출시장 점유율 1위 품목 65개 중에서 중국(12개), 미국(8개), 독일(6개), 일본(6개) 등 4개국과 1위 품목의 절반인 32개 품목에서 경쟁 중이다. 우리나라는 수출 규모 면에서 세

■ 세계 시장 점유율 1위 상품의 수

| 한국 | 1998년(87개) ▶ 1999년(91개) ▶ 2002년(77개) ▶ 2010년(71개) ▶ 2013년(65개) |
| 중국 | 2002년(787개) ▶ 2010년(1,351개) ▶ 2013년(1,539개) |
| 일본 | 2002년(321개) ▶ 2010년(250개) ▶ 2013년(186개) |

계 7위임에도 불구하고 세계 수출시장 점유율 1위 품목 수에서 14위
에 그쳐 수출 경쟁력 확보를 위한 분발이 요구된다. 1위 품목 가운
데 절반 가까운 37개 품목은 중국과 미국, 일본 등의 추격을 받고
있다."

　1위 품목 수가 어떻게 변화해왔는지를 살펴보면 우리 수출 경쟁
력이 지속적으로 밀리고 있음을 확인할 수 있다. 한국의 1위 품목
수는 1998년 87개를 기점으로 꾸준히 증가해왔지만, 2000년대 들
어서는 확연히 감소 추세를 보이고 있다. 반면에 중국은 2002년
787개를 기점으로 2013년에는 1,539개까지 거의 2배가량 늘어났다.


세계 수출시장
점유율

──────────── 　한국이 수출시장에서 차지하는 점유율의
성장세는 2000년대 들어서 둔화 추세에 있으며, 중국과의 격차
는 2010년대에 들어서 더욱 벌어지고 있는 실정이다. 1985년 한국
과 중국은 1.6%대로 거의 비슷한 시장 점유율을 차지하고 있었다.
2000년에 한국이 세계 수출시장에서 차지하는 점유율은 2.7%로 중
국의 3.1%에 비해 0.4%밖에 뒤지지 않았다. 하지만 2013년에 한국
은 3.1%로 약간 확대하는 데 그쳤지만, 중국은 12.1%로 한국의 4배

**■ 한중 세계 수출시장 점유율**

| | | |
|---|---|---|
| **한국** | 1.63%(1985년) ▶ 2.0%(1990년) ▶ 2.8%(1995년) ▶ 2.7%(2000년) ▶ 3.1%(2013년) | |
| **중국** | 1.60%(1985년) ▶ 1.9%(1990년) ▶ 3.1%(1995년) ▶ 6.1%(2000년) ▶ 12.1%(2013년) | |

에 가까운 시장을 차지하게 되었다. 중국이 세계 수출시장 점유율 1위를 차지한 시점은 2009년이다.

2000년대 들어서 한국의 세계 수출시장 점유율은 미미한 증가세에 머물고 있다. 2009년 한국의 세계 수출시장 점유율은 2000년에 비해 0.1% 증가한 2.8%에 지나지 않았다. 세계 경제가 호황을 누렸던 2000년대에 한국이 수출시장 점유율을 크게 신장시키지 못한 것은 뼈아픈 일이었다.

한국은 중국 특수에 힘입어 2003~2006년간 연평균 19.7% 성장세를 기록함으로써 2006년 연간 수출 1,000억 달러 이상을 달성한 30개 국가의 평균 수출 증가율 16.1%를 웃돌았다. 그러나 이는 선진국 시장 대신에 개발도상국 시장을 개척한 것으로 대체되었다. 특히 중국이 한국 수출에서 차지하는 비중은 9.7%(1996~2000년)에서 18.1%(2001~2005년)를 거쳐 현재 25%대에 이르고 있다.

중국 경제는 거대한 내수시장, 빠른 속도로 진행 중인 생산성 향상, 정교하게 엮여 있는 공급망, 유연한 노동시장, 거대 규모에 의한 협상력, 장기적인 산업 정책 등의 장점을 갖고 있다. 중국의 산업 구조는 자동화, 기계화, 장치산업화, 중화학공업화를 통해서 자본재를 수출하는 국가로 탈바꿈하고 있다. 경공업 비중은 33.8%(2000년)에서 19.7%(2012년)로 뚝 떨어진 데 반해서 자본재 산업의 비중은 같은 기간 동안 17.2%에서 29.6%로 증가했다. 2000

년대에 한국이 큰 수익을 올릴 수 있었던 자본재 산업이 중국에 의해 착실히 접수되고 있음에 주목해야 한다.

## 한중 수출 경쟁력의 현주소

──────────── "2009년 이후 한중 수출 경쟁력을 분석한 결과에 따르면, 조선·철강에 이어 휴대폰도 중국에 거의 추월당했다. 자동차·디스플레이·석유화학·가전 등 4개 부분은 한국이 앞서 있지만 중국의 맹추격으로 얼마 가지 않아서 그 격차가 사라질 것이다. 상당 기간 우위를 지킬 수 있는 유일한 산업은 반도체 분야밖에 없다. 한국이 강점을 지닌 8대 대표 산업이 이 정도라면 다른 분야는 말할 것도 없을 것이다."

한국경제신문이 한국경제연구원의 도움을 받아 경쟁국에 비해 상대적인 경쟁력 우위를 나타내는 무역특화지수를 기준으로 분석한 한중 수출 경쟁력 분석 결과다. 이런 결과는 일반인들이 피부로 느끼고 있는 중국 산업의 급속한 성장과 맥을 같이 한다. 현대경제연구원이 발표한 연구 조사의 결론도 이와 다르지 않다.

"5대 주력 산업을 중심으로 한 중국과의 산업 경쟁력 비교를 보면, 한국은 자동차를 제외한 대부분의 주력 산업에서 수출시장 점유율이 중국에 추월당했으며, IT 산업은 시장 경합이 치열하고 조선, 석유화학, 철강, 기계 산업은 경쟁 열위로 시장 구조 개편이 시급한 실정이다." (현대경제연구원, "수출시장 점유율로 살펴본 중국 제조업의 위협", 2015. 1. 16., p. 12)

2000년대 들어서 한국은 중국의 고도성장으로 말미암아 중국 특수를 한껏 누렸다. 특히 2000~2005년 사이에 한국은 중국에 자본재를 수출하여 막대한 무역수지 흑자를 남겼다. 그러나 철강, 석유화학, 기계산업 등과 같은 대표적인 자본재 산업에서 중국 기업들이 경쟁력을 갖추기 시작하면서 속속 중국의 내수시장을 접수하기 시작했다. 예를 들어, 중국에 대한 수출의존도가 60.4%까지 달한 한국의 석유화학이 수출 급감으로 어려움을 겪고 있는 것은 앞으로 대부분의 한국 자본재 산업이 겪게 될 미래다. 자본재 산업을 대체할 수 있는 차세대 상품들을 우리 기업들이 찾아내는 데 어려움을 겪고 있는 중이다.

완성품 시장의 대표 상품은 자동차다. 완성차의 경우 그동안은 한국이 중국의 내수시장에서 선전해왔지만, 최근 들어 중국 자동차 기업들의 성장은 눈부실 정도다. 완성차 수출시장에서 중국은 아직 한국에 비해 절대적인 열세에 있지만, 부품 시장에서는 이미 한국을 추월했다. 2013년 기준 중국의 시장 점유율은 6.9%로 한국의 6.4%를 넘어서기 시작했다. 한국이 자랑할 만한 자동차 산업 분야에서도 중국의 추월이 얼마 남지 않았음을 말해주는 사례다.

그동안 많은 한국 제조업과 유통 대기업들이 중국 시장의 문을 두들겼지만 이들 가운데 성공 신화를 만들어낸 기업들은 한참 고민해야 떠오를 정도다. 아모레퍼시픽의 성공 사례와 같은 경우는 손에 꼽을 정도로 드물다. 롯데그룹과 신세계그룹 같은 한국의 유통업 강자들도 심혈을 기울여 중국 시장 안착을 시도했지만 막대한 적자를 남기고 퇴각했다. 제조업은 물론이고 그 밖의 서비스 업종에서도 중국 시장 공략이 만만치 않음을 말해준다.

## 낙관적인 시각을 갖기 어려운
## 한국의 수출 경쟁력

──────────── 앞으로 한국의 수출 경쟁력은 어떻게 변해갈
것으로 보는가? 환율이 큰 변수다. 상당 기간 동안 세계 각국은 불
황을 탈피하기 위하여 자국의 화폐가치를 떨어뜨리는 평가절하를
시행하며 수출 경쟁력 회복을 최우선 과제로 삼을 것이다. 이런 움
직임에 적극적인 국가들이 바로 중국과 일본이 될 것이다. 이들은
환율 전쟁이라고 부를 정도로 자국 화폐의 평가절하를 통한 자국
기업의 수출 경쟁력 향상에 초점을 맞출 것으로 보인다.

우리 정부가 얼마나 현명하게 대응할 것인가 하는 점이 수출 경
쟁력 유지에 큰 비중을 차지할 것이다. 나라의 지도자와 정책 당국
자들은 국제 경제의 흐름과 국제 금융시장의 움직임을 정확하게 볼
수 있어야 한다. 주변국의 환율 정책에 능동적으로 대응하지 못한
다면 수출 경쟁력은 물론이고 경제위기와 같은 타격을 받을 수 있
음을 기억해야 한다.

환율이란 변수를 제외하면 기술 경쟁력과 원가 경쟁력에서 어떻
게 우리 기업들이 우위를 차지할 수 있을까? 이런 질문에 대한 답을
찾기 위해 사회의 구성원들이 우리 경쟁력의 현주소를 직시할 수
있어야 한다.

한국 사회의 고비용 구조를 해결하는 노력 없이 이제까지 해왔던
제도와 관행을 고집하는 한 원가 경쟁력 면에서 한국의 제조업은
어려움을 경험하게 될 것이다. 동북아 3국의 자동차 산업 경쟁력을
분석한 정회상 연구위원(한국경제연구원)은 "세계 자동차 업체 가운
데 한국 업체의 임금은 최고 수준을 자랑하고 있으며, 국내 자동차

**■ 주요자동차업체 매출액 대비 임금 비중**                    2012년 기준

| | A사 | B사 | VW | BMW | 도요타 |
|---|---|---|---|---|---|
| 임금 비중 /매출액 | 13.1 | 10.6 | 9.5 | 9.2 | 7.8 |

출처: 한국자동차산업협회, [2020년 평균연비/온실가스 기준 설정 관련 건의], 2014. 12.

**■ A사 국내외 공장 생산성 비교**                    2013년 기준

| 구분 | 국내 | 미국 | 중국 | 체코 | 인도 | 러시아 | 브라질 | 터키 |
|---|---|---|---|---|---|---|---|---|
| HPV (시간) | 27.8 | 14.8 | 17.9 | 15.7 | 21.1 | 16.7 | 22.2 | 26.2 |
| 편성 효율 (%) | 57.8 | 92.0 | 83.4 | 91.0 | 85.4 | 91.5 | 93.0 | 90.9 |

출처: A사/HPV(Hours Per Vehicle, 대당 투입 시간)/편성 효율=투입 인원수/적정 표준 인원

업체들(A사, B사)은 매년 높은 임금 상승으로 매출액 대비 임금 비중이 제조업체 한계인 10%를 넘어섰다. 또한 국내 공장의 생산성이 해외 공장보다 현격히 낮음을 확인할 수 있다"는 점을 강조한다. (정회상, "한중일 자동차 산업의 국제 경쟁력과 정책 과제", 한국경제연구원, 2015. 7., p. 7, 12)

한국 사회는 '수출 경쟁력'이라 하면 기업이나 기업주의 문제일 뿐 자신과는 별반 관련이 없는 일로 받아들이는 경향이 있다. 앞으로도 이처럼 나의 이익과 기업의 이익이 일치하지 않는다는 생각을 가진 사람들이 늘어날 것이다. 따라서 경쟁국의 평가절하에 대응하여 원화 가치를 떨어뜨리는 것을 두고 일부 수출 기업을 지원하는 정책이라고 매도하는 사람들도 늘어날 것이다. 원가를 절감하기 위한 노력은 회사 차원에서 이루어져야 하겠지만, 고비용 구조를 탈피하기 위한 노력은 사회 전체가 함께 이루어나가야 한다. 이런 점

에서 한국 사회가 큰 성과를 거둘 수 있을지 확신할 수 없다. 따라서 한국의 수출 기업들은 환율이라는 가격뿐만 아니라 기술 및 원가 경쟁력 면에서도 지금보다 훨씬 어려운 상황을 헤쳐나가야 할 것으로 보인다.

언제부터인가 우리 사회는 현재의 생활 수준을 당연하게 여기기 시작했다. 그러나 현재의 생활 수준은 우리가 70~80년대에 부지런히 뿌렸던 제조업의 씨앗이 만개하면서 수확할 수 있었던 것이다. 사실 보통 사람들은 생업에 바쁘기 때문에 넓게 문제를 바라보기가 힘들다. 이런 면에서 서울대 공대 교수 26인이 절규하듯이 쏟아낸 한국 산업의 현주소에 대한 리포트 〈축적의 시간〉(지식노마드)은 한국인들이 모두 일독해야 할 만큼 한국 산업의 위기론을 생생하게 털어놓고 있다. 기술 경쟁력이란 측면에서 이미 한국 제조업은 벼랑 끝에 내몰리고 있는 실정이다. 어떤 이해 단체에 속하지 않고 현장을 잘 아는 공대 교수들처럼 솔직하게 우리의 민낯을 공개할 수 있는 사람들이 있을까? 그들이 내다보는 한국 산업의 미래와 경쟁력에 대한 이야기 가운데 대표적인 몇 분의 견해를 소개하고 싶다. 한마디로 반도체를 제외한 거의 모든 산업에서 중국에 이미 추격당했거나 추격 직전이라는 것이 우리 산업의 실상이다. 한 분은 이를 두고 "목에 칼이 들어오는 상태"라고까지 경고한다. 필자는 반도체라고 예외일 수 없다고 생각한다. 반도체의 핵심 경쟁력은 풍부한 현장 경험을 가진 사람에게 있다. 풍부한 경험을 가진 핵심 인재들이 대거 중국 업체들에 의해 스카우트되어 일하고 있다는 사실은 반도체마저 얼마 갈 수 있겠는가라는 추측을 하게 한다. 여기에다 한쪽은 필사적이고 또 한쪽은 배가 부른 상태라면 게임의 끝을 예상하는 일이 어렵지 않다.

정말 우리는 지금의 젊은 세대들이 무엇으로 먹고살 것인가라는 문제에 대해 깊이 고민하고 올바른 행동에 나서야 한다. 이미 때가 늦은 감도 있지만, "늦었다고 생각할 때가 빠른 때"라는 말도 있지 않은가!

**직시 1** "중국은 이미 생산공장이 아니라 혁신공장으로 등장했다. 공학 인력 배출 수, 논문 및 특허의 양과 질, 그리고 생산 현장에서 제시되는 창의적 아이디어의 사례 등을 고려할 때, 혁신의 관점에서 중국은 이미 대부분의 산업 영역에서 한국을 뛰어넘은 것으로 평가되고 있습니다. (…) 가장 우려되는 시나리오는 중국이 내수시장의 규모를 바탕으로 개념을 스스로 정의하고, 이를 구현한 개념 설계도를 제시하는 수준으로 우리보다 훨씬 빠르게 발전하고 있습니다. 이미 정보통신 제품 등 일부 영역에서는 이러한 상황이 전개되고 있습니다. 이렇게 되면 우리나라가 지금껏 선진국의 개념 설계를 받아와 생산했듯이, 앞으로는 중국의 개념 설계를 받아와 생산해서 중국에 납품해야 하는 상황이 될 수 있습니다. 더 걱정스럽게도 지금과 같은 제조업 경시 풍조가 계속된다면 생산의 영역에서마저 우리가 경쟁력을 갖지 못하게 될 수도 있다는 점입니다."

_ 이정동 교수(서울대 산업공학과/기술 경영 정책)

**직시 2** "이미 인건비는 전혀 비교가 되지 않는 상황에서, 축적된 기술력도 금방 쫓아올 것으로 보여서 앞으로 무엇으로 중국과 경쟁해야 할지 난감합니다. 벌써 작년 하반기부터는 우리나라 건설 산업의 수주 물량이 중국과 일본에 많이 밀리기 시작했어요. 해외 프로젝트 수주에서 경쟁력이 그만큼 떨어지고 있는 거죠."

_ 고현무 교수(서울대 건설환경공학부/토목 구조)

**직시 3** "저는 전공 특성상 산업계와 함께 일을 하다 보니 현재 우리가 얼마나 절박한 순간에 와 있는지, 현장의 분위기를 절감합니다. 현재 우리 산업계는 목에 칼이 들어왔다고 여기고 있습니다. 지금까지 해온 것은 중국이나 인도가 다 할 수 있습니다. 기술이 다 공개되어 있기 때문에, 열심히 하고 똑똑하면 할 수 있는 일이거든요. 중국이 우리만큼 열심히 하는 데다 똑똑하고 돈까지 많으니 위기일 수밖에 없는 거죠."

_ 한종훈 교수(서울대 화학생물공학부/플랜트 설계)

**직시 4** "칭화대, 베이징대 등에서 반도체 분야를 공부하는 학생들의 수가 서울대 학생 수보다 당연히 많습니다. 중국 정부에서 투자를 많이 한 탓에 현재 반도체 분야의 회로, 소자 관련 최고 저널이나 컨퍼런스에 베이징대나 칭화대 사람들이 서울대 사람들보다 논문을 훨씬 더 많이 발표하고 있는 상황입니다. 논문의 수준도 높지요. 그래서 제가 국내 반도체 회사 인사 담당 임직원들에게 시간 나면 중국 베이징대, 칭화대 가서 학생들을 한번 만나보고 오라고 한 적이 있습니다. 제가 말로 전하면 실감이 안 날 테니 직접 한번 보고 오시라고요. 직접 보면 소름 끼칠 것이라고 했습니다."

_ 박영준 교수(서울대 전기정보공학부/나노 바이오 응용)

**직시 5** "세계 최고의 화학 전문 학술지에 발표되는 나노 관련 논문 저자 중 70~80%가 중국계입니다. 숫자가 많아지다 보니까 질도 함께 올라가고 있습니다. 중국이 조만간에 우리는 쉽게 넘을 수 있으리라 전망됩니다. 아마도 조만간 미국 다음으로 쉽게 2위까지 올라갈 겁니다."

_ 현택환 교수(서울대 화학생물공학부/나노소재)

**직시 6** "IT 장비 분야에서도 핵심 기술이 들어가 있고 기술의 전문성으로 인해 진입장벽이 큰 전공정 장비에 대해서는 아직도 일본이나 미국, 유럽과의 기술 격차를 줄이지 못하고 있습니다. 1~2년 정도가 아니라 10~20년 이상의 격차가 있다고 볼 수 있습니다. 미국이나 일본의 강력한 리더십을 깨는 게 쉽지 않습니다."

_ 박희재 교수(서울대 전기정보공학부/반도체 장비)

**직시 7** "부가가치가 큰 고속전철의 경우에도 중국은 상당히 많은 부분에서 독자적으로 기술을 개발하고 실제 테스트라인까지 설치했습니다. 반면에 우리는 고속전철 테스트라인이 없어서 새벽에 기차 안 다닐 때 서울-천안 구간에서 잠깐씩 시험하는 실정입니다. 지금 중국은 고속전철 기술에서 우리보다 훨씬 앞서가 있습니다."

_ 설승기 교수(서울대 전기정보공학부/전력전자)

출처: 〈축적의 시간〉(지식노마드)

중국인들은 대륙적인 기질이 강한데 이는 산업이나 기업, 관료 세계에서도 그대로 적용된다. 우리에 비해서 순발력, 눈썰미 그리고 재치는 떨어지지만 긴 안목을 갖고 꾸준히 나아가는 일에는 익숙하다. 〈열자(列子)〉에 나오는 고사성어인 '우공이산(愚公移山)', 즉 미련스러울 정도로 우직한 사람이 산을 옮긴다는 말이 중국인의 기질을 제대로 담은 말이다.

우리가 우위에 있는 거의 모든 산업 분야에서 장기적인 포석을 갖고 경쟁력 향상에 매진하고 있음을 잊지 않아야 한다. 포항공대 전기전자공학부에서 활동했던 권오대 명예교수는 중국인들을 두고 "국가적으로 꼭 해야 하는 일이라면 오랜 시간을 두고 집요하게 추진하는 사람들이다"라는 이야기와 함께 두 가지 사례를 들려주었다.

"1995년 무렵, 상해 교통대학과 후단대학을 방문한 때였습니다. 그곳 물리학과 연구 활동 부문을 보여주는데 MBE(분자 빔 결정성장 장비)가 5~6대 있었습니다. 당시 포스텍은 산업용보다는 연구용이고 또 수십만 달러 이상의 고가 장비이기에 구비하지 않던 MBE 장비죠. 그런데 중국의 이 대학에는 그 MBE를 몇 대나 설치하고 연구하는 겁니다. 상상이 안 되지요. 복도 벽에 붙인 연구 결과 포스터를 보면서 좀 이해할 수 있었습니다. 대부분 MCT(수은-카드뮴-텔루라이드) 반도체 연구에 집중되어 있었습니다. 즉, 그들은 산업성이 강한 Si이나 3-5족 반도체 GaAs GaN을 제외하고 2-6족 반도체인 MCT에 매달려온 것입니다. 가난한 나라지만 필수적인 국방 연구에 올인한 것이지요. 미소 경쟁 시대에 인공위성 기술 독립을 위해 위성통신에 필요한 적외선용 MCT 반도체에 집중한 것입니다. 그렇게 중국은 인공위성 통신을 우리보다도 선점한 것입니다."

"전설 같은 이야기로 널리 알려져 있는 전학삼의 일생입니다. 그는 바로 상해교통대학을 오래전 졸업 후 미국 유학을 떠나 MIT 및 칼텍에서 석박사 학위를 받고 NASA 우주 기술에 큰 도움을 주며 유명해집니다. 그런 그가 중국으로 돌아가려는 것을 미국은 로켓 관련 자료를 압수하고 구속해버렸지요. 미국은 그의 중국행을 막으며 유화책을 썼으나 소용없었습니다. 마침내 모택동은 미국 스파이와 교환하는 조건으로 그를 돕습니다. 그리하여 그는 모든 자료를 뺏긴 적수공권으로나마 수년 동안 기다리던 중국으로 귀국합니다.

1957년 세계 최초로 소련의 스푸트니크 인공위성이 올랐지요. 그 전후 모택동은 중국의 인공위성 발사의 꿈을 전학삼이 실현토록 약 20년간의 연구 전권의 마패를 줍니다. 그는 제자들을 양성하고 10년 내에 독일 것을 소련화한 로켓 기술에 미국식 독일 기술도 종합합니다. 마침내 십수 년이 걸려 중국의 인공위성이 1970년 하늘을 오르고, 그 후 유인 인공위성 발사까지 성공하고 이제 달 탐험을 추진하고 있습니다. 전학삼이 모택동의 전폭적 지원하에 양성했던 인재들이 뛰고 있습니다. 우리는 이런 장기적이고 완벽한 정책을 가지고 있습니까?"

## 중국과의 격차는
## 점점 확대될 것이다

──────────── 제조업만 문제가 되는 것은 아니다. 핀테크(Fin+Technology, 금융과 IT 기술의 결합)의 등장은 금융업과 유통업

의 패러다임을 급속히 바꾸고 있다. 패러다임이 전환하는 시대란 신흥 강자들이 급속히 부상하는 시대를 뜻한다. 또한 패러다임이 전환하는 시대는 기존의 판이 뒤흔들리는 시대다. 스마트폰을 중심으로 하는 모바일 기기들이 대중화되면서 기존의 금융 영업점은 모바일 스마트폰이 대신하게 되었다. 금융회사의 직원은 스마트폰에 내장된 핀테크 서비스가 대신하게 되었으며, 금융회사는 다양한 핀테크 서비스를 종합적으로 제공하는 IT 플랫폼이 대신하게 되었다.

어느 정도의 경쟁력을 갖춘 금융업 기반을 가진 우리나라는 기존 업체들의 이익을 보호해야 한다는 고민이 있다. 게다가 여러 부처를 중심으로 난마처럼 얽히고설킨 금융 규제를 쥐고 있는 담당자들은 은행, 증권, 보험 등을 칸막이하는 식으로 만들어진 규제를 허물어뜨릴 가능성이 낮다.

이런 점에서 중국은 매우 유리한 위치에 있다. 내수를 촉진해야 함과 아울러 기존의 금융업은 상대적으로 낙후되어 있다. 이런 시대적인 요청에 따라 핀테크 시대의 전개에 중국은 무서운 속도로 질주하기 시작했다. 2004년에 시작된 전자상거래 결제 시스템인 알리페이를 기초로 급부상하고 있는 알리바바의 위세는 핀테크 시대에 중국이 미국에 필적할 만한 강국으로 등장할 가능성을 보여준다. 중국 최대 인터넷 업체인 텅쉰은 회원 5억 명의 위챗에 주요 은행들의 계좌를 연동시킨 '텐페이'라는 모바일 결제 시스템을 가지고 알리바바를 뒤따르고 있다. 서강대학교 정유신 교수(핀테크지원센터 초대 센터장)는 한국과 중국의 격차 확대에 대해 이런 이야기를 전한다.

"중국이 무서운 이유는 금융이 낙후되어 자충수가 없기 때문이다. 현재 가야 할 길을 명확히 알고 그 길을 무섭게 돌진하는 것이 바로 중국이다. 한국 핀테크는 아직 걸음마다. 핀테크를 도입한다는 총론에는 찬성하다가 각론에는 반대해 발이 묶여 있기 때문이다. 세계는 빠르게 핀테크 체제로 재편되어가는데 한국은 아직 갈 길이 멀다."(정유신·구태언, 〈핀테크, 기회를 잡아라〉, 한국경제신문, p. 131)

한국의 금융 산업은 오랫동안 규제된 산업으로 유명하다. 거래의 안정과 보안을 요구하는 금융업은 특별한 규제들이 겹겹이 쌓여 있는 실정이다. 해외에서는 간편하게 결제를 할 수 있는데 우리는 매 거래 때마다 결제 정보를 입력하고 인증을 받아야 하는가? 온라인 쇼핑과 결제를 불편하게 만드는 공인인증, 키보드 보안, 액티브X 보안만 하더라도 알 만한 사람들은 다 알지 않는가? 누군가의 이익을 보호해주기 위해 계속해서 운영될 수밖에 없는 것들이란 사실을 말이다. 금융업과 IT 산업 사이에 첩첩이 쌓여 있는 칸막이 규제를 과감하게 허물어뜨릴 수 있겠는가? 쉽지 않은 일이다. 허물어야 하는가 말아야 하는가를 두고 논쟁을 하는 사이에 중국은 저만치 앞서가 버리고 말았다. 그래서 패러다임의 전환이 이루어지는 시대가 열리면 기존의 판을 개선하려는 쪽이 판 자체를 다시 깔 수 있는 쪽에 패배하고 만다. 한국과 중국이 지금 그런 형국이다.

지나치게 패배주의적인 생각을 가질 필요는 없지만, 지난 20여 년간 금융 산업의 육성을 두고 지루한 토론만 해온 우리 사회를 돌아보면 미래를 예측하고도 남는다. 문제는 금융 IT 플랫폼은 단순히 금융업의 경쟁력 문제에 그치지 않는다는 사실이다. 금융 IT 플랫폼을 장악한 사람은 유통업과 제조업에도 엄청난 영향력을 행사할 수 있다. 특정 금융 IT 플랫폼을 장악한 기업에 유통과 제조가 종속될 가능성도 높다. 예를 들어, 중국 정부는 한국에서 유커(游客)뿐만 아니라 한국 국민도 알리페이를 사용해달라고 요구할 수 있다. 상당 규모의 무역수지 흑자를 남기는 한국이 이를 계속해서 거부할 수는 없는 일이다. 소비자들은 한국 금융인지 중국 금융인지 가리지 않는다. 더 싸게 돈을 빌릴 수 있고, 더 싸게 구매할 수 있고, 더 높은 금리를 부여할 수 있다면 그쪽으로 옮겨가게 되어 있다. 우리가 주목해야 하는 것은 금융이 지역 기반으로 이루어지는 시대가 아니라는 점이다. 거대한 사이버 공간에서 지역 개념이 깨진 시대를 살고 있다는 사실을 잊지 말아야 한다.

필자는 알리바바가 단 하루 만에 16조 원을 팔아치운 할인 이벤트 '광군제(光棍節)'가 끝난 다음 날 페이스북에서 알리바바 사용자의 후기를 접할 수 있었다. 김상훈(리디북스, IT 칼럼니스트)은 철저하게 사용자 입장에서 자신의 입장을 솔직하게 밝히고 있다. 그의 결론은 중국이 한국을 따라잡기 위해 고민해야 하는 처지가 아니며, 이미 한국은 중국에 추월당하고 말았다는 것이다. 그는 사용자 입장에서 이런 말을 더한다.

"무슨 서비스를 어떻게 쓰든 이미 중국이 한 수 위다. 지마켓보다 알리익스프레스가 훨씬 편하고, 멜론보다 시아미가 더 낫다. 왜 화웨이나 샤오미 제품보다 값을 두 배를 주고서 삼성과 LG 스마트폰을 사야 하는지 정말 모르겠고, 한국 기업들은 만들지도 않는 스마트 전등과 스마트 체중계들이 우리 집을 벌써 꽉 채워가고 있다. 그런데 '중국의 기술에 한국이 따라잡힐 거라고, 우리가 추격을 피할 시간이 얼마 안 남았다'고 한다. '이봐요, 버스 떠났어요.' 그렇게 얘기하는 게 아니라, '죽어라고 쫓아가야 따라잡을 수 있다'고 얘기해야 한다. 예전에 우리가 미국 일본 쫓아가려고 기를 썼듯, 벌써 저만치 앞서가는 중국을 따라잡을 때가 왔다."(김상훈, "아직도 중국에게 따라잡힐 걱정을 하는 바보들", 2015. 11. 1., http://interpiler.com/2015/11/11/chinese-invasion)

흥미로운 점은 김상훈 씨가 감동한, 놀랄 정도로 저렴한 가격이기도 하지만 동시에 수십만 명이 몰려도 아무런 문제 없이 결제를 척척 처리하는 알리바바의 결제 시스템이다. 그는 우리 기업과 정책 입안자들에게 솔직한 경고를 아끼지 않는다. "엄청난 주문 폭주를 실시간으로 처리하면서도 시스템이 아무런 오류를 일으키지 않을 정도라면, 앞으로는 식음료를 제외한 모든 걸 알리바바에서 사고 싶을 정도다." 인터뷰에서 김상훈 씨는 알리바바의 기술력과 통념을 깨는 발상의 전환에 대해 후한 평가를 내린다.

"알리바바는 대략 1초에 10만 건 이상의 주문을 처리할 수 있다. 그게 뭐 대단한 일이냐 싶겠지만, '디도스 공격'이라고 들어보았을 것이다. 청와대나 국정원 사이트도 마비시키고 했던 해킹 공격 기법인데, 그게 단숨에 너무 많은 정보를 특정 사이트로 보내 컴퓨터를 뻗게 만드는 방법이다.

그러니까 1초에 10만 건이 넘는 주문을 처리한다는 것은, 웬만한 디도스 공격에 맞먹는 수준의 제품 주문을 너끈히 감당하고 있다는 얘기다. 더욱 대단한 것은, 많은 회사들이 이렇게 단시간에 접속이 몰리는 걸 막으려고 사용자를 분산시키려 노력한다. 그런데 알리바바는 거꾸로였다. 오히려 11월 11일(광군제)에 사람들이 더 집중되도록 마케팅을 하고 어려운 상황을 만든 뒤 기술로 이것을 정면 돌파한 것이다. 뒷골이 서늘하다. 인터넷 서비스를 만드는 회사들은 단숨에 몰리는 사용자 트래픽을 '쓰나미' 같은 재앙으로 생각한다. 파도는 평소에는 좋은데 한 번에 몰려오면 파괴적이기 때문이다. 알리바바는 거꾸로 '쓰나미야 몰려와라, 난 막을 수 있다'고 외치는 것인데 정말 쓰나미를 쓰윽 감당한 것이다. 경외심이 들었다."

경쟁력 있는 결제 시스템은 단순히 금융의 경쟁력에 그치는 것이 아니라 유통과 산업에도 큰 충격을 줄 것임을 짐작하게 하는 말이다. 소비자들은 한국 금융이니 중국 금융이니를 따지지 않을 것이다. 마찬가지로 한국 유통냐 중국 유통이냐도 따지지 않을 것이다. 결제 시스템이 편리하고 물건 값이 싸다면 알리바바로 언제든 달려갈 수 있다. 더 이상 애국심으로 호소하는 시대는 갔다. 우리 사회가 칸막이로 겹겹이 나뉘어 있으면서 주요 규제를 풀어야 하나 말아야 하나를 두고 설왕설래하면서 세월을 보낸다면 앞으로 어떤 상황에 처할지를 깊이 고민해야 할 것이다.

2016년 1월, 라스베이거스에서 열린 세계 최대 가전 전시회인 CES의 부스 가운데서 '드론'(무인 원격조종 항공기)이 인기를 끌었다. 16개 업체가 참가했는데 이 가운데 중국 업체가 12개사였다. 한국은 중소기업 1개사가 참가했을 뿐이다. '드론' 시장은 2023년에 100억 달러 이상으로 성장할 것으로 예상되는데, 이미 중국 업체 DJI가 상업용 드론 시장의 70%를 장악하고 있다. 반도체, TV, 디스플레이 등을 넘어서 새롭게 등장하는 제품군인 드론, 퍼스널 모빌리티(1인용 퍼스널 모빌리티), 전기차 등에서 한국 기업들이 얼마나 선전할 수 있을지 두고 봐야 할 것이다. 걱정스러운 일은 근래에 우리 기업들이 기대만큼 도전적으로 보이지 않는다는 점이다. 그동안 성장의 견인차 역할을 담당해왔던 재벌들도 과감한 투자를 통해서 새로운 산업을 개척하기보다도 돈벌이하기에 손쉬워 보이는 안정적인 분야에 더 관심을 갖는 것처럼 보인다.

근래에 대만에서 벌어지고 있는 상황은 우리 산업의 미래를 생각하게 한다. 썰물처럼 중국의 원심력에 휩쓸려 들어가는 대만의 부품 소재 업체들은 대만에 불황의 그림자를 깊게 드리우고 있다. "중국이 혼자 다 한다"는 '홍색 공급망(Red Supply Line)'이 현실화되고 있음을 보여준다. 여기서 홍색 공급망이란 중국이 자체 브랜드의 출현과 성장에 발맞추어서 주요 제품을 자국 내에서 생산하고 소비하는 방식으로 자국의 공급망을 완성해가는 것을 말한다. 대만에서 생산하여 중국에서 소비하는 품목의 수나 양이 크게 줄어들고 있음을 뜻한다. 대만인들은 "반도체 산업마저 붉은색으로 물들고 말 것"이라고 우려와 탄식을 쏟아내고 있다. 까치밥처럼 대만이 차지하던 작은 부분도 모두 중국인들이 독식해버릴 만큼 자국 시장은 크고 광대하다.

우리는 대만이 가고 있는 길에서 교훈을 얻어야 한다. 대만의 어려움이 가슴에 와닿지 않는다면 제주 경제를 보면 된다. 제주 경제는 여전히 감귤 가격에 좌우된다. 많은 중국인들이 제주를 방문하지만 필요한 거래는 대부분 중국인들끼리 이루어지고 만다. 전 세계의 화교들도 비슷한 비즈니스 관행을 보인다. 홍색 공급망도 같은 차원에서 이해할 수 있다. "모든 것은 우리끼리 해버린다."

우리 사회가 공세나 도전보다는 자꾸 수성이나 방어에 치우치는 듯해서 걱정스럽다. 기업이라고 해서 특별히 다르다고 보지 않는다. 사회 전체 분위기가 뭔가를 만들어내기보다는 있는 것을 지키려는 데 무게중심을 두고 있는데, 이는 곧 몰락을 뜻한다.

# PART 2

# 보이지 않는 미래

우리가 직면한 구조적인 문제들 가운데 예상하기 어려운 것은 없다.
필요한 것은 문제를 있는 그대로를 받아들이는 것과
올바른 방향을 향해서 행동하는 일이다.
두 가지를 선택할 수 없다면
머지않아 이에 대한 비용을 지불해야 하며
그 댓가는 가혹할 것이다.

# 05

# 반등할 기미를 보이지 않는 저출산

젊은 층을 배려하는 극적 조치 필요

> 저출산 현상이 심각한 문제라는 데 다수가 동의할지라도
> 한국 사회는 이를 반전시킬 수 있는 대책을
> 실행에 옮기기 쉽지 않을 것이다.
> 출산율을 끌어올리는 일은 한국 사회의 구조 개혁과
> 밀접하게 맞물려 있기 때문이다.

스파르타는 용감한 전사(戰士)의 나라로 널리 알려져 있다. 펠로폰네소스 반도의 남쪽에 위치한 이 나라는 기원전 7~4세기에 걸쳐서 위세를 떨쳤던 도시국가다. 펠로폰네소스 전쟁에서는 아테네를 누르고 그리스 반도의 패권을 쥐기도 했다. 이처럼 그리스 역사에서 중요한 위치를 차지하던 스파르타의 몰락이 저출산 문제에서 비롯되었음은 현대인들에게 잘 알려져 있지 않지만, 역사상 저출산 문제로 인한 국가의 쇠퇴 사례로는 단연코 스파르타를 들 수 있다.

스파르타가 쇠퇴하는 징후는 기원전 375년 테기라에서 벌어진 전투에서 그리스 중부에 위치한 도시국가 테베에 패배하면서부터다. 이후 스파르타는 재기할 수 없을 정도로 치명적인 일격을 입는데, 이 전투가 기원전 371년에 일어난 레욱트라 전투다. 테베가 승리를 거둔 데는 테베의 신성군단이 처음으로 도입한 혁신적인 전술

이 도움이 되었지만, 그보다 더 중요한 이유는 스파르타의 시민들로만 구성된 병사의 수가 급감했기 때문이다.


## 군사 국가 스파르타의
## 저출산 문제

──────────── 스파르타에서는 자신의 토지를 소유한 스파르타의 시민만이 군인이 될 수 있었다. 기원전 640년 무렵에 시민의 수는 약 9,000명가량이었지만 기원전 371년에는 그 수가 1,000명으로 급감하고 만다. 역사가들은 병력이 급감하는 데 영향을 끼친 원인으로 기원전 463년 스파르타를 덮친 지진, 계속된 전투에서 발생한 인명 손실, 스파르타의 재산과 상속에 관한 제도 등을 든다.

레욱트라 전투에는 1,000명의 스파르타 남자들 가운데 700여 명이 참여했다. 전투에서 패배한 일부 보병들은 장군의 명령을 따르지 않거나 전의를 잃고 도망을 치기도 했다. 스파르타는 전투에서 용맹하게 싸우지 않는 군사들에게는 사형을 내리는 법을 갖고 있었음에 불구하고 살아남은 왕 아게실라오스는 도망간 병사들에게 스파르타의 법을 적용하지 말 것을 명령했다. 그만큼 보충할 수 있는 성인 남자의 수가 줄어들었기 때문이다.

스파르타의 출산율이 급감한 원인은 무엇일까? 스파르타의 사례는 현대 국가의 출산율 저하에도 시사하는 바가 크다. 스파르타는 고대 국가들 중에서 여성에게 교육받을 권리와 재산을 상속받을 권리를 허용한 아주 드문 국가였다. 여자아이에게도 남자아이와 동등한 교육 기회가 주어졌으며, 아테네의 여성들이 침묵을 금으로 여겼다면 스파르타의 여성들은 공공장소에서도 자신의 의견을 뚜렷하게 드러내는 것을 미덕으로 삼았다. 무엇보다 중요한 것은 스파르타의 여성들은 탄탄한 경제력을 쥐고 있었다는 점이다. 이웃 아테네에선 여성들에게 재산권이나 상속권이 인정되지 않았던 반면에, 스파르타의 여성들에게는 남자와 동등한 권리가 허용되었다. 기원전 4세기 초엽만 하더라도 스파르타 전체 토지의 40%를 여성들이 소유하고 있었다.

스파르타에서 여성들이 경제력을 비롯해서 남자들과 동등한 권리를 갖게 된 데에는 더 근본적인 이유가 있다. 대부분의 고대 국가들은 농업에 기초해서 먹고사는 문제, 즉 경제 문제를 해결했다. 반면에 스파르타는 기원전 7세기 무렵 이웃 메세니아를 무력으로 정복하여 230여 년 동안 노예화시키는 데 성공한다. 복속을 거부하는 메세니아인들은 끊임없이 무력 항거를 벌이게 되는데, 이를 억누르기 위해 스파르타의 남자들은 거의 전부가 풀타임 군인으로 근무하게 된다. 스파르타는 그리스의 다른 도시국가들과 달리 농업 국가가 아니라 정복한 땅의 시민들을 노예로 삼아서 경제 문제를 해결하게 된다.

때문에 남자들은 토지를 경작하고 노예를 부리는 업무를 여성들에게 넘겨줄 수밖에 없었다. 농사는 몸을 움직이는 단순한 노동임에 반해서 농장을 관리하고 노예를 부리는 일은 두뇌를 사용해야 하는 일이다. 그래서 스파르타 여성들에게 교육받을 권리가 주어지게 된다. 남자들이 전투에 참가하기 위해 오랫동안 집을 비운 상태에서 여자들은 남자들이 맡아야 할 모든 기능을 수행하게 된다. 토지를 경작하고 노예들에게 명령하고 지시하는 것은 물론이고, 가족의 수입에 대한 통제권도 아내들이 갖고 있었다. 남자들은 수입을 거두고 이를 관리하는 아내의 수완에 전적으로 의존하지 않을 수 없었다.

여성들이 얼마나 큰 힘을 갖고 있었는가를 말해주는 예화가 지금까지 전해 내려오고 있다. 스파르타 왕의 딸이자 아내이며 또한 어머니였던 고르고는 "어떻게 스파르타의 여자들은 남자들을 지배할 수 있는가?"라는 질문에 이렇게 답한다. "우리는 진정한 남자를 낳는 유일한 여자들이거든요!" 스파르타 여성들의 가정관과 남성관을 말해주는 사례다.


## 여성들의 사회 참여가
## 저출산 문제를 낳다

──────────── 메세니아인들로 구성된 노예제도에 바탕을 둔 스파르타 경제는 전혀 예상하지 못한 부작용를 낳게 된다. 스파르타 여성들이 오랫동안 수행해온 전통적인 업무, 즉 아이를 낳아서 키우는 일을 소홀히 하게 된 것이다.

현대 여성들과 마찬가지로 스파르타 여성들은 자신의 시간과 관심과 에너지를 농장과 노예를 경영하는 일과 출산과 육아 사이에 적절히 배분할 수 있는 권한을 갖고 있었다. 학자들의 연구에 의하면 스파르타 여성들은 피임법도 적극적으로 활용했다고 한다. 출산과 육아에 따르는 희생과 헌신을 기꺼이 수행하려는 사람들이 시간이 갈수록 점점 줄어들게 된다. 스파르타 여성들은 직업인으로 활동하는 동시에 어머니로서의 역할도 수행해야 했기 때문에 출산과 육아에 따르는 기회비용이 크게 증가한 셈이다. 풍족한 경제력을 갖고 가사 노동을 노예들이 도맡아 해주는 상황에서 아이를 낳고 키우는 고된 일을 해야 할 인센티브가 줄어드는 것은 당연하다. 편안하고 좋은데 누가 아이를 낳아서 키우려 하겠는가! 그렇다고 해서 남자들이 아내에게 출산을 강제할 수 있는 마땅한 방법을 갖고 있는 것도 아니었다.

게다가 스파르타 남자 어린이들은 7살이 되면 공립교육 시스템인 '아고게(agoge)'에 입학하게 된다. 또 이후에도 공동식사(페이디티아, 서스시디아) 혹은 공동막사(수스카니아)로 알려진 제도하에서 군대 방식으로 생활했다. 스파르타의 남자는 60세까지 군사 의무를 지고 있었다. 아이를 낳아서 키우는 일이 일종의 공공재가 되어버린 사회, 그것이 스파르타였다. 공공재는 남이 비용을 부담하고 자신은 무임승차를 하는 성향이 있기 때문에 저출산 추세에 힘을 더해주고 말았다.

경제력과 시간적인 여유를 가진 스파르타 여성들은 아이들을 출산해서 키우는 데 많은 시간과 에너지를 쏟기를 원하지 않았다. 스파르타의 저출산 문제를 연구해온 경제학자들은 인센티브를 중심으로 스파르타의 출산율 하락을 분석한다. 전쟁에 참가한 남자들을 대신해서 여성들이 토지와 노예를 다룸으로써 아이를 낳아 키우는 여성의 전통적인 업무에 대한 인센티브를 크게 줄여놓았다고 지적하는 학자들도 있다. 경제학자 로버트 플레크와 앤드류 한센(Robert K. Fleck&F. Andrew Hanssen)은 "여성들에 의해 통치된 지도자들"이란 논문에서 스파르타의 출산율 하락을 여성들이 아이를 낳아 키우려는 인센티브 구조 측면에서 분석한다.

"남자들 대신에 토지 경작을 책임진 여성들은 아이를 낳아 키우는 일의 기회비용을 크게 늘리게 된다. 기원전 7세기 무렵 이웃 나라 메세니아를 정복한 이후 막대한 토지를 확보한 스파르타는 남성들이 정복지를 유지하기 위해 전쟁에 참여해야 했기 때문에 여성들에게 토지를 운영하는 권리를 제공하는 제도 개혁을 실시한다. 그런 개혁 이후에 스파르타의 출산율은 계속해서 떨어지게 된다. 4세기 초엽이 되면 스파르타의 인구는 200년 전에 비해서 5분의 1까지 떨어진다. 따라서 스파르타는 더 이상 그리스 반도의 군사 강국의 위치를 유지하는 데 필요한 인구수를 유지할 수 없게 된다."

고대 그리스의 가정을 연구했던 월트 라시(Walter K. Lacey) 교수는 "부유한 여성들은 일반적으로 대가족을 갖지 않는다. 특히 스파르타 시대와 같이 그들이 남편으로부터 독립적이고 복종하지 않을 때는 말이다"라고 말한다. 로마 시대의 정치가이자 철학자인 키케로(Cicero) 역시 "스파르타 소녀들은 힘든 임신보다는 레슬링과 야외에서 군사 훈련하는 것에 더 관심을 가졌다"고 주장한다.

스파르타에서 낮아진 출산율은 오늘날 현대 국가들이 고민하고 있는 문제와 같다. 제대로 교육을 받고, 활발한 사회 활동을 통해서 괜찮은 보수를 받는 여성들은 일반적으로 낮은 출산율을 보인다. 또 하나 흥미로운 점은 아들을 낳으면 그 아들은 군인으로서 일종의 공공재 역할을 하기 때문에 여성들이 아들을 낳아야 할 인센티브를 줄이고 말았다는 것이다.

일찍부터 저출산 문제의 심각성을 잘 알고 있던 스파르타인들은 다양한 출산장려책을 펼쳤다. 당시 다른 도시국가들은 출산을 당연한 것으로 여겼지만, 스파르타에서의 출산은 이례적일 정도로 축하

받는 일이었다. 스파르타에서 무덤은 2가지 경우에만 허용되었다. 하나는 전쟁 중에 죽은 남성, 다른 하나는 출산 중에 죽은 여성.

출산율 하락의 심각성을 깨달은 스파르타 정부는 기원전 5세기 무렵부터는 3명 이상의 아들을 낳은 아버지에게 특별한 분배품인 보조금을 나누어주기도 했다. 스파르타가 7살부터 공립교육 제도를 실시한 것도 부모의 교육비를 줄여주기 위한 조치 가운데 하나였다. 출산율 하락을 막기 위해 각종 보조금 정책을 신설하는 현대 국가와 스파르타의 고민이 비슷함을 확인할 수 있는 대목이다.

당시 사람들은 묘비명에 이름을 남길 수 없었지만, 남자아이를 3명 이상 낳은 여성에게는 묘비에 이름을 새길 수 있는 권리가 주어졌다. 이처럼 다양한 출산장려책을 사용했음에도 불구하고 스파르타 여자들의 출산 억제를 방지하는 데는 실패하고 만다. 오늘날 대부분의 현대 국가들에서 여성들의 사회 참여는 불가피한 현상으로 자리를 잡았다. 그러나 스파르타에서처럼 사회 참여를 활발히 해야하는 여성들은 필연적으로 출산과 육아라는 고된 일을 기피할 수밖에 없다. 오늘날 출산율 하락을 막기 위해 안간힘을 쓰고 있는 현대 국가들 역시 다양한 정책을 실시함에도 불구하고 스파르타처럼 여성들의 출산율 하락을 막을 수 없을 것이다.

# 한국 저출산 문제의
# 구조적인 원인

──────────── 한국의 합계출산율(여자 1명이 평생 낳을 것으로 예상하는 평균 출생아 수)은 2014년을 기준으로 1.25명이다. 세계 224개국 중에서 219위이고, 한국보다 낮은 주요국으로는 1.11명의 대만과 0.80명의 싱가포르가 있을 뿐이다. (미국중앙정보국(CIA), 〈월드팩트북(The World Factbook)〉)

OECD 가입국 중에서 한국의 출산율은 꼴찌이며, 일본의 조(粗) 출생률(인구 1,000명당 출생아 수)을 제외하면 최하위권에 머물고 있다. 한국의 출생아 수는 2014년을 기준으로 43만 5,400명이다. 1970년에 100만 7,000명, 1980년에 86만 5,000명, 2000년에 63만 7,000명이 태어났다. 이 수치는 1990년 초반에 잠시 반등한 적이 있지만, 꾸준한 감소 추세를 보이고 있다.

그동안 정부가 손을 놓고 있었던 것은 아니다. 1996년부터 본격적으로 저출산 현상을 방지하기 위해 각종 정책을 실시해왔으나 정책 효과는 미미한 수준에 그치고 말았다. 2006년부터 2015년까지 정부가 저출산 대책에 쏟아부은 돈이 무려 118조 원이었지만 효과를 거두지 못했다. 아직도 각종 보조금을 더 많이 신설해서 출산율을 올리자고 주장하는 전문가나 정책가들이 있지만, 이는 저출산 현상이 단순히 보조금 지불로 해결할 수 없는 문제임을 간과한 주장들이다. 박근혜 정부도 지난해 10월, 3차 저출산·고령사회 계획 (2016~2020년)을 마련하고 200여 개 대책에 약 200조 원을 들이겠다는 야심찬 계획을 발표한 바 있다. 반면에 IMF는 각국에서 경쟁적으로 실시되고 있는 보조금을 지원하는 출산장려책에 대한 정책

효과에 다음과 같은 의문을 제기했다. "보조금 지원이 여성의 노동 시장 참여에 긍정적 효과를 주긴 했지만, 출산율 증가 효과는 불확실하거나 미미했다. 따라서 목적이 뚜렷하지 않은 고비용의 육아 수당 정책을 자제할 필요가 있다." 이렇듯 출산율 하락에는 보조금 지원만으로는 해결할 수 없는 근본적이고 구조적인 문제가 있음을 알아야 한다.

어떤 가정이라도 아이를 낳을 것인가 말 것인가, 혹은 낳는다면 언제 몇 명을 낳을 것인가는 매우 중요한 선택 가운데 하나다. 연구에 따르면 인간이 내리는 의사결정 중 합리적인 것 가운데 하나가 출산에 대한 결정이라고 한다. 원시 사회에서조차도 그냥 아이를 낳는 것이 아니라 비용과 편익을 검토한 다음에 결정을 내렸다고 한다. 물론 여기에서 임신을 고려하는 부부들은 아이를 낳아서 키울 만한 충분한 자원을 갖고 있는지를 가장 중요하게 여긴다.

한국보건사회연구원(2003년)은 전국 4,534가구의 피부양 자녀 8,000명을 대상으로 실태 조사를 실시한 적이 있는데, 한 가정의 소득에서 자녀 양육비가 차지하는 비중은 46.3%이고 소비에서 자녀 양육비가 차지하는 비중은 56.6%로 나타났다. 이 수치는 현재 더 높아졌을 것으로 추정된다.

소득과 소비의 절반 혹은 그 이상을 아이 키우는 데 들인다는데, 한 가정에서 이보다 더 중요한 결정이 어디 있겠는가? 한 가정이 직접 지불해야 하는 비용만 있는 것이 아니다. 여성들의 교육 수준이 높아지고 사회 활동이 증가하면서 여성과 가정이 출산과 육아에 지불해야 하는 기회비용 역시 커지고 있는 추세다. 자녀를 낳거나 다자녀를 출산하는 경우에 출산과 육아에 따르는 기회비용 증가도 출산율을 억제하는 데 기여하고 있다.

아이를 낳아서 키우는 데 따르는 편익과 기쁨이 부모에게 귀속된 다는 점에서 출산과 육아는 사적 재화지만, 한 사회의 경제활동 인구의 감소와 역동성의 유지라는 점에서는 공공재적 성격을 지니고 있다. 우리가 출산 문제를 사회적인 문제로 받아들이지 않을 수 없는 이유가 바로 이러한 출산과 육아의 공공재적 성격 때문이다.


## 지금의 발상과 정책으로는
## 답이 없다

──────────── 앞으로 한국의 출산율은 어떻게 될까? 걸출한 자유주의 경제학자였던 줄리언 L. 사이먼(Julien L. Simon)은 〈근본자원 하(The Ultimate Resource 2)〉에서 출산과 인구 문제에 대해 의미 있는 지적을 한다. 어느 시대나 사람들은 경제 형편이 나아지면 아이를 더 가지려는 성향을 보인다고 한다. 가난한 사람도 임신과 관련해서는 경제 상황을 충분히 고려한 다음에 결정을 내린다. 미국에서 행한 여러 실태 조사에서도 가족 규모에 관해서는 경제적인 형편이 중요한 결정 요인으로 나타났다.

필자의 경험도 이와 같다. 시대가 바뀌고 환경이 바뀌더라도 인간은 본능적으로 자식을 더 가지려는 성향이 매우 강하다. 그런데 이런 성향은 경제적인 능력에 의해 상당 부분 제어된다. 그렇다면 옛날에 비해 경제적인 형편이 나아졌음에도 불구하고 어느 나라건 장기적으로 출산율 저하를 경험하게 되는 이유는 무엇일까? 사이먼은 이렇게 진단한다.

"소득이 증가해도 장기적으로는 출산율이 감소한다. 소득 증가에 의한 힘이 집중적으로 작용하기 때문이다. 예를 들면, 교육 수준이 높아지면 아이를 기르는 비용이 많아진다. 동시에 피임법도 개선되므로 아이를 가지는 것에 대한 사람들의 기호가 달라진다. 또 도시 생활에서도 시골에 비해 아이에게 들어가는 비용이 많아지는 경향이 생겨 가족의 실질소득은 줄게 된다."

사이먼은 명목소득 증가가 이루어지더라도 아이를 키우는 데 소비되는 비용이 계속 증가하기 때문에 실질(가처분)소득의 크기와 증가 폭이 출산율에 영향을 미친다는 사실을 밝힌다. 이는 우리 사회의 출산율 전망에도 매우 유용한 정보다. 실질소득의 크기와 증가 폭은 다른 소소한 정책들, 예를 들어 출산율을 증가시키기 위한 각종 육아 및 출산 보조금에 비해 압도적인 영향력을 발휘한다.

앞으로 한국의 출산율은 경제적인 형편이 크게 좌우할 것이다. 우선은 소득 증가율에 주목해보자. 경제성장률이 낮아지고 경직된 노동시장 구조로 말미암은 최대의 피해는 노동시장에 처음으로 참여하는 청년들이다. 이런 구조가 크게 개선되지 않는 상황에서 출산율이 증가하기를 기대하기는 어려울 것으로 보인다. 새로운 일자리가 원활하게 만들어질 수 없는 구조하에서 젊은이들이 가정을 갖고 아이를 낳아서 키우는 환경은 점점 더 힘들어질 것이다. 여기에 엄청난 주거비 부담이 결혼 자체를 어렵게 만들어 아예 결혼을 늦추는 문제도 출산율 저하에 힘을 더하고 있다. 주거비 부담을 크게 낮추는 것도 한국 사회가 추진해야 할 주요한 개혁 과제 가운데 하나인데, 이를 우리 사회가 과연 제대로 수행할 수 있을지 의문이다.

또한 추가적인 교육비 부담은 한국에서 출산율 결정의 중요한 변수로 작용하고 있다. 공교육 분야에서 큰 변화를 기대하기 힘든 상황에서 아이를 낳는 젊은 부부들은 자신이 지불하게 될 추가적인 교육비 부담을 출산 결정에 충분히 반영할 것이기 때문이다.

앞으로 한국의 출산율에서 충분히 고려해야 할 점은 결혼 자체가 줄어들 수밖에 없거나 결혼의 적령기가 크게 늦어질 거라는 점이다. 주거비 부담이 너무 크기 때문이다. 아이들의 양육비나 교육비 부담은 우선순위에서 뒤로 미뤄진다. 일단은 결혼을 할 수 있어야 하는데, 주거비 부담과 청년 실업 문제가 큰 방해물로 작용하고 있다. 이런 문제들에 대해 획기적인 정책이 제시되지 않는 한 정부가 내놓는 대부분의 출산장려책은 효과를 거두기 힘들 것이다.

과거의 출산율 대책이 양육비를 낮추는 데 초점을 맞추었다면, 앞으로는 주거비 부담을 덜어주는 일, 일자리를 제공하는 일, 그리고 교육비 부담을 줄여주는 근본 대책이 마련되어야 할 것이다. 이 3가지 과제는 우리 경제, 사회, 교육의 기존 틀을 흔드는 개혁 조치 없이는 이루기 어렵다. 지난 20여 년 동안 한국 사회가 가진 고질적인 개혁 과제들을 처리해온 경험을 볼 때 이런 개혁 과제들을 앞으로 제대로 수행할지 확신을 가질 수 없다. 따라서 향후의 출산율 대책 역시 정권이 등장할 때마다 새로운 포장을 한 정책들로 구성된 '립서비스' 차원에서 크게 벗어나지 못할 것으로 예상된다.

출산율 감소와 관련해 우리 사회의 물밑에서 전개되는 주요한 변화도 주목할 만하다. 바로 '개인의 책임'과 관련된 조용한 변화다. 결혼을 하고 가정을 갖는 것은 젊은이들에게는 엄청난 책임을 떠안게 됨을 뜻한다. 예외적인 경우도 있겠지만 결혼 당사자들에게는 가족을 위한 헌신과 희생 그리고 묵직한 책임이 따르기 때문이다.

필자가 젊은이들을 만나면서 느끼기에는 "혼자 몸도 책임지기 힘든 세상에 결혼을 해서 가족까지 굳이 책임질 필요가 있는가? 혼자서 살기에도 좋은 환경인데"라고 생각하는 젊은이들이 점점 늘어나고 있다. 잠시 스쳐가는 유행이 아니라 근래 우리 사회 저변에 흐르고 있는 '책임에 대한 생각의 변화'에 주목해야 한다. 이런 변화는 통계 자료에 잡히지 않지만 큰 틀에서의 사회 변화를 견인하는 주요인으로 작용한다. 필자와 같은 세대뿐만 아니라 이전 세대는 직장을 얻고 일정한 연령에 도달하면 가정을 꾸리고 책임지는 것을 지극히 당연한 일로 받아들였다. 그러나 지금의 젊은이들은 선택이 가능한 유력한 대안 가운데 하나로 결혼을 받아들일 뿐이다. 이런 추세는 앞으로 점점 더 힘을 받을 것으로 전망할 수 있다. 결혼제도나 가족제도 자체에 대한 전통적인 생각이 흔들리는 점도 우리 사회의 출산율 하락에 기여하고 있으며, 앞으로도 그럴 것이다. 눈으로 확인할 수 있는 것은 그나마 치유가 가능하다. 그러나 눈에 보이지 않는 생각의 변화를 역전시키는 일은 대단히 힘들다.


## 우선순위에서 밀려나게 될
## 출산장려책

──────────── 한편 민주주의는 투표로 운영되는 체제다. 투표권을 갖고 있는 중장년과 노년층에게 편익을 주는 정책으로 집권에 성공할 가능성은 높지만, 출산을 담당할 젊은 층을 대변하는 정치가의 등장을 기대하기란 쉽지 않다. 게다가 출산율을 올리려는 정책은 대부분 장기 효과를 기대하는 것들이다. 씨앗을 뿌리는 사

람이 수확의 기쁨을 누릴 수 없기 때문에 정책 우선순위에서 항상 뒤로 밀릴 수밖에 없다.

그럼에도 불구하고 출산율을 끌어올리는 일은 워낙 중요한 국가적 과제이기 때문에 이런저런 출산장려책들은 꾸준히 등장할 것이다. 그러나 대부분 장기 효과보다는 단기 효과를 기대한 채 만들어지기 때문에 전시성 정책에 치우칠 가능성이 높다. 앞으로도 계속해서 수십 조 원에서 100조 원을 웃도는 출산장려책이 마련되어 실시될 것이다. 국가가 수십 조 원짜리 출산장려책을 만들어서 실시한다고 국민들에게 밝히면, '뭔가 하고 있구나'라는 인상을 심어주는 데는 효과가 있다. 그러나 그런 정책들은 대부분 누군가에게 약간의 보조금을 지불하는 형태를 취하게 될 것이며, 출산율 증가를 촉진하는 구조적인 문제 해결과는 별로 관계가 없을 것이다. 따라서 국가가 주도하는 출산장려책은 투입되는 자원에 비해서 미미할 정도의 효과만을 거두는 데 그치고 말 것이다. 정책의 효율성이란 면에서 대단히 낭비적인 정책에 머물고 말 것이다. 지금으로부터 5년, 10년이 지난 다음에도 지금처럼 우리는 이런 한탄을 하고 있을 것이다. "그동안 우리가 쏟아부은 돈이 얼마나 많은데 이처럼 출산율이 낮아지고 마는가?"

또 하나의 큰 흐름은 사람들의 생각 변화를 들 수 있다. 젊은 여성들이 자녀를 가짐으로써 자신이 치러야 할 경력 단절이나 그 밖의 비용 등에 큰 우려를 하고 있음을 여러 실태 조사를 통해서 확인할 수 있다.

경제적인 부담이나 생각의 변화는 모두 어떤 사회가 의도적인 노력을 통해서 되돌리기 쉽지 않은 일이다. 물론 불가능한 일은 아니지만 쉽지 않기 때문에, 새로운 정부가 등장할 때마다 만들어지는 출산장려책은 그 효과를 거두기 힘들 것으로 보인다. 다만 정책 당국자들도 무엇인가 노력하고 있다는 인상을 심어주어야 하기 때문에 얼마간의 재정을 투입해서 출산율을 얼마로 늘리겠다는 약속은 계속될 것이다. 그러나 이미 하나의 거대한 추세선을 형성하고 있는 저출산 현상을 역전시키는 일은 그 가능성이 낮다.

여러 연구기관들의 조사를 조합하면 2020년에는 신생아 수가 38만 명, 2030년에는 34만 명 정도가 될 것으로 추산된다. 이 숫자도 낙관적인 수치다. 사실은 이보다 더 적은 신생아들이 탄생하게 될 것이다. 아이들의 숫자가 느는 것은 한 나라의 경제와 미래에 있어 매우 중요하다. 젊은 인구의 증가 그 자체가 한 나라의 귀한 자산이기 때문이다.

한국 사회는 신생아 수의 감소에 따라 사회가 어떤 마이너스 효과를 경험하는지 앞으로 충분히 목격하게 될 것이다. 또한 그 비용이 역동성의 상실과 관련 분야의 구조조정 등으로 이어지는 것도 경험하게 될 것이다. 아이를 낳고 키우는 일은 가장 오랜 시간 공이 들어가는 일이다. 육아의 기쁨도 크지만 이를 경험하지 못한 젊은 세대들에게 그런 기쁨이 육아의 어려움보다 크다는 사실을 가르치기란 쉽지 않다. 특히 경제 형편에 따른 출산과 자녀 양육에 관한 생각의 변화가 출산을 주저하게 하는 지금의 추세를 거스르기는 힘들 것이다.

어떤 경제라도 젊고 씩씩하고 구매력이 있는 젊은 층이 계속해서 유입되지 않는다면 소비나 생산 그리고 활력 모든 면에서 그 사회는 힘을 잃어갈 수밖에 없다. 이 문제의 심각성은 이미 65세 노령 인구가 30% 이상을 초월한 일부 지방자치단체를 방문해보면 알수 있다. 저출산의 문제가 고령화와 맞물리면 어떤 모습으로 우리사회를 덮치게 될지 예상하는 일은 그리 어렵지 않다. 오고 가는 사람들이 드문 황량한 거리의 빛바랜 간판만이 옛날의 영광을 말해줄뿐이다.

이런 상황이 도시를 제외한 대부분의 지방자치단체가 경험할 미래라면 얼마나 심각한 문제인가? 대도시도 예외가 아니다. 도시로부터 떨어진 거리에 야심차게 건설했던 대규모 신도시들이 고령화와 맞물린 저출산 현상으로 퇴락해가는 모습을 어디 일본의 신도시들만 겪는 일이라고 간주해버릴 수 있을까? 자본주의란 결국 누군가 물건이나 서비스를 구매해줄 때 돌아가는 체제다. 구매력을 가진 사람들이 계속해서 줄어든다면 모든 재화나 서비스의 생산과 소비가 줄어들 수밖에 없다. 저출산 문제는 그 어떤 이슈보다 우리 사회가 뜻을 모아 장기적인 시각을 갖고 추진해야 할 과제다. 그런데도 당장 효과가 눈에 띄지 않기 때문에 모두들 생색내기용 정책을 내놓는 데에만 급급하여 허둥댈 뿐이다.

요컨대 얼마간의 보조금을 손에 쥐어주는 정책으로는 저출산이라는 거대한 흐름을 역전시킬 수 없다. 마치 농업을 보조하기 위해100조 원이 넘는 돈을 뿌렸지만 흔적도 없이 사라지고 말았듯이 말이다. 저출산 방지 정책이란 것도 수십 조 원을 사용하건 수백 조원을 사용하건 미미한 효과만을 낳은 채 자원 낭비만 하게 될 것이다. 우리가 기꺼이 받아들여야 할 사실은 저출산 문제는 우리 사회의 구조 개혁을 통한 성장률의 제고, 젊은 부부를 위한 주거비 경감, 노동시장의 유연성, 경쟁력 있는 교육제도와 맞물릴 때에만 가능한 일이라는 점이다. 고통스러운 정책을 선택하기 싫어하는 현재의 추세로 진단컨대, 정부도 국민도 근본적인 문제 해결에 나설 가능성은 낮다. 따라서 5년, 10년이 지나더라도 우리 사회는 저출산에 관한 한 지금의 걱정을 반복하고 있을 가능성이 높다.

# 06

# 급속히 진행되는 고령화

추가적인 재정 부담의 증가

> 한 사회의 고령화 정도는 정확하게 전망할 수 있는
> 미래의 변수 가운데 하나다.
> 빠르게 늙어가는 한국 사회는 재정적으로
> 큰 부담을 안게 될 것이며, 자원 배분 문제를 두고
> 심각한 사회적 갈등을 경험할 것이다.

서양 역사에서 노년은 다양한 모습으로 그려진다. 〈구약성경〉 속의 유대인들은 노인들에게 상대적으로 중요한 지위를 부여하지만 〈그리스 신화〉 속의 고대 그리스인들은 노년을 탐탁지 않게 생각했다. 반면에 그들은 젊음을 찬양했다. 고대 그리스 시대의 시인들은 대체로 노년기에 대해 부정적인 시각을 드러낸다. 소포클레스는 88세에 집필한 〈오이디푸스〉에서 불쌍한 영웅이자 늙고 눈이 먼 오이디푸스와 자신을 동일시하여 노년을 이렇게 노래하고 있다.

"경박하고 어리석은 청춘이 지나고 가면 누가 고생으로부터 자유로우며, 누가 노고에서 벗어날 수 있단 말이오? 시기, 파쟁, 불화, 전투와 살인 그리고 마지막으로 비난받는 노년이 그의 몫으로 덧붙여지지요. 힘없고, 비사교적이고, 친구 없고, 불행 중의 불행들이 빠짐없이 모두 동거하는 노년이."

# 로마와 그리스 시대에도
# 고령화 문제는 있었다

──────── 고대 그리스인들에 비해 실용적이었던 로마인들은 노인에 대해 편견을 갖고 있지 않았다. 오히려 노인들에게 특유의 권위를 부여했으며, 대가족을 책임져야 하는 가장의 권한을 노인들이 가졌다. 공화정을 넘어서 재정 시대에 들어오면서 노인의 권한은 쇠퇴하기 시작하지만, 동로마에서 아버지가 자기 자식을 처벌할 수 없는 권한을 잃어버린 시점은 319년이며, 아버지가 자식을 내버릴 수 없게 된 시점은 374년부터다. 이처럼 로마 시대의 노인은 상당한 권위와 권력을 갖고 있었다. 로마인들은 권력을 두고 자주 다투었지만 이데올로기나 인종 때문에 싸우지는 않았다. 그들은 개인을 비판하지만 특정한 연령층을 싸잡아 비난하지는 않았다. 로마인들은 실용주의자답게 노년이 가진 지혜의 가치에 주목했을 것이다.

로마 시대의 저작물 가운데 키케로의 〈노년에 관하여〉는 라틴어 저술 가운데 전적으로 노인들에게 할애된 작품이다. 여기서 노년은 다음과 같이 묘사된다.

"늙어서도 절제할 줄 알고 까다롭지 않고 퉁명스럽지 않은 사람은, 노년을 잘 참고 견딘다네. 한편 무례하고 퉁명스러운 사람에게는 나이에 관계없이 인생이 괴롭기 마련이네."

노인의 권위와 지위를 확인시켜주는 대목이다. 작품은 대체로 작가의 주관적인 생각이나 바람을 담는 경향이 있다. 키케로의 저술은 노년에 이른다고 해서 어떤 사람이 갖고 있던 본래 기질에는 큰 변화가 없음을 강조하고 있다. 어쩌면 그는 노인마다 지혜가 다를 수 있음을 강조하고 싶었을 수도 있다. 우리는 우리가 기대하는 노인의 지혜가 이상적인 상태이며, 그런 지혜와 거리가 먼 노인들도 많다는 사실을 잊지 말아야 한다.

고대 그리스와 로마 시대에도 꽤 오래 사는 사람들이 있었는데, 특히 문학 작품들이 노인들에 의해 쓰인 경우가 많았다. 리처드슨(B. E. Richardson)은 고대 그리스 시대 2,022명의 사망 기록을 조사하여, 그리스인들 가운데 10.2%가 60세 이상까지 생존했으며 이들 가운데 드물게 100세까지 사는 사람도 있었다고 말한다. 유소년의 사망률이 높았음을 고려하면 25세 이상까지 살아남은 고대 그리스의 성인들은 노년까지 살 확률이 높았다. 그의 연구에 따르면 25세까지 살아남은 900명 가운데서 200명(22.8%)이 60대에 도달했다. 고대 그리스에서도 어린 시절에 살아남은 사람들이 노년에 도달하는 것은 그리 특별한 일이 아니었다.

로마 시대에 노인은 인구 통계학적으로 무시할 수 없는 비중을 차지하고 있었다. 조르주 미누아(Georges Minois)는 〈노년의 역사〉에서 "적어도 2세기 이후 로마 세계는 분명 노령화의 과정을 겪었으며, 특히 이탈리아에서 그러했다. 우리가 기억해야 할 것은, 비록 연령 분포의 차이는 있지만 그 과정이 바로 현대 유럽의 모습이기도 하다는 점이다"라고 지적하고 있다.

# 고령화 문제의 핵심은
# 자원 배분

———————— 한 사회가 가진 고령화 문제는 현대 사회만의 특별한 문제는 아니다. 다만 고대에는 노인을 부양하는 것이 가족의 문제일 뿐 사회 전체의 문제는 아니었다. 바로 이 점이 매우 중요하다. 과거에도 고령화 문제가 있었지만 국가의 책임이라는 인식보다는 가족이 책임져야 할 일로 받아들였다. 하지만 현대에 와서 고령화의 책임은 국가가 상당 부분 져야 하기 때문에 현대인에게 고령화 문제는 아주 특별하고 새로운 문제가 되기 시작했다.

오늘날에는 국가가 모든 시민들에게 최소한의 인간적인 삶을 보장해야 한다는 생각을 시민들이 공유하고 있다. 때문에 노령화는 한 사회의 경제적 부담과 연결된다. 많은 나라들이 고령화 문제에 특별한 관심을 갖지 않을 수 없는 이유는 한 사회가 가진 경제적 자원의 상당 부분을 투입해야 하기 때문이다.

로마를 벗어나 이탈리아의 중소 도시를 여행할 때마다 내가 자주 던지는 질문이 있다. "이렇게 사회가 늙게 되면 어떻게 해야 하는가?" 문을 열고 길거리를 내려다보는 노인들과 눈이 마주칠 때마다 늙어가는 사회의 현재와 미래를 생각하게 된다. 더 구체적인 걱정은 이렇다. '저분들에게 누군가는 생활비를 연금 형태로 지급해야 할 텐데, 이탈리아가 이를 지탱할 수 있는 체제나 여력을 갖고 있을까? 계속해서 충분한 물적 생산을 만들어내지 못한다면 국채를 발행해서 충당해야 할 텐데, 그 결과는 결국 경제위기로 연결되지 않겠는가?'

이탈리아, 독일 그리고 일본은 현재 총인구의 20% 이상이 65세 이상인 초고령사회로 진입했다. 우리가 맞게 될 초고령사회의 모습을 직접 두 눈으로 확인할 수 있는 나라들이다. 언젠가 뉴욕타임스는 이탈리아 사르데냐의 산악 지역에 위치한 페다스데포구(Perdasdefocu)라는 작은 마을에서 100주년 생일 축하 행사를 갖게 된 클라우디나 멜리스(Claudina Melis)를 소개하는 기사를 실었던 적이 있다.

"2001년과 2011년 사이에 이탈리아에서 100세를 넘긴 사람의 수는 138% 증가했으며, 90대가 된 사람의 숫자는 78% 늘었다. 최근의 정부 공식 통계인 2011년을 기준으로 보면 65세를 넘긴 사람의 비중은 20%가 되었다." (Rachel Donadio, "Celebrating the Elderly With a Nervous Eye on Italy's Future", NYT, 2013. 7. 17)

페다스데포구 마을은 이탈리아의 군사시설이 제공하는 일자리로 혜택을 받아왔지만 방사선 노출 문제로 기지가 축소되면서 지난 20년 동안 500개의 일자리가 없어졌다. 결과적으로 인구도 2,000명 정도로 줄어들게 되었다. 현재 이 마을은 평균 나이 47세의 근로자가 2명의 노인 인구의 연금을 지탱하는 모습을 띠고 있다. 뿐만 아니라 실업률은 25%로 높다. 생일 축하 모임에 참석한 마리아 카르타(Maria Carta) 시장은 "만일 우리가 이런 식으로 계속하다 보면 연금 시스템은 결코 오랫동안 유지될 수 없을 것이다"고 말한다. 결국 고령화 문제의 핵심은 "나이 든 세대의 연금을 지탱할 사회보장 시스템에 돈을 지원할 수 있는 젊은 층의 숫자가 줄어들면 연금 시스템 자체를 유지하기 힘들어지게 된다"는 한 문장으로 요약할 수 있다.

한국 사회에서 65세 이상의 인구는 2014년을 기준으로 610만 명이고, 전체 인구에서 차지하는 비중은 12.7%다. 2002년에 65세 이상 인구는 334만 명, 2006년에는 407만 명이었음을 염두에 둘 필요가 있다. 전국에서 고령화율이 가장 높은 지역은 고흥군(36%), 의성군(36%), 군위군(35%), 합천군(35%), 남해군(34%) 순이다. 이들 지역은 이미 초고령사회로 진입한 지 오래다.

홍문표 국회의원이 작성한 '2015년 전국 고령화 지도'에 따르면 전국 지방자치단체 가운데 고령화사회(Aging Society, 65세 이상 비중이 7% 이상~14% 미만)에 진입한 지자체는 121곳, 고령사회(Aged Society, 14~20% 미만)에 진입한 지자체는 54곳, 초고령사회(Post-aged Society, 20% 이상)에 진입한 지자체는 88곳이다. 88곳의 지방자치단체가 이미 초고령사회로 진입했음에 주목할 필요가 있다. 초고령사회 진입을 앞두고 있는 지방자치단체가 줄줄이 대기하고 있는 실정이다.


## 버는 시간은 짧고, 쓰는 시간은 길어진 한국

─────────── 고령화 속도가 빠르게 진행되는 것만큼 우리 사회가 이를 대비하는 데에도 어려움을 겪고 있다. 긴 시간을 갖고 준비하는 나라와 짧은 시간 안에 여러 가지 준비를 해야 하는 나라는 질적으로 차이가 날 수밖에 없다. 더 큰 문제는 노년에 접어드는 사람들의 개인 차원에서의 준비다. 대체로 한국의 노인들은 자신 앞에 놓인 길고 긴 노년의 시기에 대한 준비가 제대로 되어 있지 않다. 특히 경제적으로 그렇다.

OECD 통계에 따르면 한국의 노인 빈곤율은 2015년 49.6%를 유지하고 있다. 여기서 빈곤율은 같은 연령대의 평균적으로 사는 사람의 소득에 비해 50%에 미치지 못하는 사람들의 비중을 말한다. 참고로 OECD 평균은 12.6%다(2012년 기준).

이처럼 노인 빈곤율이 높은 이유는 은퇴와 함께 소득원이 사라져버린 점, 연금처럼 소득을 대체할 만한 수익원을 준비하지 못한 점, 그리고 소득이 있을 때 제대로 준비하지 못한 점 등을 들 수 있다. 빈곤에 대해서 개인이 책임져야 할 부분도 클 것이다. 그러나 우리 사회의 경우는 자식들의 교육비 부담이 지나치게 과중하고 아이들의 결혼 자금 등과 같은 용도에 대한 지출이 노인 빈곤율을 높이는 데 큰 역할을 하고 있다. 서양에 비해서 부모가 구조적으로 지불해야 하는 비용 부담이 큰 사회라는 점도 우리 사회 노인들의 노후를 불안하게 하는 중요한 요인이다. 이 문제는 이미 노년에 접어든 사람들의 문제만은 아니다. 지금의 30~40대도 거의 비슷한 문제를 안고 있다. 모두가 문제인 줄 알면서도 우리 사회는 이런 구조적인 문제를 고치는 데 별다른 성과를 거두지 못했다.

늙어가는 한국 사회는 결국 노인들의 일정 생활 수준 유지를 위한 각종 지출 때문에 몸살을 앓을 것으로 보인다. 우리 사회는 노령화로 인한 비용 청구서를 손에 막 쥐기 시작한 시점에 놓여 있다. 본격적인 비용 청구서는 아직 날아오지 않은 상태다. 앞으로 우리 사회가 어떤 비용을 지불하게 될지는 건강보험비의 지출 증가 사례를 통해 예측해볼 수 있다.

# 이제 막 시작된
## 노년 인구 비용 증가

──────────── 건강보험심사평가원은 2015년도 진료비 통계 지표를 공개한 바 있다. 2015년 상반기 건강보험 진료비는 2014년 상반기에 비해 7.6% 늘어났다. 이 가운데 65세 이상 노인 진료비가 전체의 36.3%인 10조 4,352억 원을 차지함으로써 같은 기간에 비해 11.1% 늘어났다. 1년 동안 노인 인구가 4.8% 늘어난 데 비해서 진료비 지출 증가는 11.1%나 늘어날 정도로 증가 폭이 크다. 노령 인구의 비중이 늘어나면 늘어날수록, 그리고 노년 인구 가운데서도 나이 든 사람의 비중이 클수록 의료비 지출의 증가 폭과 절대 액수가 만만치 않을 것으로 전망된다.

특히 70대 이상의 진료비는 지난해 상반기보다 11.9% 늘어난 7조 8,898억 원으로 파악되었는데, 이들이 진료비에서 차지하는 비중은 27.5%다. 한국의 전반적인 진료비 증가 추세는 OECD 회원국 중 최상위권을 차지하고 있다. OECD의 '보건 데이터 2015'를 보면 2005~2013년 경상의료비 지출 증가율은 7.2%로, OECD 평균(2%)을 크게 웃돌고 있다. 빠른 속도로 노인 의료비가 건강보험을 차지하고 있음을 확인할 수 있다.

건강보험에서 차지하는 노인 의료비 증가 추세를 살펴보면 절대 액수도 무섭게 증가하지만 그 증가 속도도 거의 매년 20%에 육박한다. 2002년(노인 인구 334만 5,000명)에 3조 6,811억 원에 불과하던 노인 의료비는 2005년(노인 인구 391만 9,000명)에는 2배 가까운 6조 556억 원으로 증가하고, 2013년에는 18조 566억 원까지 늘어난다. 2013년의 노인 의료비 가운데 만성질환으로 인한 진료비는 47%에 달할 정도로 고정비 성격의 의료 지출 비용이 증가하고 있다.

그 어떤 변수보다도 노령화 진행에 대한 예측은 정확도가 높다. 그리고 단일 변수 중에서 한 사회의 앞날에 큰 설명력을 가지는 변수가 바로 고령화와 관련된 지표일 것이다. 우리 사회는 2017년에는 전체 국민의 14%, 2026년에는 전체 국민의 20%가 65세가 되는 초고령사회에 진입할 것으로 예측된다. 노인 인구는 2030년에는 1,269만 명(전체 인구의 24.3%), 2060년에는 1,762만 명(전체 인구의 40.1%)까지 증가할 것으로 보인다. 특히 베이비부머(1955년~1963년)가 고령층에 진입하는 2020년 시점을 전후하여 한국 사회는 고령화의 파급효과를 피부로 체감하게 될 것이다.

우리 사회가 고령화되어간다는 것은 어떤 의미일까? 한 사회의 구성원 가운데 65세 이상 노인의 비중이 대폭 증가하고, 이들 가운데서도 80대와 90대 연령층이 증가하는 것은 의료비 증가와 연금 부담 등과 같은 고정비 성격의 부담이 증가함을 말한다. 이런 비용을 갹출하기 위해 젊은 세대들로부터 조세와 준조세 부담을 늘릴 수밖에 없기 때문에 비용 부담을 둘러싸고 세대 간 갈등이 일어날 것으로 보인다.

사람들은 특정 이익 집단이 되면 스스로 필요와 욕구를 억제하기 힘들다. 나라 형편에 대해 균형감을 갖고 생각하기보다는 당장 눈앞의 이익이 더 들어오게 된다. 가뜩이나 날로 어려워지는 국가 재정에도 불구하고 노후 소득 보장 체계를 노인들에게 유리하게 개편하라는 목소리가 높아질 것이다. 설령 노인들로 구성된 이익 집단들이 나서지 않더라도 이를 선거 승리 전략으로 삼는 정치인들이 필연적으로 등장하게 될 것이며, 이들은 득표 전략의 일환으로 노인들의 지지를 받기 위해 다양한 활동을 전개할 것이다.

이는 결국 한 나라가 갖고 있는 한정된 자원을 출산이나 육아보다는 노인들의 이익을 보장해주는 쪽에 배분하는 결과를 낳게 되어, 이로 인한 세대 간 갈등을 피할 수 없을 것이다. 내가 즐겨 사용하는 말 가운데 이런 말이 있다. "아버지는 자식을 지극정성으로 생각하지만, 아버지 세대는 자식 세대를 생각하기가 쉽지 않다." 우리보다 노령화 문제를 먼저 본격적으로 경험하고 있는 영국에서도 세대 간 자원 배분을 둘러싼 갈등이 자주 표출되고 있다. 퇴임한 보수당의 한 국회의원이 이를 책으로 펴내기도 하고, 한 젊은 국회의원은 "노년층이 과도하게 이기적이다"라고 공개적으로 발언하여 논란을 일으킨 적도 있다. 어느 사회건 간에 자원 배분을 둘러싼 세대 간 갈등을 피할 수는 없을 것이다. 다만 그 정도가 문제일 뿐이다.

안상훈 교수(서울대 복지학과)는 노년층의 증가가 가져올 또 하나의 큰 변화를 엄중하게 경고한다. 노년층의 증가가 정치 지형도를 바꿀 수 있다는 것이다. "고령화 하면 경제적 부양 문제부터 떠올리지만, 이는 나라의 정치 지형을 바꾼다는 면에서 절대로 간과해서는 안 될 복병이다. 노인들은 대체로 복지국가의 개혁 과정에서 꼭 필요한 변화에도 저항하는 경향이 크다. 고령화사회, 즉 노인 유권자가 많아지는 상황에서는 개혁 정책의 선택지가 줄어들 공산이 큰 것이다." (안상훈 외 4인, 〈복지 정치의 두 얼굴〉, 21세기북스, p. 7)

장덕진 교수(서울대 사회학과)는 장기적으로 더욱 우울한 전망을 내린다. "장기적으로 젊은 층이 노인들을 부양해야 하는 부양률이 100%에 육박하는 사회가 되면 이때 사람들은 무슨 생각을 할까. 이민을 포함해 무슨 수를 써서라도 이 상황에서 탈출하려는 사람들이 많아지지 않을까. 그렇게 되면 세대 갈등은 세대 전쟁이 될 것이고, 정책 수단은 무력화될 것이다. 이중화, 고령화, 민주주의의 문제, 그것들의 상호 억제가 향후 한국사회의 중층적 난제인 이유다.”
(같은 책, p. 152)

노년이 된다는 것은 지혜로움과 현명함을 가질 수도 있지만, 동시에 자신에게 돌아올 이익에 더 솔깃할 가능성이 높아짐을 의미한다. 돌아가신 서강대 김열규 교수는 스스로가 노년이 되어 쓴 〈노년의 즐거움〉이란 책에서 노인에게 권하는 5가지를 5권(勸)으로 그리고, 노인에게 금하는 5가지를 5금(禁)으로 제시한 바 있다. 5금에는 '노탐(老貪)'이란 단어가 들어 있다.

여유는 결국 지갑에서 나온다. 여유가 없는 노인들이 나라의 긴 미래를 생각하기는 쉽지 않을 것이다. 필자는 앞으로 노년층이 자신들에게 더 많은 자원을 배분해달라는 정치적 압력을 제도화하는 데 힘을 쏟을 것으로 본다. 머지않아 젊은 층에서 “당신네들이 무엇을 그렇게 잘했소?”라는 볼멘소리가 나오게 될 것이다. 노년의 지혜와 노탐은 적절한 균형을 유지할 것으로 보지만, 정치적인 이익 배분에서 젊은 층에 비해 단연코 노년층이 유리한 위치에 있는 것이 사실이다. 생업에 바쁜 젊은 층보다 노년층이 형편은 팍팍하고 시간은 충분하기 때문이다.

이 점에서 한국의 노년층이 어떤 모습을 취할지 더 두고 봐야 할 것이다. 세대 간의 합리적인 자원 배분에서 합리성과 논리성을 우선할 것인가, 아니면 자신들이 지불해야 하는 불편함보다는 눈앞의 이익을 우선할 것인가에 따라 자원 배분의 향방이 결정될 것이다.

내가 걱정하는 것은 한국의 노년층이 합리적인 선택을 하더라도 노인의 이익을 우선시해서 자신의 정치적인 목적을 달성하려는 정치인들이 어김없이 등장할 것이라는 점이다. 그들은 자신들이 나서서 노인들에게 더 많은 자원을 배분하고 다른 계층의 희생을 요구하는 그런 민중주의 성향을 드러낼 가능성이 높다.

노령화가 확산된 후의 사회 모습은 어떨까? 한 사회에서 노인 인구가 증가하는 것은 모든 활동이 느려지는 것을 뜻한다. 노인들은 수적으로 큰 비중을 차지하지만 유효 수요에 대한 기여도는 현저히 낮다. 결과적으로 소비 위축이 투자 위축을 낳고, 이런 악순환이 반복되면서 한국의 경제성장률은 장기적으로 제로성장률 혹은 그 이하로 떨어지고 말 것이다. 일상생활에서 분주하게 살아가는 생활인들은 차분하게 앉아서 5년, 10년 그리고 20년 후를 예상해볼 시간을 갖기 힘들다. 이미 흔들리기 시작한 재정 건전성과 경제성장률은 노령화 추세로 말미암아 더 큰 재정 부담을 안게 될 것으로 보인다.

# 07

# 옴짝달싹할 수 없는 규제 공화국

반드시 혁파해야 할 성역화된 규제

> 규제를 줄여가는 속도보다 늘어나는 속도가 커지면서
> 민간의 활동은 위축될 것이다.
> 성역화된 규제에 대한 개혁은 비상한 각오와 절박한 심정으로
> 임하지 않는 한 쉽지 않을 것이다.

강대국의 흥망성쇠를 살펴보는 일은 극적이면서도 교훈적이다. 강대국이 남긴 유산이 어제의 문제로 그치는 것이 아니라 오늘의 문제로 지속되는 것을 살펴보는 일 또한 흥미롭다. 결국 역사의 겉모습은 다른 것처럼 보이지만 계속해서 반복되는 것은 아닌가라는 의문을 갖게 된다. 사람들의 심성이나 기질 그리고 본성이 크게 달라지지 않았기 때문이다.

16세기 초엽 강대국의 지위를 유지하고 있었던 스페인과 영국은 비슷한 문제를 갖고 있었다. 전쟁 비용이 증가하는 속에서 추가적으로 세입을 어떻게 확보할 것인가가 그들의 고민거리였다. 그러던 중 스페인 왕실은 전혀 예상치 못한 수입이 생기면서 지나친 자신감으로 우쭐대기 시작했다.

스페인 왕실이 터키와 네덜란드를 공격하고 무적함대를 만들기

위해 막대한 전비를 차입할 수 있었던 것은 멕시코와 페루에서 상당량의 은 광맥이 발견되었기 때문이다. 1540년대에 채굴된 은이 스페인에 도착하자 스페인 왕실은 새로운 수입원에 고무된 나머지 왕권을 강화하고 막대한 자금을 외부에서 차입하기 시작한다. 그러나 무분별한 차입은 채무 위기를 낳는다. 필립 2세(1556~1598년)가 통치하던 시기인 1557년에 최초의 국가채무 부도가 발생한다. 그 뒤로도 1560년, 1575년, 1596년에 연이어 부도가 일어나는데, 이 같은 경제위기는 네 번으로 끝나지 않고 새로 정권을 물려받은 후계자 세대에서도 반복된다. 필립 2세의 후계자들이 통치했던 1607년, 1627년, 1647년에도 반복적으로 국가채무 부도가 발생했다. 어느 나라든 경제위기는 한 번에 말끔하게 해결되는 법이 없다.

한편 영국은 13세기 후반부터 이탈리아 상인에게서 전쟁 비용을 차입하여 프랑스와의 전쟁에 뛰어든다. 1340년 영국의 에드워드 3세가 전쟁 패배로 국가채무 부도를 선언했을 때 채권자인 이탈리아의 페루찌 은행과 바디 은행이 파산하기도 했다. 이처럼 영국 또한 의회에 막강한 권력을 부여했던 1688년 명예혁명 이전까지 과도한 국가채무로 인한 연쇄적인 파산 국가라는 오명을 벗어나지 못했다.


## 경제위기를 해결하는
## 영국과 스페인의 방법

──────────── 두 나라는 전쟁 비용을 어떻게 조달했을까? 16세기 초반 스페인과 영국은 완전히 반대의 길, 즉 정반대의 제

도와 정책을 선택한다. 제도 선택의 차이는 영국과 스페인의 운명에도 영향을 미치지만, 훗날 이들 국가의 식민지의 운명도 가르게 된다.

스페인은 상업을 중시하고 의회제도가 제대로 작동하고 있었던 아라곤과 중앙집권적인 군주제와 관료제 그리고 이름뿐인 의회제도를 가진 카스티아의 연합으로 구성되어 있었다. 불행히도 두 체제 가운데에서 카스티아 연합이 헤게모니를 쥐게 된다. 그 결과 스페인은 국왕의 이익을 위한 거대한 중앙집권적 관료제 국가로 탈바꿈한다. 이렇게 만들어진 거대한 관료제는 국왕의 명령을 수행하기 위해 계속해서 법령을 만들고 행정조직과 사법조직은 모두 이들 법령을 정당화하고 수행하기 위한 수단으로 움직이게 된다. 국가의 관료들이나 정치가들이 모두 왕을 위한 조폭 조직원처럼 변모한 것이 스페인의 비극이었다.

스페인은 네덜란드와의 전쟁으로 인한 전비 증가와 남미 대륙에서 들어오는 수입의 감소에 대응하여 재정 지출을 줄이도록 적극적으로 노력해야 했다. 하지만 그들은 정반대의 정책을 선택한다. 재정 수입은 고려하지 않고, 외부 차입 증가와 새로운 수입원 개발을 위한 재산 몰수 방법 등만을 고안해낸 것이다. 한마디로 국왕을 보조하는 국가기관들은 지출에 맞춰 수입을 만들어내는 데 혈안이 되어 있었다.

세입 부족으로 계속해서 국가채무 부도 사태에 처한 스페인 왕실은 상업 활동에 크게 기여해왔던 무어인과 유대인을 추방하고, 토지 임차료 상한제와 밀 가격 상한제, 세빌리아 상인에게 송금되는 은의 몰수 등 생산 활동을 억압하는 제도들을 속속 도입한다. 이처럼 반시장적인 정책들을 양산하면서, 스페인은 무리하게 세입을 확보하기 위해서 달걀 낳는 닭을 죽이는 잘못을 범하게 된다. 제어되지 않는 모든 절대권력은 이런 선택을 하게 되는 법이다.

반면에 영국은 스페인과 완전히 다른 길을 선택한다. 영국 왕실은 전비를 얻는 대신 국민들을 위해 의회 기능을 활성화시키는 데 합의한다. 영국 의회는 세입과 세출을 일치시키는 재정 체계와 잉글랜드 은행을 창설했으며, 의회의 동의 없이 국왕이 세금을 부과할 수 없는 개혁을 성공시킨다. 1689년 명예혁명을 통해 의회의 승인하에 세금 징수가 가능하도록 함으로써 최종적인 승리를 거둔다. 사적인 자본시장을 허용하고, 재산의 임의적인 몰수를 불가능하게 함으로써 재산권을 보장하고, 중상주의적 규제들을 축소하고, 도시 길드의 권리를 제한함으로써 자국의 직물 기업이 국내외 시장 개척에 적극적으로 나서도록 돕는다. 이 같은 영국의 선택은 영국에만 대단한 혜택을 준 것이 아니라 오늘날 북미 대륙에 위치한 캐나다와 미국의 번영에도 큰 영향을 미치게 된다. 제도에 대한 선택이 두 나라의 번영에 결정적인 차이를 제공한 것이다.

스페인과 영국의 선택은 한국에도 시사하는 바가 크다. 성장률이 둔화되면서 우리는 지출을 구조조정하기보다는 가혹한 증세 수단을 마련하여 강제하는 스페인의 길로 가지 않아야 할 것이다. 그러나 어느 곳이든 민주주의 체제에서는 분노와 증오를 부추기는 민중주의자들이 힘을 얻게 마련이다. 지적인 기반이 취약하고 감성적인 민족성을 가진 사람들은 민중주의자들에게 휘둘릴 가능성이 높다.

한편 스페인의 무리한 조치는 어떤 식으로 전개되었을까? 가격 통제와 조세 인상 그리고 재산 몰수와 같은 방법으로는 스페인의 몰락을 막을 수 없다는 생각을 가진 사람들이 많았음에도 불구하고 한번 만들어진 제도적 틀을 바꾸는 일은 대단히 어려웠다. 당시에도 스페인 국왕의 선택에 대해 비판적인 사람들이 있었다. 그러나 이들의 힘만으로 역사의 물줄기를 바꾸기에는 역부족이었다. 당시 스페인 사람들이 잘못된 제도 때문에 국가가 쇠퇴하고 있다는 위기의식을 갖고 있었음에 대해 얀 드 브리스(Jan De Vries)는 이렇게 지적한다.

"스페인 사회는 어떤 일이 벌어지고 있는지 깨닫고 있었다. 경제 개혁 학파는 새로운 개혁 조치에 대한 여러 권의 소책자를 썼다. 실제 1623년 개혁평의회는 새 왕 필립스 4세에게 일련의 개혁 조치를 조언하기도 했다. 그러나 이런 개혁 조치를 관철시키려는 의지력은 없었다."

우리가 주목해야 할 점은, 스페인이 어떤 개혁을 해야 하는지 몰라서 몰락한 것이 아니라는 것이다. 그들은 해결 방법이 무엇인지 잘 알고 있었음에도 불구하고 개혁을 실행에 옮기는 데 실패했다. 그 결과로 스페인은 농촌 지역 인구의 감소, 산업의 정체, 신세계화, 세빌리아 무역 시스템의 붕괴, 재정 위기 등을 겪으며, 불과 1세기 만에 세계 최강 국가에서 2류 국가로 쇠퇴하고 만다. 또한 스페인을 지배했던 제도는 고스란히 남미 국가들로 이식되어 오늘날 남미의 빈곤 상태에 제도적인 틀을 제공했다. 건강한 상식을 가진 사람이라면 누구든 남미 방문길에 구조적인 빈곤을 마주하고는 낙담하게 된다.

미국의 번영은 영국이 16세기 초반에 선택했던 제도적 틀의 덕을 크게 봤다. 반면에 라틴아메리카 국가들은 스페인과 포르투갈의 유산에서 물려받은 중앙집중적 관료제의 전통을 지속시켰다. 두 나라의 선택은 오늘날까지 계속되고 있다. 북미의 번영과 그와는 상대적인 남미의 빈곤은 영국과 스페인이 취했던 상반되는 제도의 선택에 의해 오늘날까지 면면히 이어져 내려오고 있다. 그뿐 아니라 여러 세대에 걸쳐 수많은 사람들의 삶에도 결정적인 차이를 가져오고 말았다.

## 의욕도 결국 제도의 틀을 벗어날 수 없다

──────────── 제도란 크게는 헌법과 같은 것을 말하지만, 작게는 각종 정책, 규제, 관습 및 전통 등을 모두 포함한다. 일단 제도가 만들어지고 나면 환경의 변화에 따라 그 제도가 비생산적이고 비효율적인 것으로 판명되더라도 오랫동안 존속되게 된다. 왜냐하면 초기에 만들어진 제도를 둘러싸고 각종 이익 단체들이 포진하기 때문이다. 문제가 있다는 것을 알아차리고도 이를 개혁하는 일은 여간 힘들지 않다. 이익을 누리는 사람에겐 그것이 정당하든 그렇지 않든 간에 권리가 되어버리기 때문이다. 이익을 누리는 사람들은 혁명이나 개혁적인 조치가 취해지지 않는 한 기존의 틀을 고수하기 위해 완강하게 버티게 마련이다. 이런 저항에 맞서서 개혁을 추진할 수 있는 정치가를 만나는 일은 한 사회에게 대단한 행운이다. 그러나 이런 행운이 모든 나라에게 주어질 수는 없다.

우리가 제도 개혁에 깊은 관심을 갖지 않을 수 없는 이유는 한 나라의 경제적 성과는 중장기적으로 제도에 의해 대부분 결정되기 때문이다. 제도는 어떤 활동을 더 잘하기 위해 얼마나 노력할 것인가 등과 같은 인센티브 구조를 결정한다. 생산적인 활동이나 비생산적인 활동에 얼마만큼 자원을 투입할 것인지는 제도가 좌우하게 된다.

2004년에 출간한 〈10년 후, 한국〉을 오랜만에 다시 읽어보았다. 당시에 우리가 가졌던 고질적인 문제들은 대부분 제도 개혁을 통하지 않고서는 해결될 수 없는 것들이었다. 이들 과제들 가운데 오늘을 기준으로 깔끔하게 마무리된 것은 거의 없다고 해도 과언이 아니다. 지난 10여 년 동안 개혁을 외치는 목소리는 무성했지만, 고통과 비용을 치르면서 실질적인 개혁을 실천에 옮기는 일은 지극히 힘든 일이었다.

김영삼 정권부터 규제 개혁은 역대 정권의 단골 메뉴였다. 규제 개혁의 철학과 지향점은 달랐지만 역대 정부들은 하나같이 규제 개혁에 목소리를 높였다. YS 정부는 행정민주화, DJ 정부는 외환위기 극복, 노무현 정부는 경제 활성화, MB 정부는 글로벌스탠더드 달성, 박근혜 정부는 창조경제의 실현을 규제 개혁의 목표로 내걸었다. 30년간 새로운 정부가 등장할 때마다 규제 개혁을 기치로 내걸었지만 그 효과는 미미한 형편이다.

박근혜 정부는 집권 초기부터 모든 화력을 핵심 규제를 타파하는 데 쏟아부었어야 했다. 이것을 하지 않으면 우리가 죽는다, 그런 심정으로 말이다. 핵심 규제의 개혁을 통한 구조조정의 추진이 박근혜 정부의 시대적 소명이 되었어야 했다. 하지만 집권 초기부터 누구의 발상인지 알 수 없는 '창조경제'라는 아리송한 정책에 의해 많은 것들이 흔들리고 말았다. '경제민주화→창조경제→규제 완화→세무조사→경제 살리기→4대 개혁→역사 바로 세우기' 등으로 정책의 초점이 오락가락하는 중이다. 그러다가 이제는 석양이 지는 시절이 오고 말았다. 집권 초기, 힘이 차고 넘치는 시기에 핵심 규제를 공략해도 성공 가능성이 낮은데, 지금 와서 피부에 와 닿는 실질적인 개혁이 가능하겠는가? 안타까운 마음을 금할 수가 없다.

아무튼 역대 정부는 모두 주로 자신들의 집권 기간 동안 총 몇 건의 규제를 정비했다는 자랑을 내놓기 일쑤였다. 흥미로운 것은 역대 정부의 노력에도 불구하고 규제의 대상이 되는 사람들은 아우성이라는 점이다. 일단은 완화 또는 철폐되는 규제 건수보다 신설 규제가 지속적으로 늘어나는 추세다. 매년 신설 규제로 심의 대상에 오르는 것이 1,200건 정도나 된다. 한쪽에는 규제를 없애야 한다는 목소리가 높지만, 또 한쪽에서는 1,200건 정도 새로운 규제들이 만들어지고 있는 실정이다.

가령 2008년부터 2012년까지 총 5,822개 법령에 대해 신설 및 강화로 규제개혁위원회 심사 대상이 된 규제 수는 총 1만 6,104건이다. 이들 가운데 자진 철회 710건과 개선 권고 2,972건을 제외하면 원안 의결된 규제는 모두 1만 2,422건이다. 15년 동안 연평균 828건의 규제가 신설되거나 강화되어온 셈이다. 과거에는 행정부가 규제 양산의 주역이었지만, 이제는 이상한 규제를 양산하는 자리를 국회가 꿰차고 말았다.

어느 정도 심각한 수준인가 하면, 15대 국회 때 1,000건이었던 의원입법안이 18대 국회(2008~2012년)에서는 1만 건으로 폭발적으로 늘어났다. 같은 기간 동안 정부 입법안이 806건과 1,466건임을 고려하면 의원입법안이 얼마나 급속히 불어나고 있는가를 알 수 있다. 지금의 한국 상황은 '관료 지배의 시대'를 넘어서 '의회 지배의 시대'가 아니라 '의회 막무가내(莫無可奈)의 시대'가 되고 말았다. 민주주의의 주춧돌인 다수결의 원칙을 무력화시킨 '국회선진화법'이란 악법을 보라! 지금 대통령과 행정부는 수족이 묶이고 말았다. 국회의원들이 모여서 만들면 모든 것이 법이 되어버리는 시대가 되었다.

개혁 입법이 미뤄지면서 곤혹을 치루고 있는 박근혜 대통령 역시 국회선진화법의 통과에서 면죄부가 주어질 수 없는 딱한 상황에 놓여 있다. '여당과 야당이 쟁점이 되는 모든 법은 재적 의원 5분의 3 이상이 동의해야 본회의 상정이 가능하다'는 그런 법을 어떻게 통과시킬 수 있었을까? 그 법이 통과되던 날 필자는 "어떻게 이런 법을 통과시키는가? 저 친구들이 진짜 정신이 있는 친구들인가!"라는 장탄식을 하지 않을 수 없었다.

직권상정을 하지 않은 이유로 비난을 받고 있는 정의화 국회의장이 "당시 새누리당 비상대책위원장이었던 박근혜 대통령은 국회선진화법에 어떤 입장이었는가?"라는 질문을 받았던 적이 있다. 그의 대답은 이렇다. "(국회선진화법 관련) 기자회견 날 아침에 내(정의화 의장)가 전화를 걸어 '이 법이 통과되면 대통령이 돼도 국회의 조력을 받기 쉽지 않다'고 말했어요. 무엇이 문제냐고 묻기에, '한두 가지가 아니다. 국회선진화법을 주도하는 황우여 원내대표에게 얘기를 들어보고 잘 판단하라'고 했어요. 그런데 대통령은 찬성으로 돌았어요. 내가 선진화법 통과를 선언하면서 '이제부터 식물 국회가 안 되려면 대화와 타협밖에 없다'고 말했어요." (최보식, "정의화 국회의장 인터뷰", 〈조선일보〉, 2016. 1. 11) 선진화법 통과의 주역이었던 황우여 여당 대표는 이 정부에 들어서 교육부 장관으로 승승장

구하고 있으니 놀라울 따름이다. 행정부과 대통령의 수족을 묶어버린 사람에게 주어지는 상벌치고는 이해하기 힘든 포상이다.


## 독주하는
## 의원입법

———————————— 우려스러운 점은 의원입법의 대부분은 강한 정치성을 띠고 특정 그룹에 이익을 주기 위해 만들어진 차별적인 입법안이라는 점이다. 규제는 일종의 '숨겨진 세금'과 같은 역할을 한다. 다수에게 규제를 부과하여 거두어들인 이익을 특정 그룹에게 제공하는 형태를 띠기 때문이다. 또한 세세한 규제는 완화될 수 있을지 모르지만 핵심 규제는 성역화된 나머지 처음부터 손을 댈 생각조차 하지 않는다.

오랫동안 규제 문제를 연구해온 서울대 최병선 교수는 한국의 규제와 규제 개혁에 대해 이렇게 토로한다. "단언하건대 우리 사회의 거의 모든 문제 - 경제 침체, 불평등, 사회의 이동성 저하, 각종 사고의 빈발 등 - 의 근원에는 예외 없이 불합리하고 비현실적인 규제가 도사리고 있다. 또한 세월호 사고가 너무나도 잘 보여주었듯이, 우리나라의 규제 행정 시스템은 형편없이 낙후되어 있다. 뜻이 좋으면 결과도 좋을 것이라는 단순한 사고방식이, 국가의 강제력으로 안 될 일이 없다는 비민주적이고 안이한 사고방식이 아직도 만연해 있다 보니, 규제 개혁이라고 하면 고작해야 경기 진작의 수단 정도로 치부하기도 하고, 외려 '섣부른 규제 완화와 개혁이 많은 문제를 일으켰다'는 근거 없는 주장이 먹혀들어가는 것이 우리의 안타까운 현실이다."(최병선·이혁우, "한국 규제 개혁 시스템의 혁신 방안", 〈규제연구〉, 제23권 특집호, 2014년 9월, p. 5)

성역화된 규제는 어떤 것이 있을까? 18년 만에 처음으로 국립공원에 케이블카를 1대 놓게 되었다. 스위스는 산악 지대가 한국의 강원 산지보다 좁지만, 2,470대의 케이블카를 설치하여 운영하고 있다. 한국의 전체 케이블카 운영 대수는 115대에 불과하다. 스위스 알프스 산맥에서 '산들의 산'이라 불리는 마터호른 인근의 체르마트 마을은 산악 지역 개발의 대표 사례로 꼽힌다. 해발 1,620미터에 있는 체르마트 마을은 3,089미터에 달하는 산악열차와 3,883미터의 유럽 최고 높이 케이블카 등의 운송 수단을 운영하면서 세계적인 산악지로 부상했다. 오늘날 인구 6,000명의 마을에 연간 130만 명이 넘는 관광객이 찾는다.

18년 만에 설악산 오색 케이블카 건설 사업이 추진되면서 케이블카 사업은 앞으로 더 힘을 받을 전망이다. 여기서 우리는 근본적인 의문을 던져봐야 한다. 우리나라는 산림의 보전이란 면에서 큰 성과를 거두는 데 성공했다. 그렇다면 산지가 63%를 차지하는 나라에서 보존을 넘어서 개발과 활용이란 면을 적극적으로 시도하는 일이 반드시 필요하지 않을까? 자원이란 것을 그냥 두고 보는 것에 그치지 않고, 그 자원에 활동을 더함으로써 부가가치를 만들어낼 필요가 있지 않을까?

우리 사회가 성역화된 생각에 빠져 있지는 않은가를 되물어봐야 한다. 산지는 반드시 보존되어야 한다는 그런 믿음 말이다. 산지가 헐벗었던 시절부터 산림녹화를 힘차게 추진하던 시절에는 보존이 절대적인 가치가 될 수 있었다. 그러나 그런 시대가 가버린 지 오래

되었다. 그럼에도 불구하고 우리는 "산지는 보존의 대상이어야 한다"는 믿음으로부터 한 치도 전진하지 못했다. 이제는 "산지는 자원이며 자원은 활용의 대상이 되어야 한다"는 믿음으로 전환되어야 하지 않는가? 그런 발상의 전환이 우리 사회에서는 너무 힘들다.

이탈리아와 같은 지역을 갈 때면 나는 이런 생각을 자주 해본다. '역사적으로 외침이나 전염병 등과 같은 요인 때문에 산지에서 주거 생활을 하는 데 익숙하지만, 우리도 산지를 적극적으로 개발하거나 위락 시설로 활용할 수 있지 않는가? 나라 전체가 성장률이 떨어져서 어려움을 겪는다면 재정을 많이 투입하지 않고서 기존의 자원을 활용할 수 있는 방법을 적극적으로 찾아야 하진 않을까? 그냥 옛날에 그렇게 해왔기 때문에 우리도 그렇게 해야 한다고 생각하는 것이 과연 올바른 일인가?' 모든 산에 적용 가능한 이야기는 아니지만 개발 가능한 산지를 적극적으로 개발해서 부가가치를 발생시키는 곳으로 만드는 일은 단순히 몇 가지 규제를 푸는 수준이 아니라 발상의 전환에 바탕을 둔 규제 혁파가 있어야 가능하다.

새로운 것을 시작하는 일은 생경하기도 하고 두렵기도 하다. 당연히 익숙해지는 데는 시간이 많이 걸린다. 그러나 우리는 "이것은 할 수 없다" 혹은 "이것만 허용된다"는 그런 규제의 기본을 깊이 생각하고 이런 기본에 대해 과감히 도전할 수 있어야 한다. 그렇게 하지 않으면 우리가 저성장의 늪을 벗어나기란 쉽지 않을 것이다.

# 기존 자원을 제대로
# 사용하는 방법 찾기

──────────── 올림픽도로변으로 한강이 펼쳐져 있다. 세계 어느 도시를 가더라도 한강과 같은 규모의 강이 펼쳐진 곳을 만나기 힘들다. 파리의 센 강이나 로마의 테베 강은 한강에 비하면 개천 수준에 지나지 않는다.

한강의 그 멋진 물 위에 요트를 많이 띄우면 어떨까? 요트뿐만 아니라 특정 지역에는 수상스키 같은 위락 시설을 활용하는 것은 어떤가? 어느 지역처럼 수상에서 펼쳐지는 오페라하우스를 만들어서 활용하는 것은 어떨까? 왜 한강을 그냥 두고 바라보기만 해야 하는가? 그곳에다 가능한 활동을 더해서 부가가치를 만드는 일을 우리는 왜 생각해내지 못하는가? 보전하면서도 얼마든지 활용할 수 있지 않은가? 공항철도를 자주 이용하는 필자는 한강을 지날 때면 몇몇 어부가 놓은 그물을 보면서 탄식하지 않을 수 없다. 지금이 어느 시대인데 어부 몇 사람이 고기 잡는 장소로 한강 하류를 활용하고 있는가? 첩첩이 쌓인 규제에다 수십 년간 계속된 고정관념과 통념이 한강이란 자원을 활용의 대상으로 삼는 것을 방해하고 있다.

국가 경영이란 것이 도대체 무엇인가? 경영이란 이미 갖고 있는 자원을 충분히 활용해서 가치를 만드는 활동이 아닌가? 왜 우리는 이미 갖고 있는 자원을 충분히 활용하지 못할까를 생각하면 답답한 마음을 누를 수 없다.

내 고향 통영에도 케이블카가 설치되어 지방자치단체의 모범적인 수익 사례로 꼽힌다. 수년에 걸쳐 집요한 자치단체장들의 노력으로 설치될 수 있었으며, 설치될 때 환경단체들로부터 별별 비난이나 비판이 많았다. 그 케이블카로 인한 직접 수입은 30~40억 원에 지나지 않지만 관광객 유입 효과는 엄청나다. 관광객이 통영을 방문해서 중앙시장과 서호시장 등을 중심으로 뿌리는 돈은 1년에 1,500~2,000억 원에 이른다. 관광객 유입 효과는 기대를 뛰어넘었다. 내가 과감하게 주장하고 싶은 것은 이제 더 적극적으로 나아가야 할 때가 되었다는 점이다.

그린벨트 문제도 마찬가지다. 서울시와 수도권 일원에 녹지 기능을 상실한 지 오래된 농지들이 많다. 이런 지역도 좀 과감하게 풀어서 택지 공급을 늘리기도 하고 세컨드하우스를 갖도록 유도하는 방안을 고려해야 한다. 이미 지하철 노선이 확장된 지역이라면 대규모 임대주택 등을 건설하여 신혼부부의 출산율 강화와 연계된 프로그램을 운영할 수도 있을 것이다. 재원이 많이 소요된다고 난색을 표할 것이 아니라 신혼부부들을 위한 출산장려책과 같은 목적을 위해서 그린벨트에 대한 발상을 전환할 수도 있지 않은가!

수도권 규제도 원점에서 생각해봐야 한다. 이 규제가 출범할 당시에는 수도권에 대한 인구 집중 억제를 위해 인구 집중 유발 시설의 설립 자체를 규제하는 데서부터 출발했다. 그러나 어느 순간부터 수도권 규제는 인구 집중 억제를 버리고 슬그머니 지역 균형 개발 논리에 도움을 받는 성역 규제가 되고 말았다. 이런 성역화된 통념들을 깨지 못하면 우리 사회는 저성장 상태를 벗어나기 힘들 것이다. 한 개인의 삶에서도 어느 정도의 위험을 무릅쓰고 상식을 깨는 도전이 필요한 것처럼 나라도 마찬가지다. 좀처럼 새로운 시도에 따르는 위험을 감수하지 않으려 하니, 무슨 혁신이 있고 무슨 창조가 있겠는가.

이렇게 열거하다 보면 한 권의 책으로도 다 담을 수 없을 것이다. 그런데 더 근본적인 문제는 규제가 공직자들 활동의 산물이라는 것이다. 정부의 규모를 줄여나가려는 노력을 하지 않는 한 규제는 한여름의 잡초처럼 이곳을 없애면 저곳에서 생겨나고, 저곳을 없애면 이곳에서 생겨나게 될 것이다.

## 스스로 하지 못하면
## 시장이 대신 한다

———————————— 앞으로도 규제 혁파를 위한 노력이 계속되겠지만 성역화된 규제에 손을 대는 과감한 조치가 취해지지 않으면 경제 활성화는 그냥 말로 하는 성찬에 불과할 것이다. 정교한 계획에 맞추어서 집권 초기에 성역화된 규제 혁파를 추진하지 않고서는 집권 후반기에 들어서 그런 조치를 취하기란 무척 힘들다.

어쩌면 거의 불가능하다고도 할 수 있을 것이다. 우리 스스로 과감한 발상의 전환을 통해서 이미 성역화된 굵직굵직한 규제 개혁에 성공을 거둘 수 있을까? 물론 사람이 하는 일이므로, 누가 하느냐에 따라 가능성도 있다. 그러나 가장 큰 걸림돌은 고정관념이다. 관성이란 것이 있기 때문에 발상의 전환은 쉽지 않다.

여기에 새로운 길을 반대하는 사람들의 목소리도 드높기 때문에 우리가 성역화된 규제를 개혁하는 데 괄목할 만한 성과를 거둘 수 있으리라고 확신 있게 이야기하기는 힘들다. 오히려 어려움이 닥친 다음에 시장의 압력에 의해 성역화된 규제에 손을 댈 가능성이 더 클 것으로 본다.

현명한 자는 스스로 알아서 하지만, 우둔한 자는 시장이 강제적으로 문제를 해결하려 할 때까지 기다린다. 우리 사회가 오늘날처럼 스스로를 꽁꽁 묶은 상태에서 수년에서 수십 년간 지속되어온 성역화된 규제에서 한 치도 나아가지 못하면 결국 시장의 변화가 우리를 파괴 대상으로 삼고 말 것이다. 우리 스스로 파괴하는 주체가 되지 못하면 시장이 파괴 주체가 될 것이며, 이는 경제위기의 재발과 맥을 같이 한다는 사실을 알아야 한다.

존 챔버스(John Chambers) 시스코 회장은 변혁기의 생존 전략에 대해 "스스로 파괴할 것인가, 아니면 파괴당할 것인가"라고 역설한 바 있다. 스스로 건설적 파괴자가 될 것인지, 아니면 시장의 변화가 우리를 파괴의 대상으로 삼도록 내버려두어야 할지를 결정해야 한다. 제3자의 입장에서 우리 사회를 지켜보면, 우리는 스스로 건설적인 파괴자가 되려 하기보다는 시장의 변화라는 외압에 의해 파괴되기를 기다리고 있다는 생각을 지울 수 없다.

그러면 왜 신성시되는 규제 혁파가 불가능한 것일까? 나는 3가지 이유를 들고 싶다. 박근혜 정부를 움직이는 주요 인물들을 보라. 그곳에는 법조인 출신과 행정 관료 출신들이 지나치게 많다. 한마디로 파격적인 발상의 전환이 불가능한 사람들이 대거 포진하고 있다. 평생 동안 주어진 틀 안에서 무난한 일을 해오는 데 익숙한 사람들이 어느 날 갑자기 발상의 전환을 시도하기는 힘들다.

일이든 인생이든 정책이든 꼭 같은 원리가 있다. 진정한 의미에서 창조는 위험을 어느 정도 감수해야 한다. 모든 정책에서 한 치의 비난이나 실패 가능성을 염두에 두지 않는다면 어떻게 창조가 가져올 성과를 누릴 수 있는가! 모범생들이 가득 찬 내각은 고작해야 주어진 틀 안에서 뭔가를 할 수 있을 뿐이다.

마지막으로, 우리 사회의 다수가 갖고 있는 통념이나 고정관념과 싸우려는 의지가 집권층이나 관료들에게는 없다. 그저 재임 기간 동안 대다수 사람들이 좋아하는 일을 하기를 원한다. 좋아하는 일은 대부분이 무난한 일이다. 무탈한 일을 하길 원한다면, 시류에 편승하는 것과 그동안 해오던 것을 반복하는 것 이외에는 할 수 있는 일이 없다.

따라서 우리 사회는 엄청난 외압이 덮쳐 벼랑 끝에 서기 전까지는 입으로 하는 규제 개혁밖에 할 수 있는 것이 없을 것이다. 실질적인 성역화된 규제 혁파는 신념과 절실함에서 나오는데, 나랏일을 하는 사람들에겐 이것을 가진 사람들이 드물다. 평화 시에는 무난한 것도 괜찮다. 좋은 것은 아니지만 그래도 이해는 할 만하다. 그러나 위기 시에 무난함은 죄악이다. 그것도 큰 죄악이다. 나라가 변신할 수 있는 타이밍을 놓치게 만들고 상황을 악화시킨 죄는 뇌물을 받은 죄만큼이나 큰 죄로 간주할 수 있다.

# 08

# 시대와 동떨어진 한국 교육

시대 변화를 적극적으로 수용할 수 있어야 한다

> **시대 변화에 맞추어 교육도 변해야 한다.
> 교육이 고객을 위한 교육으로 거듭나지 않는 한
> 우리 교육은 사회의 조력자가 되기보다는
> 걸림돌로 전락하고 말 것이다.**

유대 민족은 그 어떤 민족보다 인류 역사에 기여한 바가 크기에 우리가 관심을 갖고 연구할 만하다. 역사에서 유대 민족은 숱한 어려움을 겪었다. 특히 민족 전체가 절멸할 수 있는 위기를 두 번이나 맞았다. 한 번은 현대사에서 히틀러에 의한 학살이었고, 다른 한 번은 서기 70년까지 몇 해 동안 지속되었던 유대인들의 반란이었다. 기원전 63년에 예루살렘을 정복한 로마의 통치는 유대인들에게 점점 과중한 부담을 지우게 된다. 로마 총독은 세금을 착복하기 위해 유대인들에게 과중한 세금을 부과했을 뿐만 아니라 대제사장 임명권까지 빼앗고 로마왕국의 모든 신전에 황제상을 세우도록 명령하기도 한다. 유일신 여호와를 믿는 유대인에게 황제상을 세워 숭배하라는 것은 모욕 그 이상의 것이었다.

마침내 서기 66년 마지막 유대 총독인 플로루스가 대성전에서 엄청난 양의 은을 훔친 사건이 일어난다. 이에 격노한 유대 군중은 폭동을 일으켜 예루살렘에 주둔하던 소규모 로마군을 전멸시킨다. 이웃 시리아를 통치하던 로마 총독 케스티우스 갈루스는 더 많은 군사를 예루살렘에 파견하지만 이들마저 로마 지배에 항거한 유대인 민중들에 의해 죽임을 당하고 만다.

## 유대 민족의 오늘은
## 교육이 만들었다

──────────── 군중이란 이쯤에서 멈출 수 없다. 그들은 갑자기 자신들이 로마제국에 맞서더라도 승리할 수 있다는 과도한 자신감을 갖기 시작했고, 이를 부추기는 지도자들도 등장하게 된다. 역사는 어떤 민족이라도 자신을 지나치게 높일 경우 위기가 닥칠 수 있음을 보여준다. 66년 무렵의 유대 민족이 이런 상태에 놓여 있었다.

본격적인 반란은 66년에 시작되었다. 온건한 유대 지도자들은 서기 68년에 대부분이 동포들에 의해 살해되고 말았다. 예루살렘에서 궐기한 유대인들이 점점 더 극단적인 항전 쪽으로 기울었기 때문이다. 로마군에 의해 예루살렘이 함락되던 70년 여름, 로마군이 살해한 유대인의 수는 무려 100만 명 이상이었다. 이후에 유대인은 나라 없이 세계의 이곳저곳을 떠돌면서 갖은 박해를 당하게 된다.

그래도 유대인들은 복 받은 민족이었다. 로마군에 의한 정복 이후를 준비하는 지도자가 있었다. 로마가 예루살렘을 포위한 서기 70년에 랍비 요카난 벤 자카이(Yochanan ben Zakkai)는 예루살렘에 살고 있었다. 결사항전을 다짐하는 유대인 반란군 지도자는 어느 누구도 예루살렘을 떠나 로마에 항복하지 못하도록 했다. 그들은 로마를 떠나는 동족들에게 죽음을 감수해야 함을 강조함으로써 누구도 감히 그들의 명령을 어길 마음을 갖지 못하게 했다.

랍비 요카난은 로마에 대항한 무력 항쟁이 실패로 끝나고 말 것이며, 이 반란으로 인해서 유대인들은 절멸의 위기에 처하게 될 것임을 예리하게 내다보았다. 반란군의 지도자들이 낭만주의자였다면 그는 철저히 현실주의자였다. 이런 위기 상황에서 요카난은 민족이 살아남을 길을 찾았다. 그는 반란군 지도자 가운데 한 명인 조카 아바 시크라를 불러 "내가 예루살렘을 빠져나갈 수 있는 방법을 찾아다오. 아마 내가 노력하면 그 방법을 구할 수 있을 것이다"라고 당부했다. 조카의 대답은 이랬다.

"병에 든 척하시어 사람들이 삼촌을 방문하게 만드십시오. 악취를 풍길 수 있는 것을 구해 그 악취가 코를 찌르게 하시어 삼촌이 죽었다고 사람들이 믿게 하십시오. 그런 다음 다른 사람들이 눈치채지 못하도록 제자들 중 두 명에게 삼촌을 성문 밖으로 옮기게끔 주선하십시오."

두 명의 제자는 시체 싸는 포대기에 감싸인 랍비 요카난을 들어 탈출시킨다. 한 명은 머리를 들고 또 한 명은 발을 든 다음 시체를 운반하는 것처럼 위장하여 가까스로 성문을 빠져나오는 데 성공한다. 두 명의 제자들은 요카난을 예루살렘 공동묘지에 내려놓고 그곳을 떠나 다시 예루살렘으로 돌아간다.

이렇게 해서 예루살렘 성을 벗어난 랍비 요카난은 로마 장군 베스파시안의 막사로 걸어 들어간다. 저명한 유대 지도자의 항복에 로마 장군 베스파시안은 용기를 얻는다. 베스파시안을 만나자마자 랍비 요카난은 "당신이 로마 황제가 될 것입니다"라고 예언한다. 그러자 로마 장군은 그의 지혜에 감탄하여 호의를 베풀고자 한다. "원하시는 것 하나를 말씀해주시면 들어드리겠습니다."

기다리기라도 한듯 랍비 요카난은 장군에게 2가지를 요청한다. 하나는 외진 도시인 야브네(Yavneh)에 유대 경전인 토라를 가르칠 수 있는 학교를 설립하게 해달라는 것, 그리고 다른 하나는 그곳에서 토라와 함께 외국어를 가르칠 수 있도록 해달라는 것이었다. 어렵지 않은 요구에 장군은 쾌히 허락한다.

야브네에 설립된 유대학교인 '야브네 학당(The Beitei Midrash, 현재의 예쉬바)'은 2,000년 동안 유대인들이 세상을 이리저리 떠돌아다니면서도 궁극적으로 승리하는 민족이 되도록 만드는 데 결정적인 기여를 했다. 이 학교는 유대인들에게 가장 중요한 학문의 전당이 되었으며, 야브네를 빼놓고는 랍비 유대교(Rabbinic Judaism)를 말하기 어려울 정도다.

랍비 요카난 벤 자카이는 당시에 고난에 처한 민족을 배반한 반역자로 비난받았지만, 그가 있었기에 유대인은 그 험난하고 긴 세월 동안 고난을 이겨낼 수 있었다. 로마에 반역을 일으켰던 동족들이 대부분 죽임을 당하는 것을 슬퍼한 제자가 절망감을 표현하자 랍비 요카난은 호세아 6장 6절 말씀을 인용해서 이렇게 말한다. "나의 제자야, 슬퍼하지 마라. 우리가 속죄함에 있어 그 못지않은 방법이 있다. 하나님이 '내가 바라는 것은 인애이지 제사가 아니며, 하나님을 아는 것이지 번제(燔祭, 구약 시대에 짐승을 통째로 태워 제물로 바친 제사)가 아니다'라고 말씀하신 것처럼 우리는 자애로운 친절을 실천하는 것으로 제사와 번제를 대신할 수 있다.”

오늘날 세계의 유대인 인구는 1,700만 명에도 못 미친다. 그러나 그들은 금융, 과학, 의학, 미디어, 학문 등 모든 분야에서 출중한 능력을 발휘하고 있으며, 인류 발전에 크게 기여한 민족으로 손꼽히고 있다. 교육을 통한 미래 준비라는 한 선각자의 통찰력과 선견력에 힘입어 유대인들은 승리하는 민족으로 자리매김할 수 있었다. 물론 하나님을 믿는 사람들은 이것이 인간의 노력에 의한 것이 아니라 하나님의 섭리에 의해 준비된 것으로 받아들인다. 랍비 조셉 텔루슈킨은 외진 도시 야브네에 설립된 유대학교의 의미를 이렇게 말한다.

“야브네에 설립한 랍비 요카난의 유대학교는 얼마 지나지 않아 예루살렘의 산헤드린을 계승할 충분한 자격을 갖추게 된다. 대성전과 제사, 심지어 국가가 없어도 살아남을 수 있는 유대교의 모델을 구축하는 데 랍비 요카난만큼 크게 기여할 인물도 없다.”

2,000년 이상 나라 없는 삶 속에서도 유대인들이 살아남을 수 있었던 힘은 훌륭한 교육을 행할 수 있는 토대가 있었기 때문이다. 교육 이외에 성공 요소로 그들은 가치관 교육을 행할 수 있는 구약(히브리 성경)을 갖고 있었다. 또한 그들에게는 소금과 같은 역할을 하는 고난이 있었다. 그러나 이 모든 것들 중에서도 단연코 으뜸은 교육을 중시한 민족이었다는 점이다.

이 점에 있어서 랍비 요카난이 결정적인 기여를 했다. 사회의 교육 시스템은 물과 공기와 같다. 어떤 사회의 시민으로 태어난 사람은 자발적으로 해외 유학과 같은 출구를 찾지 않는 한 특정 사회가 제공하는 교육을 받을 수밖에 없다. 우리가 훌륭한 교육에 깊은 관심을 갖지 않을 수 없는 것은 교육 시스템이 개인의 경쟁력은 물론이고, 한 사회의 출산율과 노후 준비 및 내수 침체 그리고 사회 전체의 생산성에 중요한 역할을 하기 때문이다. 우리도 유대인에 못지않는 교육에 대한 열의와 정성을 갖고 있지만 우리의 교육 시스템은 그에 크게 미치지 못하고 있다. 교육에 엄청난 자원을 퍼붓고 있으나 그에 걸맞은 수확을 하지 못하고 있는 실정이다.

## 네덜란드 대사의
## 진심 어린 충고

──────────── 우리 교육이 시대 변화에 맞추어서 제대로 역할을 하고 있는가에 대해 간단한 사례를 한 가지 들어보자. 외국어 교육이다. 한국은 내수만으로 살아갈 수 없는 나라이기 때문에 고등학교나 대학교를 졸업한 사람이라면 외국어를 구사할 수 있는 능력 면에서 일정 수준까지 도달해야 한다.

한번은 우리와 교역 규모가 비슷한 네덜란드의 대사가 "교역으로 살아가야 할 나라에서 서울 시내에서 중국어를 할 수 있는 사람을 만나는 일이 이토록 드문가?"라는 질문을 던진 적이 있다. 그는 이런 말도 더한다. "한국의 경우 대중국 수출이 전체의 27%를 차지한다. 그럼에도 중국어를 구사하는 한국인은 많지 않아 보인다. 중국이 한국의 교역 파트너라는 점이 교육에도 반영돼야 한다. 한국의 외국어 교육을 보면 시장에서 원하는 교육과는 차이가 크다. 물론 90년대에 비해 많이 좋아졌다." (로디 엠브레흐츠 Lody Embrechts, 주한 네덜란드 대사, "자원빈국 네덜란드, 경제대국 성장 동력은 외국

어", 〈조선비즈〉, 2015. 8. 18)

그의 말 가운데 '시장에서 원하는 교육'이란 지적이 가슴에 와 닿는다. 교육의 초점은 시대 변화에 발맞추어서 시장에 맞춘, 즉 고객을 위한 교육이 되어야 한다. 네덜란드의 면적은 남한의 40% 정도이며 인구는 우리나라의 3분의 1에 불과하지만, 무역 규모는 1조 달러(약 119조 원)가량으로 우리나라와 비슷하다. 역사 속에서의 네덜란드 사람을 떠올려보면 일찍부터 해외시장 개척에 적극적인, 실용적이고 합리적인 사고의 소유자가 떠오른다. 필자가 한창 감수성이 강한 청년 시절에 방문한 네덜란드는 강인한 인상을 주었는데, 그들을 생각할 때면 '실사구시(實事求是)' 하는 사람 혹은 '야무진 사람들' 혹은 '합리주의 정신의 대표 주자들'을 우선 떠올리게 된다.

로디 엠브레흐츠 네덜란드 대사는 우리 사회가 가진 고질적인 문제를 예리하게 지적한다. 그는 "이런 제도는 교육제도의 부실함에서 원인을 찾을 수 있다"면서 한국의 교육제도가 시장과 반대 방향으로 나아가고 있는 점을 조심스럽게 지적하기도 한다. "네덜란드에서는 국민의 90%가 1개 이상의 외국어를 구사하고, 44%가 영어와 독어를, 12%가 영어, 독일어, 프랑스어를 구사한다. 이 같은 성취는 환경적 요인보다는 정부의 교육 지침에 따른 것이다." 척박한 천연자원과 협소한 국토, 적은 인구, 고령화와 저출산, 그리고 강대국에 둘러싸인 지정학적인 위치가 한국과 비슷한 네덜란드 대사의 다음과 같은 지적도 인상적이다. "독일인이나 프랑스인, 영국인들은 네덜란드어를 하지 않지만 네덜란드 사람들은 그들의 언어를 구사해야만 합니다. 이들은 네덜란드의 주요 수출 상대국이기 때문이죠. 한국의 상황도 네덜란드와 크게 다르지 않아 보입니다."

한국은 해외시장을 개척하지 않고서는 도저히 경제 문제를 타개할 방법이 없는 나라다. 그럼에도 불구하고 우리나라의 공교육은 외국어 문제를 제대로 해결하지 못하고 있다. 공적 영역에서 구조적으로 외국어 문제를 해결해줄 수 없기 때문에 부모들이 추가적으로 큰 비용을 떠안을 수밖에 없다. 이로 인하여 노후를 준비할 여유를 가지지 못했던 사람들이 한국의 노인들이다. 지금도 한국의 중장년층은 이 같은 악순환을 반복하고 있다. 물과 공기처럼 이 땅에서 아이를 낳고 살아가는 많은 부모들이 숙명적으로 치를 수밖에 없는 교육의 고비용 구조가 내수 침체와 노후 준비의 부실화로 고스란히 연결되고 있다.

필히 교역으로 살아갈 수밖에 없다면 정규 교육 과정에서 외국어를 충분히 배울 수 있도록 기회를 제공해야 한다. 그러기 위해서는 현재보다 과목 수를 줄여야 할 것이다. 하지만 13개 내외의 과목 가운데 하나를 줄이려면 엄청난 갈등을 겪어야 한다. 교육이 아이들의 배움을 위한 것이 아니라, 누군가의 일자리 보전을 위한 것으로 변질되지 않았는지 자문해볼 일이다. 교육이 불필요한 과목의 교사를 위해 존재하는 것은 아니지 않는가? 고객인 학생들이 살아가야 할 길고 긴 세월을 제도로 준비할 수 있도록 교과목도 계속 바뀌어야 하지 않는가? 그러나 이 모든 것이 고객 입장이 아니라 공급자 입장에서 운영되고 있는 실정이다.

한편 정권이 바뀔 때마다 대입제도를 바꾸고 그에 따라 관련 교육제도까지 바꾸지만 우리 사회는 별다른 효과를 보지 못하고 있다. 60만 명이나 되는 수험생과 학부모는 매년 새로워지는 대학 입시제도에 모두가 실험 대상이 된 기분이라고 털어놓는다. 여기에 투입되는 자원은 또 얼마일까? 왜 이렇게 대학 입시는 자주 바뀌는 것일까? 사람들은 대부분 교육 정책을 맡고 있는 교육 관계자들을 나무란다.

그러나 나는 이런 문제들의 뿌리가 더 깊은 곳에 있다고 생각한다. OECD 국가 가운데서 교육부와 같은 잘 조직된 거대 조직을 갖고 있는 나라는 한국과 일본뿐이다. 일본의 제도를 물려받은 한국은 교육 관련 제도를 총괄하고 지휘·감독하는 기관을 갖고 있다. 한일 양국은 고도성장기를 경험하는 동안 산업화 시대에 맞는 인력을 육성해서 공급하는 데 교육부와 관계 기관들의 도움을 받았던 것이 사실이다. 모든 관료 조직이 그렇듯이 고도성장기를 거치는 동안 관료 조직뿐만 아니라 이를 뒷받침하는 각종 연구기관들, 단체들도 함께 성장했다.

## 거대한 공적 조직의 성장이 만든 빛과 그림자

─────────── 필자는 교육제도가 자주 바뀌는 원인을 좀 다른 시각으로 설명하고 싶다. 공적 성격의 조직도 계속해서 새로운 일을 해야 한다. 새로운 대통령이나 장관이 등장할 때마다 전임자가 해오지 않던 좀 더 새로운 정책을 내놓아야 한다. 그것은 조직의 존립 이유이기 때문이다. 그렇다고 해서 공적 성격의 조직에서 근무하는 분들이 특별히 악의를 갖고 있다고는 생각하지 않는다. 선의에서 열심히 하면 할수록 정책과 제도는 점점 더 복잡해지는 모순이 있다. 지금처럼 관련 조직이 존속하고 성장을 계속하는 한

앞으로도 대학 입시제도는 계속해서 복잡해질 수밖에 없다. 겉으로 드러난 현상 이면에 있는 심층적인 원인을 볼 수 있어야 교육 문제의 해법을 찾을 수 있다.

미래창조부 산하기관인 한국과학기술기획평가원의 박영아 원장은 현장에서 어떤 일들이 일어나고 있는지를 솔직하게 털어놓은 적이 있다. "잦은 정부 조직 개편과 보직 이동으로 특히 과학기술 분야의 전문성이 크게 떨어진다. 나는 공무원 숫자가 불필요하게 많다는 생각이다. 그러다 보니 공무원들은 뭔가 일을 해야 하니까 규제하고 간섭할 대상을 찾을 수밖에 없다. 우리 기관은 미래창조과학부 산하기관인데 연구원 1명당 정부 공무원 2명을 지원해야 하는 경우가 종종 생긴다. 하루도 빼놓지 않고 해당 공무원에게 보고하고 부처에 들어가 회의해야 한다. 시간 낭비와 비효율이 이만저만이 아니다." (박영아 원장, "최보식이 만난 사람", 〈조선일보〉, 2015. 11. 2)

교육 현장에서는 이미 우리가 시대 변화에 뒤떨어지고 있음을 지적하는 목소리가 높아지고 있다. 점점 더 한국 교육은 특별한 인재를 키워내는 수월성 교육에 치중하기보다는 평균적인 인재를 키워내는 데 집중하고 있다. 수능시험의 난이도 조절은 점점 더 변별력이 없는 쪽으로, 그러니까 쉬운 쪽으로 향하고 있다. 교육부는 앞으로 더 수학시험도 쉽게 출제하는 쪽으로 나갈 것임을 약속하고 있는 실정이다.

대학에서 학생들을 직접 가르치면서 산학협력에 정성을 쏟는 교수들의 걱정은 교육부의 걱정과는 완전히 차원이 다르다. 실제로 학생들의 수준이 과거에 비해 나아진 것은 아니라는 점에 대해 서울대 전기전자공학부의 설승기 교수는 "우리나라 학생들을 보면 예전보다 훨씬 더 많은 교육을 받지만, 대학에 들어오는 학생들 수준이 10년 전 혹은 20년 전보다 올라갔다는 생각은 크게 들지 않습니다. 시험에서 실수를 안 하는 학생들만 뽑기 때문에 나타나는 현상이 아닌가 생각합니다"라고 지적한다.

서울대 신창수 교수(에너지자원공학과)는 학생들이 기본 개념에 대한 이해보다는 문제 풀이에만 능숙한 채 대학에 들어오는 문제의 심각성에 대해 경고한다. "일반적으로 공학수학 가르치는 것을 보면 계속 문제 풀이를 시키는데, 학생들이 똑똑하니 일단 어느 정도까지 따라는 와요. 예를 들어, 복소함수 같은 개념을 다룰 때도 그게 어떤 연원에서 생겼고, 어떤 물리적이고 직관적인 의미를 갖는지를 전혀 생각하지 않은 채, 무턱대고 코시 정리, 테일러 시리즈 등부터 시작해서 마구 진도를 나가는 거예요. 그렇게 배우는 학생들은 결국 시험문제 답을 찾는 기법만 늘게 되지요. 다른 강좌에서 공학수학을 듣고 제 강좌에서 재수강하는 학생들을 상대로 왜 이렇게 어려워하는지 찬찬히 물어보니 그래요. 기법만 배우면 문제가 좀 복잡해지거나 조금만 달라져도 어쩔 줄 몰라 하게 됩니다." (서울대학교 공과대학, 〈축적의 시간〉, 지식노마드, p. 164)

서울대 황기웅 교수(전기정보공학부/디스플레이)는 평등 교육이 이미 큰 문제가 되고 있음을 지적하면서, 이런 현상이 한국의 미래에 부정적인 영향을 끼치고 있으며 앞으로도 더욱 심해질 것이라고 강조한다.

"최근 해외의 우수 인재를 대상으로 장학금을 주는 프로그램의 지원자를 면접하기 위해 중국, 인도, 러시아 등의 국가에 가보았습니다. 면접을 하면서 중국에서 지원한 학생들의 수준을 보고 깜짝 놀랐습니다. 영어도 잘하고 머리가 비상하다는 것이 느껴졌습니다. 그런 젊은이들이 공학을 하겠다고 손을 들고 나서는 겁니다. 이제 세계시장에 나가면 이런 젊은이들 가운데서 경쟁을 이겨내고 성공한 인재들과 우리 젊은이들이 맞부딪치며 경쟁을 해야 할 텐데, 우리가 그만큼 준비가 되어 있는지 걱정입니다. (…) 대학과 대학원에서 수월성 교육이 강화되어야 합니다. 평균을 지향하면 최고 수준에 있는 학생들 수준은 떨어질 수밖에 없습니다. 우리 학생들이 나중에 세계시장에서 경쟁해야 할 상대들은 소수의 최고 수준 인재들이기 때문입니다. 세계시장에 나가면 1등 아니면 명함도 못 내밉니다. 세계 최고의 1~2개 회사가 시장을 독식하지, 10~20등에게까지 파이가 내려오지 않습니다. 강조하지만 평균적인 인재를 많이 길러내는 것보다 소수여도 세계시장을 뒤흔들 탁월한 인재를 길러내는 것이 중요할 때입니다. (…) 상위 20~30%에 속하는 수준의 학생 비중이 예전에는 그래도 40~50%였다면, 지금은 10~20%밖에 안 되는 실정입니다. (…) 추격해오는 중국을 뿌리치고 우리나라 산업을 고도화해나가기 위해서는 기술의 수월성이 필요한데, 기술의 수월성을 담당할 우수 인력이 배출되지 않은 지 꽤 긴 시간이 흘렀습니다.” (같은 책, pp. 238~240)

산학협력의 현장에서만 한국 교육의 문제가 드러나는 것은 아니다. 필자의 관찰 결과도 이와 일치한다. 한국에서 중고등학교를 우수한 성적으로 졸업한 학생들 가운데 소수만이 다시 치열한 경쟁을 통과하여 미국의 명문 대학에 진학한다. 뛰어난 학업 성적을 기록했던 학생들 중 학년이 올라갈수록 기대만큼 잘하는 경우는 드물다.

특히 고도의 논리적 사고를 필요로 하는 과목들을 피하는 학생들이 많다. 그런 과목들에서는 우수한 성적을 내기 힘들기 때문이다. 이는 우리 교육이 논리적이고 창의적으로 사고하는 훈련을 가르치는 데 문제가 있음을 시사한다. 서울대 신창수 교수의 지적처럼, 기본 개념의 이해에 능한 학생들이 아니라 시험 치기에 능한 학생들을 배출해내는 교육제도를 고수하기 있기 때문이다.

이런 문제는 이미 우리 산업에도 어려움을 주고 있는데, 앞으로는 더 큰 문제를 야기할 것이다. 남들이 만들어놓은 상품이나 사업 모델을 따라가는 데는 능하지만 새로운 것을 만들어내는 데는 익숙지 않은 사람들이 산업 현장에 있으니 무슨 창조적인 비즈니스 경쟁력이 있을까. 현재 이런 폐단은 산업 현장에서 두드러지게 나타나고 있다. 신생 기업에서 CEO로 있는 김강모 씨는 열심히 하는데도 기대만큼 성과를 이루지 못하는 학생들을 안타까워하는 한 지인의 고민에 대해 이렇게 답한다. "그 문제는 아이들 문제라기보다 비효율적인 교육 시스템의 문제라고 생각해요. 밤늦게까지 야간학습과 학원 다닌 아이들이 실리콘밸리에서 탱자탱자 놀며 어린 시절부터 자기 관심 분야를 찾아 깊게 파는 아이들을 따라갈 수 없습니다. 수학 문제, 영어 문제가 우리 때와는 사뭇 다르게 어려워진 것도 아이들이 좋아하는 걸 찾아주는 교육이 아니라 아이들을 공부하는 기계, 만점 받는 기계로 만드는 교육 환경 속에 기계들이 경쟁해서 만들어진 결과라고 봐요."

# 앞으로 한국 교육에서 큰 변화를
# 기대할 수 있을까?

──────────  한국 사회의 다른 사회 현안과 마찬가지로 우리 교육이 지금까지와는 다른 길을 걸어갈 가능성은 그다지 높지 않다. 오히려 학생들이 배출되고 교육제도의 효과를 직접 검증하기 때문에 상당 기간 동안 현재의 교육제도가 유지될 것이다. 교육제도와 관련해서 제기되는 다양한 문제점들 역시 혁신의 대상이 될 가능성은 낮다.

서울대 공과대학 교수들이 지적하는 '문제 풀이에 능숙한 인재'가 아니라 '기본 개념이나 원리에 강하면서 창의적으로 사고할 수 있는 인재'들이 필요하다. 그러나 5년이나 10년이 지나더라도 상황이 호전되었다는 이야기가 나올 가능성은 낮다. 그 이유는 무엇일까? 우선은 입시제도라는 평가 방식이 과거로부터 자유롭기 힘들다. 다른 한 가지 이유는 교사들 역시 자신들이 배워왔고 익숙한 방법으로 학생들을 가르칠 수밖에 없기 때문이다. 따라서 시대가 어떤 인재상을 요구하든 우리 교육은 이제까지 해왔던 대로 할 것이며, 학생들 또한 이런 교육 방법에 잘 적응한 사람들로 길러질 것이다. 다른 제도 혁신과 마찬가지로 교육 부분도 기존의 관성을 벗어나기는 정말 힘들 것이다.

한 가지 해결책이 있다면, 관계 당국이 정규 교육 과정과는 완전히 다른 학교의 설립을 적극적으로 허용하고, 그들로 하여금 새로운 실험을 하게 하는 것이다. 기존의 틀 내에서는 이것이 가능하지 않기 때문에 완전히 새로운 학교의 설립을 허용할 수도 있다. 여기서 새로운 학교란 한국식 교육과는 다른 방법으로 교육을 받아온 교사들로 구성된, 오늘날의 국제학교에 가까운 모습의 학교를 말한다. 따라서 우리에게 익숙한 우리식 교육을 받아온 교사들이 중심이 되는 지금의 자사고나 외고와 같은 학교 형태는 아니다. 중앙집중적인 통제권 행사에 익숙한 우리 시스템에서 이런 실험이 가능하다고 생각하는가? 자립형 사립고교처럼 부분적인 실험조차 철저하게 통제의 대상으로 삼을 수 없다면서 안달하고 불안해하는 것이 규제권을 쥔 사람들의 일반적인 행동이다. 현행 입시제도와 일선교사들은 자신들이 배워왔고 익숙한 방법으로 학생들을 가르칠 것이다. 결국 시험을 내는 사람이나 가르치는 사람이나 모두 같은 교육을 받아왔던 사람들인 셈이다. 이런 사람들이 계속 유지되는 한 우리 교육은 이제까지 배출해왔던 유형과 비슷한 사람들을 계속해서 내놓을 수밖에 없다.

한국 교육 문제의 해법을 생각할 때면 필자는 〈구약성경〉에 등장하는 한 가지 예화가 떠오른다. 이집트에서 노예살이를 하던 유대민족은 모세를 따라 그곳을 탈출하여 40년 동안 광야에서 고생하게 된다. 그 고된 생활을 마치고 젖과 꿀이 흐르는 가나안 땅에 입성할 때, 모세는 물론이고 그를 따르는 구세대에게는 입장이 허용되지 않는다. 〈구약성경〉에서 처음 이 부분을 접했을 때 어째서 노예 생활에 익숙한 사람들에게는 젖과 꿀이 흐르는 가나안 땅을 밟지 못하게 했을까, 하는 의문이 떠올랐던 것이 사실이다.

이 예화를 비유적으로 설명하자면, 어떤 사람도 자신이 받았던 삶의 방식이나 교육으로부터 자유롭기는 힘들다는 것이다. 한국 교육이 새로워질 수 있는 방법은 완전히 새로운 실험이 부분적으로라도 행해질 수 있도록 허용하는 일이다. 다른 방식의 교육을 받아온 사람들만이 다르게 교육할 가능성이 있기 때문이다. 우리식 교육과 서구식 교육 등이 다양하게 실험될 수 있는 장을 허용하자는 것이다. 이런 경쟁 과정을 통해서 더 나은 교육을 향한 자연스러운 수렴 과정이 장기간에 걸쳐 일어나게 하는 것이 대안이라고 생각한다.

한번 만들어진 공적 조직은 경제위기와 같은 극단적인 상황이 발생하더라도 수술하기 힘들다. 더욱이 오랫동안 공적 조직에 몸담고 이제까지 내려오던 제도의 문제점을 알고 있더라도 이를 스스로 해결하기는 쉽지 않다. 관행에 따라 계속하는 데 익숙할 뿐만 아니라, 현행 공적 조직에 대한 감사와 평가 제도는 새로운 일, 즉 실험적인 성격의 프로젝트를 시작하는 사람들이 오히려 불이익을 받을 수 있는 구조로 되어 있기 때문이다. 따라서 이제까지 해오던 제도나 정책을 미세 조정하거나 그냥 그대로 가져가는 쪽을 선택하려 할 것이다. 사회에서 변화에 대한 아우성이 커지고 겉모습을 변화시키려는 노력은 분주하게 이루어지겠지만 근본적인 수술은 쉽지 않을 것으로 보인다.

교육 현장이나 산업 현장에서 일하는 사람들은 무엇이 문제인지를 점점 더 실감하게 되겠지만, 인재를 공급하는 주체는 기존에 해왔던 방식을 계속해서 고수할 것이다. 다만 과거의 이명박 정부 인수위원회 시절처럼 영어 몰입 교육이나 영어 공용화 이슈와 같은 것들이 잠시 동안 사회적인 논란의 대상이 되었다가 사라지곤 할 것이다. 그때마다 마치 어떤 물건의 포장을 바꾸는 것처럼 외관을 새롭게 하는 일들이 개혁이나 혁신이란 이름으로 빈번하게 등장할 것이다.

2000년대, 즉 한국 경제가 상대적으로 나은 상태를 유지하던 시절에는 한국 교육 체제의 문제점을 인식한 중산층들은 바깥에서 대안을 찾았다. 다시 말하면 한국 교육이 기대하는 만큼의 서비스를 제공하지 못하는 상태에서 아이들의 미래를 고심하던 중산층 부모들은 가계 수입 대비 지나친 수준의 비용을 자녀들의 해외 유학에 투자했다.

그러나 한국 경제가 저성장 궤도에 들어가면서 중산층들 가운데 자녀들의 해외 유학을 거리낌 없이 실천에 옮길 수 있는 사람의 숫자는 현저하게 줄어들고 있는 실정이다. 이런 추세는 앞으로도 계속될 것으로 보인다. 이제는 부유한 계층들만이 아이들을 바깥으로 내보낼 수 있는 시대가 되었다.

따라서 이 땅의 학부모나 학생들은 좋으나 싫으나 오랫동안 지속되어온 한국식 교육제도하에서 교육을 받고 자신의 앞날을 개척해야 할 것이다. 세상일에는 때로는 모르는 게 약인 경우가 있다. 한국 교육도 마찬가지다. 다른 나라에서 제공되는 양질의 교육이 어떤지를 모르는 것이 차라리 득일 수도 있겠다. 그러나 이를 잘 아는 부모들은 상당한 심리적인 갈등을 겪게 될 것으로 보인다.

젊은 날부터 바깥에서 좋은 교육의 실상을 체험한 사람들은 교육이 한 인간의 미래와 한 사회의 창의성 발휘에 얼마나 중요한 역할을 하는지 잘 알고 있다. 그렇기에 우리 교육이 제대로 시대 변화를 수용하지 못하는 현실을 보면 안타까움과 걱정에 한숨이 깊어진다. 한마디로 우리 교육은 앞으로도 노력과 비용을 많이 투입하지만, 그에 걸맞은 성과를 거두는 데 어려움을 겪을 것으로 보인다. 이는 학생 개개인의 경쟁력 문제에도 영향을 미치지만, 한국 산업의 생산성에도 큰 영향을 미칠 것으로 보인다. 앞서가는 나라나 산업이나 기업을 따라가는 시절에 필요했던 교육과 우리 스스로 길을 개척해야 하는 시절에 필요한 교육은 달라야 한다. 우리 교육은 따라가는 시절에는 선전했지만 만들어가는 시절에는 고전할 것이다.

이따금 나는 강연장에서 "무엇이 가장 후회됩니까?"라는 질문을 받는다. 같은 질문을 여러분이 받는다면 어떤 답을 내놓고 싶은가? 최종 학교를 졸업한 지 30여 년의 세월이 흘렀지만 아직도 나의 가슴을 절절히 저며오는 아쉬움이 있다. "'내가 더 좋은 교육을 받았더라면 얼마나 좋았을까!' 이것은 단순한 바람이 아니고, 아직도 후회되는 것 가운데 하나입니다. 교육은 운명(運命)입니다. 내가 이 나라에서 태어나면 이 나라를 벗어나지 않는 한 이 나라가 제공하는 교육을 받을 수밖에 없습니다. 더 논리적이고, 더 합리적이고, 더 창의적이고, 더 글로벌하게 준비하는 훌륭한 교육을 받을 수 있었다면 훨씬 나은 삶을 개척할 수 있지 않았겠습니까!"

# 구조조정

자원 배분의 효율성을 높이려는 처절한 노력

> ❮❮ 우리 사회가 미래를 위해
> 현재의 고통과 비용을 지불하게 하는
> 구조조정에 대해 열린 마음과 태도를 유지하지 않는 한
> 자원의 낭비와 저성장 상태,
> 위기의 가능성에서 벗어나기 힘들 것이다. ❯❯

"1850년대 이전까지 영국의 기계공업은 세계에서 독점적 지위를 갖고 있었지만, 불과 몇 십 년도 지나지 않아서 이런 지위는 독일로 넘어가고 만다."

자본주의 성장사를 다룬 한 역사가의 저서에 나오는 문장이다. 어떤 기업이나 나라가 잘나갈 때는 영광의 시간이 오랫동안 지속될 것처럼 보인다. 하지만 역사는 계속해서 개선, 혁신, 창조의 결실을 거두지 못한 기업이나 국가는 어느새 멀리 뒤처져버린다는 사실을 잘 보여준다. 자연계의 현상처럼 현실 세계에서는 끊임없이 자원 배분이 이루어지고, 경쟁자들에 비해 더 나은 자원 배분의 결과물을 얻지 못하는 행동 주체들은 가차 없이 밀려나고 만다.

산업혁명은 인류 역사에서 기념비적인 사건이라 불러도 손색이 없다. 가내공업을 공장제로 대체하여 경제를 급속히 팽창시킨 이

혁명은 1760~1830년 사이에 영국에서 시작되었다. 1820년 영국은 제조업 분야에서 독점적인 우위를 차지하는 산업국가로 부상하는 데 성공하게 된다.

예를 들어, 아크라이트 수력방적기에서 시작된 영국의 산업혁명은 영국에게 엄청난 수익을 안겨주었다. 1700년만 해도 영국 전체 수출의 57.3%가 모직물이었고, 면직물 비중은 0.5%에 지나지 않았다. 리처드 아크라이트가 발명한 수력방적기는 1820년에 수출에서 차지하는 면직물 비중을 62%까지 끌어올렸다. 1774년에 제임스 와트에 의해 소개된 증기기관은 처음에는 면직물 공업에, 그다음에는 철도에 장착되어 놀라운 생산성 향상을 가져온다. 이런 기계의 발명과 적용에 힘입어 1700~1750년에 영국의 공업과 상업 생산량은 각각 50% 증가하였으며, 1750~1800년 사이에는 160% 이상 증가하게 된다.

영국의 국력은 런던에서 최초의 만국박람회가 열린 1851년에 절정에 달한다. 당시 영국은 세계 공산품 시장의 절반을, 세계 공업 생산의 약 3분의 1을, 그리고 세계 철도의 절반을 차지하게 된다. 하지만 모든 것은 빠른 속도로 '복제(copy)'되게 마련이다. 1850년으로부터 불과 20여 년이 지난 1870년이 되면서 벨기에, 독일, 프랑스, 스위스 등이 산업 강국으로 성장하며 영국의 지위를 위협하기 시작한다. 19세기 산업 발전의 특성은 영국의 기술, 사업, 금융 등 거의 모든 것이 주변 국가들의 체계적인 '복제'에 의해 신속히 이전되었다는 점이다. 19세기 말엽이 되면서 영국의 경제적 패권 시대는 끝이 나는데, 1900년이 되면서 독일은 전기기술 분야와 화학공업 분야에서 세계를 지배하게 된다.

우리가 여기서 주목해야 할 점은 영국의 독점적 우위가 불과 30여 년 만에 끝나고 말았다는 사실이다. 당시에는 통신 수단으로 전신이 큰 역할을 담당하고 있었다. 오늘날처럼 실시간 정보 유통이 가능한 시대에는 어떤 조직이나 나라가 자신의 경쟁 우위를 계속해서 유지하기가 힘들다.

후발 국가 중에서 체계적으로 영국을 복제해서 산업대국으로 성장한 국가가 독일이다. 독일은 앞선 나라를 벤치마킹하여 더 나은 자원 배분의 결과물을 얻기 위해 조직적으로 활동했고, 큰 성과를 거두었다. 이는 오늘날에도 독일이 경쟁자를 추월하는 데 사용하는 유력한 수단이다. 독일이 더 나은 결과물을 얻기 위해서 어떤 조치들을 취했는지를 살펴보면 매우 인상적이다.

1776년 제임스 와트가 최초의 증기기관을 발명했다는 소식이 독일에 전해지자 독일의 프러시아 국왕은 칼 프리드리히 비카린 정부 고문을 파견하여 실상을 파악하도록 조치했다. 비카린은 영국에 도착하여 치밀한 공작을 통해서 증기기관의 사용과 생산 현황을 낱낱이 조사하고 이를 프리드리히 2세에게 보고한다.

이 자료를 근거로 국왕은 증기기관 제조를 명령하고, 1785년 하르쯔 산기슭에 최초로 '화력 증기기관'을 제작하여 갱 속의 물을 뽑아내는 데 사용한다. 하지만 실린더 고장으로 더 이상 증기기관을 사용할 수 없게 되자 국왕은 비카린을 다시 영국으로 보내 새 실린더를 만들도록 한다. 그리고 여기에 그치지 않고 많은 자금을 투입하여 영국 제조사를 초빙한다. 이 회사 기술자들의 도움으로 부품을 개량하여 1789년에 증기기관을 정상적으로 가동시키는 데 성공한다. 뿐만 아니라 독일의 중공업 발전에서 중요한 부분을 차지하

는 채광업과 제련업도 영국으로부터 기술을 도입하고 국가기술고
문을 초빙하여 자리를 잡는다.

후발 주자인 독일은 영국을 추월하는 과정에서 국가 차원뿐만 아
니라 민간 차원에서 철두철미한 '복제' 전략을 사용한다. 산업혁명
사가 가르쳐주는 진리는 "영원한 승자는 존재하지 않는다"는 점이
다. 계속해서 낙후된 것을 버리고 더 나은 곳을 향해서 지속적으로
자원 배분의 효율성을 높이는 데 성공한 국가와 기업만이 생존에
성공할 수 있다. 걸어왔던 지난날을 되돌아보면서 자꾸 옛날이야기
나 옛날의 성공을 자축하는 것은 역사가들에겐 위로가 될지 모르지
만 현장을 뛰는 사람들에게 별다른 도움이 되지 않는다. 어느 나라
건 더 나은 곳을 향해서 계속 나아가야 한다.

기업이나 산업에서 경쟁은 더 나은 자원 배분의 결과로 더 나은
성과를 얻기 위함이며, 이런 전쟁에서 승리하는 주체만이 생존하
고 번성할 수 있다. 자원의 배분에서 조직적이고 체계적으로 변화
를 시도한다는 것은 무엇을 뜻하는 것일까? 그것은 '구조조정(構造
調整)'이라는 한 단어로 압축해서 표현할 수 있다. 구조조정에는 '공
세적(攻勢的) 구조조정'과 '방어적(防禦的) 구조조정'이 있다.

독일이 영국을 추월하기 위해 사용한 구조조정은 '공세적 구조조
정'으로, 자원을 재배치하여 새로운 산업을 일으키는 일이다. 오늘
날 중국은 공세적 구조조정에서 괄목할 만한 성과를 거두고 있다.
신산업과 관련해서 중국은 장기적인 계획을 갖고 긴 호흡으로 산업
을 육성하고 있기 때문이다. 또한 10년 터울로 정권이 교체되어도,
교체되는 정권 역시 산업 육성에 관한 한 일관성을 갖고 있기 때문
이다. 그들은 '전략적 신흥 산업 발전 계획'에 따라 내수시장이 가진

규모의 경제를 충분히 활용하여 기존 산업은 물론이고 차세대 산업 영역에서 주도권을 쥐기 위해 사회 전체가 조직적으로 움직이고 있다. 이런 노력을 통해서 속속 기존 산업에서 승리의 교두보를 확보하는 것은 물론이고, 차세대 산업에서도 괄목할 만한 성과를 만들어내고 있다.

우리나라는 장관이나 차관도 자주 바뀌고, 정부기관의 관계자들은 1년 혹은 그 전후로 바뀌기 때문에 장기적인 계획이나 목표, 뚜렷한 가치관을 갖고 산업을 육성하는 데 심혈을 기울이기 어려운 형편이다. 따라서 재임자들은 계속해서 근사하게 보이는 것들에 이리저리 휩쓸리는 경향이 강하다.

한편 '공세적 구조조정'에 대응하는 또 하나의 구조조정이 '방어적 구조조정'이다. 이것은 신진대사 원활화의 또 다른 표현이다. 효율이 떨어지거나 생산성이 떨어지는 것을 더 나은 것으로 계속해서 대체하거나 제거하는 것이다. 시대의 수요를 반영하지 못하는 것이나 효율이 떨어지는 것은 폐기할 수 있어야 한다. 이는 행동하는 주체들이 선택해도 되고 안 해도 되는 것은 아니다. 구조조정은 생존과 번영에 있어 결정적인 것이기 때문에 누구든 선택해야만 한다.

국가의 책무는 민간인이 이런 과정에 수월하게 참여할 수 있도록 제도를 정비하고 환경을 마련해주는 것이다. 때로는 국가의 조심스러운 개입에 의해서 시대와 맞지 않는 기업이나 공적 조직을 정리해야 할 때도 있지만, 이는 예외적인 상황에 국한되어야 한다.

온정주의 분위기가 강한 한국 사회는 방어적 구조조정에서도 성과를 거두지 못하고 있다. 인기에 지나치게 연연하는 정치인들은 가능한 한 손에 피를 묻히지 않는 방법을 선호한다. 국회의원들은 자신의 지역구에 위치한 어떤 대단위 조직의 구조조정에 정부가 개입하는 일을 극렬하게 반대한다. 뿐만 아니라 역대 정부들의 구조조정에 대한 태도도 가능한 한 재임 기간 동안에는 무난하게 넘어가려는 쪽이다. 위기 상황이 발생하지 않는다면 "좋은 것이 좋은 것이다"는 식이다. 누구도 손에 피를 묻히지 않으려고 한다. 할 수 없이 구조조정을 해야 한다면 가능한 한 큰소리가 나지 않도록 "우리도 뭔가를 하고 있습니다"라고 시늉을 내는 것에 그치고 만다. 그러다 보니 최대한 구조조정의 시기를 뒤로 미루게 되고, 이 과정에서 상당 규모의 자원이 낭비된다.

우선 사기업 영역에서 원활한 구조조정의 필요성을 짚어볼 필요가 있다. 더디게 이루어지는 구조조정은 결국 구조조정에 투입되는 자금의 양을 크게 증가시킬 뿐이다. 이는 곧 사회적 자원 낭비다. 구조조정에 투입되는 자원은 이런저런 명목으로 눈가림을 하지만 대부분은 최종적으로 납세자의 호주머니에서 예산 지원 형태로 끝나게 마련이다.

우리나라의 경제 성장사를 되돌아보면, 몇 년 간격으로 이루어진 정부 주도의 대규모 산업 구조조정은 납세자들의 막대한 세금에 의해 메워져왔다. 이런 현상은 주기적으로 반복되어왔는데, 지금도 그런 상황은 변함이 없다. 오히려 경제 규모가 커지면서 소유되는 자금의 규모가 더 커지고 있는 실정이다.

한국은행의 '금융 안전 보고서'(2015. 6. 30)에 따르면 한계기업, 즉 3년 연속 영업이익으로 이자 비용을 감당할 수 없는 기업이 2008년 글로벌 금융위기 이후부터 급속히 증가하는 추세다. 2014년 비금융 법인(2만 5,452개) 가운데서 한계법인과 만성적인 한계기업

(이른바 '좀비기업')의 비중은 각각 전체 기업의 12.9%(3,295개 사)와 전체 기업의 9.6%(2,443개 사)다. 좀비기업은 한계기업 가운데서 74.1%를 차지한다. 한계기업에 들어간 기업들은 대부분 경영 정상화에 실패하면서 구조적인 한계기업, 즉 좀비기업으로 머물게 된다.

한편 2009년 이후에 한계기업이 급증하고 있다. 2009년부터 5년 만에 한계기업의 수는 무려 600개나 증가했다. 흥미로운 점은 대기업의 한계기업 비중이 2009년 9.3%에서 2014년 14.8%로 가파르게 증가했다는 사실이다. 내수시장의 부진을 염두에 두더라도, 이는 일부 한국 기업들의 수출 경쟁력에 문제가 있음을 알리는 경보음으로 받아들일 수 있는 자료다. 한계기업들은 2009~2014년 사이에 매출액 증가율이나 영업이익률이 매년 마이너스를 기록하는 상황에서 벗어나지 못하고 있다. 하준 산업연구원(KIET) 부연구위원이 내놓은 '기업 부실화 실태와 신속한 구조조정의 필요성'(2016. 1. 10) 자료는 다소 충격적인 내용을 담고 있다. "20대 그룹(공기업 제외) 계열사 730여 개 중 실적이 공개된 400개 기업을 분석한 결과, 영업이익으로 이자를 갚지 못하는 기업 비중이 2014년 기준으로 37%에 달하며, 이 수치는 2010년 25.6%를 기점으로 급속히 증가하고 있는 추세에 있다." 사기업들 중에서도 20대 그룹의 계열사가 이 정도에 이르렀다면, 이는 큰 문제가 대두하고 있음을 뜻한다. 기업 경쟁력 약화가 현실화되고 있는 징후이며, 앞으로 대규모 구조조정이 불가피함을 암시한다.

한편 정대희 박사(한국개발연구원)의 '부실기업 구조조정 지연의 부정적 파급효과'(2014. 12. 10)라는 보고서는 기업 재무 정보를 기초로 한국의 좀비기업 비중이 2010년 13.0%에서 2013년 15.6%로 증가했다고 말한다. 주목할 만한 것은 조선업 등 기타 운송 장비는 같은 기간 동안 7.1%에서 26.2%로 늘어나고, 건설업은 26.3%에서 41.4%로 증가했다는 점이다. 만성적 한계기업이 전체 기업 자산에서 차지하는 비중은 15.6%(2013년 기준)에 달하지만, 이는 매우 보수적인 수치로 이보다 더 많은 좀비기업들이 존재하고 있을 것으로 추정된다. 이들이 좀비기업을 계속 유지할 수 있는 것은 금융권이 단기적인 손실을 우려하여 대출 만기를 연장해주고 있기 때문이다. 이는 금융권의 자발적인 의사일 수도 있지만, 대출 만기 연장 및 신규 지원 등에 대해 관용적인 태도를 보이라는 정책 당국자들의 의지가 반영된 결과일 수도 있다. 정 박사는 좀비기업에 대한 대출 연장, 즉 구조조정의 지연과 경제의 역동성 상실과의 상호 관계에 대해 이렇게 말한다.

"금융 지원으로 부실기업의 퇴출이 지연되면서, 좀비기업이 한정된 시장 수요를 잠식하고 노동 및 자본을 비효율적으로 사용함으로써 정상 기업의 고용 및 투자에 부정적인 영향을 미치고 있다. 특히 산업 내에 좀비기업이 차지하는 비중이 증가할수록 정상 기업의 고용 및 투자가 더욱 위축될 가능성이 높다. 실제로 산업 내에 좀비기업 자산 비중이 높을수록 정상 기업의 고용 증가율과 투자율이 낮아지고 있었음을 확인하였다. 구체적으로 현재 15.6%로 추정되는 좀비기업의 자산 비중을 5.6%로 10%포인트 떨어뜨리면, 정상 기업의 고용이 11만 명 안팎으로 늘어나는 효과를 거둘 수 있다. 경제 전반의 역동성을 높이기 위해 이자 보조, 만기 연장 등 기업에 대한 금융 지원 관행을 개선해 은행의 건전성을 높이고 좀비기업에 대한 자연스러운 퇴출을 유도해야 한다."

확실한 것은 부실을 정리하지 않은 채 자원을 투입하는 일은 고스란히 자원을 낭비하는 것과 같다는 점이다. 그럼에도 불구하고 금융권이든 국가든 가능한 한 현재의 상태를 유지함으로써 재임 중에 큰 문제를 일으키지 않으려는 강한 동기를 갖고 있다.

대표적인 사례는 조선업에서 찾아낼 수 있다. 한국 조선업은 구조조정을 지연하는 비용이 얼마나 큰지 보여주고도 남는다. 조선 3사가 10조 원에 육박하는 천문학적인 적자를 낸 원인은 해양플랜트 사업에 성급하게 진출했기 때문이다. 한국의 대형 조선사들은 2000년대 후반 세계 경제가 침체되면서 선박 주문이 급감하자 2가지 선택의 기로에 놓였다. 하나는 인력을 구조조정하는 길이고, 다른 하나는 새로운 먹거리를 찾아내는 일이었다.

인력 구조조정은 우리의 제도에서는 불가능하기 때문에 조선 3사의 경영진들은 경쟁적으로 고난도 기술을 요하는 해양플랜트 사업에 준비가 되지 않은 상태에서 뛰어들었고, 결과적으로 천문학적인 적자를 기록하게 되었다. 전문가들은 한국의 조선사들이 시공 기술에 있어서는 세계적인 실력을 갖고 있지만, 축적된 노하우를 필요로 하는 해양플랜트 사업을 너무 쉽게 본 점이 실책의 원인이라고 지적한다. 하지만 인력 구조조정이 불가능한 상태에서 어떻게든 일감을 수주해야 한다는 절박감이 더 큰 역할을 했다. 김용환 교수(서울대 조선해양공학과)는 이렇게 말한다. "해양플랜트로의 사업 확장은 노하우를 확보하지 못한 상황에서 이루어진 무리한 시도인 것처럼 보이는데, 다른 한편으로 보면 한국적 경제·사회 환경에서 피치 못해 떠밀려 선택할 수밖에 없었던 측면도 있습니다."

인력 구조조정이 불가능한 상황에서 이루어진 무모한 해양플랜트 사업 진출은 조선 3사로 하여금 수조 원대의 천문학적 손실을 내도록 만들었다. 결국 인력 구조조정이 불가능한 제도의 비용을 납세자들이 구조조정 자금의 형식으로 지불하는 꼴이 되고 만 것이다.

한계기업들이 손쉽게 선택하는 법정관리 역시 신속한 구조조정을 통한 자원 배분의 효율성 제고라는 측면에서 큰 문제를 갖고 있다. 한계기업이 법정관리를 신청하고 나면 채권자에 의한 모든 법률적인 절차들이 중지된다. 법원 판결에 의해 회생 절차를 밟는 동안 드물게 일부 기업들이 회생에 성공하는 경우도 있지만, 대부분은 오랜 기간에 걸쳐서 자원을 낭비하고, 심지어는 덤핑과 같은 방법으로 정상적인 기업들의 경영조차 위협하는 사례들이 자주 발생하고 있다. 채권자의 권한을 심하게 제약한 현행 법정관리 제도는 구조조정의 지연과 자원의 낭비라는 측면에서 남용되고 있는 실정이다.

사기업만 구조조정이 지연되고 있는 것은 아니다. 공적 성격의 조직도 과다한 잉여 인력 문제, 그리고 서비스를 제공해야 하는 고객 수의 현저한 감소에도 불구하고 관성에 따라 지속되는 경우가 많다. 우리 사회는 일반적으로 신속한 제거 내지 퇴출을 부정적으로 바라본다. 그 결과 기업의 효율성이나 경쟁력에 관계없이 가급적이면 기업의 수명을 연장시키는 쪽으로 제도가 만들어져 있으며, 사회 분위기도 그렇게 형성되어 있다. 일단 한번 생긴 조직은 이변이 없는 한 계속해서 존속하는 것을 정상으로 여기는 경향이 있다. 이에 따라 생산적인 용도에 사용되어야 할 자원들이 마땅히 문을 닫아야 할 조직에 투입되면서 자원을 낭비하는 일들이 빈번하게 일어난다.

앞으로 구조조정을 통해 사회의 모든 부분에 유연성을 불어넣는 것이 살 길이라는 공식을 한국 사회가 받아들이지 않는다면, 한국은 일본이 걸었던 것과 거의 유사한 길을 갈 것으로 보인다. 1990년대 초반 일본의 부동산 버블이 붕괴되었을 때, 정책 당국자들은 신속한 구조조정을 통한 경제 회생을 선택하지 않았다. 어떻게든 금융 지원으로 기존 기업들의 수명을 연장하는 방법을 선택했다.

일본의 상업은행들은 버블 붕괴 이후에 자본적정성 훼손을 우려하여, 정상 기업에 대한 여신은 축소하는 반면에 부실기업에 대해서는 오히려 대출 기간 연장 및 이자 면제 등을 통해서 추가적인 자금을 지속적으로 투입했다. 결과적으로 버블 붕괴 이전에 4~6%대에 머물러 있던 좀비기업의 비중은 1990년대 후반에는 14% 수준까지 치솟게 되었다.

일본의 구조조정을 연구한 다수의 연구자들은 부실기업에 대한 지속적인 금융 지원이 생산성 하락, 경제의 역동성 저해, 자금 낭비 등 일본 경제 전반에 부정적인 영향을 미쳤음을 지적한다. 리카르도 카발레로(Ricardo J. Caballero) 외 2인은 '일본의 좀비기업 지원과 불황기의 구조조정'이란 논문에서 이렇게 주장한다. "좀비기업에 대한 지원은 일자리 창출에 부정적인 영향을 줄 뿐만 아니라 좀비기업이 속한 산업의 생산성을 떨어뜨린다. (…) 좀비기업에 대한 구조조정의 지연으로 인한 사회적 비용은 단순히 금융 지원과 같은 보조금 지불로 인한 직접 비용을 크게 초월하는 비용을 발생시킨다."

경제의 활력을 유지시키기 위해서는 과감하고 선제적인 구조조정이 필요하다는 것은 불변의 진리다. 그러나 이런 진리가 우리 사회에 적용될 가능성은 그다지 높지 않다. 말만 앞세우는 구조조정은 이제껏 그래왔듯이 앞으로도 우리 사회의 단골 메뉴가 될 것이다. 부실화된 대기업들의 경우에는 퇴출에 따르는 사회적 반발에 신경 써야 하고, 구조조정을 당연하게 여기지 않는 사람들의 표를 얻어야 하는 정치인들 입장에서는 가능한 한 구조조정이라는 칼날을 피하고 싶어 하기 때문이다. 따라서 부실화된 기업들은 앞으로도 오랜 기간 동안 시장에서 존속하면서, 생산적인 용도로 활용되어야 할 자원들을 빈번히 낭비하게 될 것이다.

외신은 미국 굴지 기업들의 상시 구조조정 소식을 전한다. 내로라할 굴지의 기업들도 인력을 감축하면서 불황기를 넘어선다. 개인적으로 인력을 감축하는 일은 가슴 아픈 일이기도 하고, 당사자에게는 고통스러운 일이다. 그러나 개인을 넘어서 사회 전체로 시각을 확대하면 이런 조치는 반드시 필요하고 시행되어야 한다. 이런 측면에서 보면 한국 사회가 생로병사와 마찬가지로 흥망성쇠를 자연스러운 과정으로 여기고 시장경제 원리에 따라 원활한 구조조정을 받아들이기까지는 상당한 시간이 소요될 것으로 보인다. 그리고 그런 교훈을 가슴 깊이 새길 때까지 뼈아픈 비용을 치르게 될 것이다.

여기서도 경제주체들이 '부분 최적화'를 넘어서 '전체 최적화'를 정확하게 이해해야 한다. 각 경제주체는 자신의 일과 관련해서 부분 최적화를 추구하는 데 익숙하다. 그러나 자신의 일을 넘어서 경제 전체 혹은 사회 전체의 최적화에 위반된다면 당연히 전체 최적화가 우선되어야 한다. 이런 인식에 대한 공감대가 우리 사회에는 형성되어 있지 않다.

더욱이 파산이나 법정관리 제도를 원활한 구조조정에 친화적인 제도로 바꾸는 일도 쉽지 않아 보인다. 시대 분위기는 채권자보다도 채무자의 권리를 보호하는 데 우선순위를 두고 있기 때문이다. 사회적 약자를 보호해야 한다는 것과 같은 맥락에서 채무자 보호에도 많은 제도가 기울어져 있다. 또한 눈앞에 보이는 효과를 넘어 눈에 보이지 않는 효과를 측정하고 개선하는 일이 힘들기 때문이다. 한번 제도가 만들어지면, 제도를 둘러싸고 수많은 이익 단체들이 포진되기 때문에 가까운 장래에 제도 개선이 이루어지기는 어려울 듯하다.

구조조정과 관련해서 큰 변화를 기대할 수 없다면 우리 사회는 계속해서 자원을 낭비하는 관행을 반복하게 될 것이다. 이는 외압에 의해서 구조조정을 강요당하는 일이 일어나기까지 우리 사회가 이제까지의 관행을 계속하지 않을까 하는 우려를 낳는다. 현재로서는 우리 스스로 선제적인 구조조정을 통한 경제 회생을 할 가능성은 높지 않다고 본다. 관성의 힘이 워낙 강하기 때문이다.

또한 구조조정 불가를 외치는 사람들은 항상 감성적인 논리를 내세우기 때문에 직접적인 이해관계가 없는 일반인들에게 호소력이 크다. 나는 이따금 "우리나라 사람들이 열심히 일을 하는 편인데 왜 삶의 수준은 기대만큼 쑥쑥 나아지지 않는 것일까?"라는 질문을 자신에게 던지곤 한다. 여러 이유가 있겠지만 이 가운데 손에 꼽을 수 있는 것이 구조조정의 만성적인 지체다. 민간 기업이건 공적 기관이건 간에 쓸데없는 곳에 자원이 너무 낭비되고 있다. 심하게 이야기하면 귀한 자원이 쓸모없는 곳에 철철 낭비되고 있는 현상들이 도처에서 일어나고 있다. 특히 효율성과 생산성이 떨어지는 조직이나 기관을 제거하는 일에 우리 사회는 너무 무능한데, 이는 정치 논리가 압도적인 영향력을 발휘하고 있기 때문이다. 불행하게도 가까운 장래에 해결될 기미는 없어 보인다.

진리는 복잡하지도 않고 어렵지도 않다. 우리가 살아가는 자연계를 찬찬히 살펴보라. 살아 있는 모든 것은 적자생존으로부터 예외로 남을 수 없다. 생산성이나 효율성이 떨어지는 것은 자연스럽게 정리되고 그 자리를 더 높은 생산성이나 효율성을 가진 것들이 채워가게 마련이다. 이처럼 평범한 자연계의 생존 원리로부터 우리 사회는 너무나 다른 길을 추구하는 데 익숙하다. 생각이 바뀌어야 행동이 바뀔 수가 있는데, 온정주의적 시각과 감성주의적 시각은 우리 사회의 병폐를 자르고 제거하는 일에 걸림돌이 되고 있다. 결과적으로 사회 곳곳에는 두터운 퇴적물이 쌓여 강처럼 변하고 있다. 물이 강변을 넘어서 넘쳐날 때가 되어서야 퇴적물 처리 작업이 진행될지 두고 볼 일이다.

**09**

# 공공부문 축소

### 필연적이지만 너무나 어려운 과제

> **공적 영역의 효율성을 높이는 것도 필요하지만
> 더 근본적인 해결책은 공적 영역을 축소해나가는 일이다.
> 공적 영역의 축소에 대한 획기적인 발상의 전환과
> 이를 실천에 옮기려는 노력이 이루어지지 않는 한
> 자원의 낭비는 계속될 것이다.
> 이는 한국 경제의 어려움을 가중시키는 데 일조할 것이다.**

"비록 나쁜 결과를 낳은 사태라 해도 그것이 시작되었을 당시까지 거슬러 올라가면 선의에서 비롯된 것이었다."

율리우스 카이사르의 명언 가운데 하나다. 과감한 정책이나 제도를 도입할 때 이를 시작하는 사람들의 입장에서는 타당한 이유가 있다. 그러나 그런 정책들이 엄청난 후유증을 남기는 일들이 자주 일어나게 된다. 2,000년의 로마제국사에서도 눈여겨볼 만한 일이 있었다.

서로마제국이 멸망한 476년보다 한참 앞선 시기 로마에서는 당시로서는 깜짝 놀랄 만한 개혁이 추진되었다. 40세의 디오클레티아누스 황제(재임 기간 284~305년)가 재위에 오를 당시인 3세기 말엽 로마제국은 끊임없이 제국의 방위선을 침입해서 난동을 부리는 야만족들로 인해 곤경에 처해 있었다. 뿐만 아니라 얼마 전까지 방위선

안에서 제국을 방위하던 일부 로마군 지휘관들이 야만족과 결탁하여 제국의 안전을 위협하는 일도 빈번히 발생하고 있었다.

디오클레티아누스 황제에게 주어진 숙제는 '제국의 안전을 어떻게 확보할 것인가'였다. 이에 그는 과감한 체제 개혁을 시도한다. 286년 4월 1일, 디오클레티아누스 황제는 자신이 동방의 안보를 책임지는 '시니어' 황제를 맡고, 서방의 안보는 그가 임명한 '주니어' 황제인 막시미아누스에게 맡기기로 한다. 이처럼 41세와 36세의 황제가 동방과 서방을 분담하여 안보를 책임지는 체제를 역사학자들은 '양두정치(兩頭政治)'라고 부른다. 당시 기준으로 보면 어느 누구도 실천에 옮기기 힘들었던 대단한 체제 개혁이다.

## 서로마제국의 몰락을 자초한 공적 영역의 확대

──────────── 양두정치는 시작 당시에는 긍정적인 평가를 받았다. 286년부터 292년까지 7년간 두 황제는 전선을 누비면서 안보 면에서 큰 성과를 거둔다. 하지만 47세가 된 디오클레티아누스 황제는 거기서 멈추지 않고 또 한 번의 체제 개혁을 단행한다. 293년 5월 1일에 단행된 체제는 4인이 제국을 분할해서 통치하는 '사두정치(四頭政治)'였다. 2명의 황제는 각자 1명씩의 부황제격인 '카이사르'를 두게 된다. 제국의 동방을 책임지는 정제(正帝)는 디오클레티아누스이고, 그 밑의 부제(副帝)는 갈레리우스이며, 서방을 책임지는 정제는 막시미아누스이고, 부제는 콘스탄티우스 클로루스였다. 여기서 부제는 '카이사르'라는 명칭이 부여되지만, 후방에서 황

제를 단순히 보좌하는 사람이 아니라 황제인 '아우구스투스'와 대등하게 독자적인 영역을 갖고 제국 방위에 나서는 역할을 맡았다.

이런 체제 개혁은 방위 면에서 큰 성과를 가져왔기 때문에 쇠락해가던 로마제국이 다시 부활하는 계기였다고 평가하는 역사가들도 있다. 그러나 우리는 이런 체제 개혁이 공공부문을 크게 확장함으로써 로마제국의 몰락에 상당한 기여를 했다는 점을 간과해서는 안 된다. 방위 면에서 성공을 거두고 부분 최적화에서는 효과를 거두었지만 이 체제 개혁은 나라의 번영을 달성한다는 전체 최적화 면에서는 실패하고 만다. 우리가 항상 시야와 안목을 넓히고 올바른 이론이나 역사적 경험에 바탕을 두고 부분을 넘어 전체 최적화를 생각하고 행동해야 하는 이유를 말해주는 멋진 사례다.

실질적으로 황제 역할을 하는 사람이 1명에서 4명으로 늘어남에 따라 병력 수가 급격히 불어나게 되었다. 디오클레티아누스의 체제 개혁으로 병사 수는 30만 명에서 60만 명이 되었다. 흥미롭게도 늘어난 병사 수 가운데 30만 명은 4명의 황제를 보위하는 일종의 근위병 역할을 맡게 된다. 오늘날 표현을 사용하면 간접부문, 즉 지원부문의 비중이 크게 증가한 것이다. 소설가 시오노 나나미는 로마제국이 네 군데로 분할되어 통치됨으로써 점점 관료화되었음을 이렇게 지적한다.

"과거의 로마는 방위선의 길이를 생각하면 놀랄 만큼 적은 병력으로 그 광대한 로마제국 전역을 지킬 수 있었다. 본국과 속주의 구별 없이 종횡무진으로 깔린 로마 가도망의 가장 중요한 존재 이유는 제국의 각 방위선에 배치되어 있는 군단의 신속한 이동이었다. '사두정치'가 초래한 결과 가운데 하나는 네 사람의 관할 구역 사이에 벽이라도 세운 것처럼 이 유동성을 차단해버린 것이다. 그리고 서로 융통해주는 체제가 없어지면 자기 휘하의 군사력을 증강할 수밖에 없다. 300년 동안이나 거의 바뀌지 않은 로마군 병사의 수가 겨우 10년 사이에 갑절로 늘어난 것은 책임 분할로 일어나기 쉬운 '관료체제화'에도 원인이 있었던 게 아닐까 하는 생각이 든다." (시오노 나나미, 〈로마인 이야기 13〉, 한길사, pp. 73~74)

군사 수만 증가한 것이 아니다. 당시의 사료는 황궁 내부에 복잡한 관료 조직이 급속히 만들어지기 시작했음을 말해준다. 디오클레티아누스의 체제 개혁은 로마제국 말기에 나라가 먹여 살려야 하는 공무원 수를 크게 늘리면서 거대한 관료기구를 낳게 된다. 그래서 역사가들은 아우구스투스가 초대 황제가 되는 것으로 시작된 로마제정을 '원수정'이라 부르는 데 반해서 디오클레티아누스 이후를 '절대군주정'이라 부른다.

거대하게 성장해버린 군대기구와 이와 어깨를 나란히 할 정도로 성장해버린 관료기구는 '돈 먹는 하마'가 된다. 4명으로 늘어난 황제, 2배로 늘어난 병사, 비대하게 성장한 관료기구를 누가 먹여 살려야 하는가? 결국 더 높은 세금을 부과해서 세입을 확보하지 않을 수 없게 된다. 3세기 말부터 4세기에 이르기까지 로마제국에서는 세금에 대한 철학이나 사고방식이 크게 바뀌게 된다. 이전에는 세입에 맞추어서 세출을 조정했지만, 디오클레티아누스 황제 때부터는 세출에 맞추어 세입을 조정하게 된다. 역사적으로 어떤 나라든 늘어나는 지출에 맞추어서 증세라는 수단을 동원하면 몰락의 길로 들어설 수밖에 없다.

세출이 늘어나자 그들은 세금 징수액을 크게 늘린다. 나라가 필요로 하는 세금액을 디오클레티아누스 황제가 1년에 한 번씩 결정하고, 이는 납세자의 실질적인 수입에 관계없이 부과되었다. 황제 마음대로 세금을 거두어들이는 상황이 발생하고 만 것이다. 세금을 올리면 반드시 세금을 부담하는 사람들의 반응이 있다. 세금을 올리는 사람은 이를 크게 고려하지 않지만 부작용이 생기게 마련이다. 높은 세금에 시달리던 농민들이 토지를 버리고 도시로 몰려들면서 로마제국의 기간산업인 농업이 크게 타격을 받게 되었다.

시오노 나나미는 증세와 관료제의 성장에 대해 "국가가 봉급을 주는 병사와 관료의 수가 늘어난다. 그 결과 국정에 필요한 돈이 줄잡아 2배, 심하게는 4배로 늘어났다. 디오클레티아누스의 등장에 농민은 야만족한테서 도망칠 필요는 없어졌지만, 그 대신 세금에서 도망칠 필요가 생겼다"라고 평가한다. 이런 문제를 해결하기 위해 인류 역사상 최초의 가격 통제 정책이 실시되기도 하지만 실패하고 만다. 나랏돈으로 먹여 살리는 공적부문의 비대화를 억제하는 일은 항상 극복해야 할 과제이지만 결코 쉽지 않다. 일단 공공부문은 한 번 성장하게 되면 고삐를 죄기가 여간 힘든 게 아니다.


## 눈부시게 성장해온
## 한국의 공공부문

———————— 가능한 한 나라의 간접부문을 축소하라! 가능한 한 작은 정부를 유지하라! 이는 불편하지만 진실이다. 하지만 역사적으로 이를 실천에 옮기는 일은 참으로 어렵다. 어느 나라를 보더라도 일의 많고 적음에 관계없이 시간의 흐름은 공적 영역의

크기를 증가시키는 경향이 있을 뿐만 아니라 일단 한번 만들어진 공적 조직은 없어지는 법이 없기 때문이다.

우선 한국에서 공공부문은 어느 정도의 비중을 차지하는지, 그리고 성장 추세는 어떤지를 살펴본다. 정부의 영향력은 제쳐두고라도 외형상으로 한국 경제에서 공공부문이 차지하는 비중은 빠르게 증가해왔다. 국가적으로 무슨 일이라도 생기면 공적 영역에 종사하는 사람들의 수를 증가시키는 방법으로 대처해왔다.

**공공부문(중앙정부와 지방정부)의 총지출** 공공부문의 총지출이 GDP에서 차지하는 비중은 2010년대에 들어서 47~49%대를 유지하고 있다. 2007년의 460조 1,000억 원(44.1%)에서 2014년의 694조 3,000억 원(46.8%)까지 증가했다. 1990년대의 공공부문 총지출 비중은 40%에 가까웠을 것으로 추측된다. 이처럼 공공부문이 GDP에서 차지하는 비중은 꾸준히 그리고 빠르게 증가해왔다. 민간이 활용한다면 더 효율적으로 사용할 수 있는 자원들이 공기업에 더 많이 배분되는 것은 결코 바람직한 일은 아니지만, 실제로 이런 일들이 우리나라에서 일어나고 있다.

**공무원 수** 1963년에 국가공무원과 지방공무원을 포함하여 행정부 공무원은 26만 8,475명에 지나지 않았다. 1997년이 되면 그 수는 91만 7,647만 명으로 64만 9,172명이 늘어나게 된다. 2014년에는 101만 6,181명으로 증가했으며, 이들 가운데 국가공무원은 63만 4,051명이고 지방직 공무원은 35만 7,492명이다. (참고로 입법부는 4,229명, 사법부는 1만 7,193명, 헌법재판소 296명, 중앙선거관리위원회 2,920명으로 구성되어 있다.) 2005년 이후 매년 4,000~8,600명 가량의 일반직 공무원이 신규 채용되고 있으며, 2014년의 신규 채용자 수는 8,563명이다. 민간 부문이라면 업무 조정으로 충분히 해결될 수 있었던 일들도 공무원 수를 늘리는 방식으로 해결해왔을 것으로 추정된다. 분야에 따라서는 격무에 시달리는 곳도 있겠지만, 충분히 인력을 줄일 수 있음에도 방치하는 부분이 훨씬 많을 것이다. 전성기의 2분의 1 이상으로 인구 수가 줄어들었지만 오히려 공무원 수는 늘어난 지자체를 발견하는 일은 어렵지 않다. 어디 이런 일이 지자체뿐이겠는가? 이런 추세가 계속된다면 앞으로 경제활동 인구는 줄어드는 반면에 공무원 수는 꾸준히 늘어나는 이상한 현상이 발생할 것이다.

**공공기관과 종사자 수** 정부에 의해 통제되는 기관인 공공기관에는 공기업(30개), 준정부기관(87개), 기타(187개)를 포함하여 2014년 기준 총 304개의 기관이 있다. 이들의 예산은 GDP의 약 40%를 차지하며, 중앙정부 예산을 크게 상회한다.

공공기관의 수는 2007년 298개에서 2010년의 선진화 조치에 따라 284개까지 줄어들지만, 2014년에 다시 204개로 늘어났다. 흥미로운 점은 공공기관의 수는 엄격한 통제가 느슨해지면 늘어나는 경향이 있다는 것이다. 임직원 숫자도 2009년에 잠시 감소한 적이 있지만 2012년이 되면서 다시 2008년 수준으로 회복되었다. 참고로 지방자치단체의 통제를 받는 지방공기업은 현재 총 400개(직영 257개, 공사 61개, 공단 82개)로 예산 56조 4,000억 원, 인원 7만 6,000명을 기록하고 있다(2014년 기준).

공공기관은 공공부문보다 예산이나 인력 면에서 훨씬 빠르게 증가해왔다. 공공기관은 1970년대까지 미미한 수준에 지나지 않았지만, 1980년대부터 정부 부처의 외곽 기관으로 우후죽순처럼 생겨났다. 제5공화국 동안 정부의 규모를 확장시키지 않겠다는 약속과 함께 준공공조직을 팽창시키는 우회적인 방법으로 정부 규모를 확장시켰다. 한국조세연구원이 작성한 보고서인 〈공공부문 혁신을 위한 연구〉(1998. 12)는 공공부문 성장에 대해 이런 평가를 내린다.

"정부가 이렇게 준공공부문 조직들을 이용하는 기본적 목적은 공공 서비스를 효율적으로 제공하기 위한 것이지만, 정치적 통제를 피하고 각 부처의 세력을 확장하기 위한 방편으로 조직들을 설립해왔을 가능성을 배제할 수 없다. 또한 이 조직들은 많은 경우 독점적 위치를 차지하고 있기 때문에 규모와 운영 및 서비스 공급 수준의 적정성도 확인하기 어렵다." (pp. 104~105)

**공기업** 준정부기관 가운데서도 기업적 성격이 강한 30개 공기업이 있다. 공기업의 예산 및 인원은 계속 증가하고 있다. 2002년에 206조 2,000억 원이던 예산은 2007년이 되면 294조 2,000억 원으로 만 5년 만에 88조 원(42.7%)이 증가한다. 공기업에 고용된 인력 역시 2002년 19만 1,000명에서 2006년 25만 명, 그리고 2014년에는 27만 9,000명까지 증가했다.

모든 수치에서 뚜렷하게 관찰할 수 있는 것은 역대 정부들마다 '작은 정부의 실현'을 소리 높여왔지만 실제로 한국 경제에서 공적 성격의 조직이 차지하는 비중은 놀라울 정도로 계속해서 증가해왔다는 사실이다. 권력을 잡은 사람의 입장에서는 무리수를 두면서까지 공적 성격의 조직을 줄여야 할 인센티브가 없다.

　반면에 공공부문과 공공기관이 팽창하는 데에는 강력한 동인이 있다. 국회의원들은 자신의 지역구에 사업을 유치하는 주요한 수단과 도구로 공공기관을 활용할 수 있기 때문이다. 정권을 잡은 사람들은 재임 기간 동안 공공기관이 주도하는 사업 확장으로 생색을 내고 부채 증가의 부담은 다음 정권과 국민들에게 넘길 수 있다. 부처 장관은 임기가 짧기 때문에 골치 아픈 산하 공공기관의 구조조정을 위해 노력해야 할 아무런 이유가 없다. 공공기관장은 자신의 입신과 조직 구성원들의 이익을 위해 조직의 사업을 확장해야 할 인센티브가 있다. 예를 들어, 일반 국민들은 저렴한 전기료와 물값 등으로 이익을 누릴 수 있다면 그 부담은 다음 세대로 넘길 수 있기 때문에 관련 공공기관의 조직 축소를 요구할 이유가 없다. 결국 경제주체 가운데 어느 누구도 공공기관의 팽창을 제어해야 할 동기를 갖지 못하게 된다. 더욱이 이제는 대부분의 공공기관들이 전국의 혁신도시에 분산 배치되었기 때문에 지역 배려 차원에서도 규모를 축소시키는 일은 쉽지 않을 것이다.

　공공기관의 성장에는 더 근본적인 원인이 있다. 공공기관이 팽창하지 않을 수 없는 강력한 동인이 있기 때문이다. 공공기관은 임기 중에 만들어진 정책 과제들을 달성하는 데 있어서 국회의 통제를 벗어나 자유롭게 활용할 수 있다. 역대 정부는 상대적으로 예산 편성에서 자유로운 공공기관을 적극적으로 활용하여 정책 달성에 무리수를 두었다. 공공기관들은 개인과 기업에게 모두 이익을 나누어 줄 수 있기 때문에 공공기관의 팽창에 대해 강력하게 반대하는 사람들을 찾을 수 없다. 다다익선과 같은 상황이 벌어지는 것이다. 여

기에다 조직과 인력 그리고 예산을 계속해서 늘리려는 조직의 속성
도 일정한 역할을 한다.


## 공공부문의 확대와
## 영국의 경제위기

──────────── 이처럼 공적 영역이 계속 확장해가는 사회는
어떤 미래를 맞이하게 될까? 한국이 직면하게 될 미래의 모습은 영
국에서 찾을 수 있다.

1976년 가을, 영국은 국제통화기금의 중개를 받아들이지 않을 수
없는 딱한 처지에 놓인 적이 있다. 그 원인을 분석한 글에서 영국의
뛰어난 사학자 폴 존슨(Paul Johnson)은 2가지 사실을 지적한다. 하
나는 영국이 전통적으로 최소한의 정부를 유지해온 것이 산업혁명
을 가능하게 한 호의적인 환경이었다는 점이다. 다른 하나는 영국
이 20세기 들어서 주변 국가들에 비해 경쟁력을 잃게 된 원인 가운
데 하나가 19세기부터 급격히 팽창시켜온 공공부문의 증대 때문이
라는 것이다.

1851년 영국에는 7만 5,000명 정도의 국가공무원이 있었다. 대
부분이 세관과 세무서, 우체국 직원들로 1,628명만이 정부 중앙관
청에 근무하는 정도였다. 비슷한 시기의 프랑스 공무원 수는 93만
2,000명(1846년)이었다. 20세기에 들어서자 영국의 총 노동인구 가
운데 공무원의 비율은 2.4%에서 복지국가의 본격적인 행보가 시작
된 1950년에는 24.3%까지 증가하게 된다. 폴 존슨은 영국의 정부
부문 증가를 이렇게 지적한다.

"1790년에서 1910년까지 120년간 공공 지출에 대한 GNP(국민총생산)가 차지하는 비중은 결코 23%를 넘은 적이 없었고, 평균 13%를 유지했다. 1946년 이후에는 그것이 36% 아래로 떨어진 적이 없었다. 그런데 실질적으로 피해를 초래했던 증가는 1946년 이후 노동당이 15년 중에 11년간 정권을 잡았던 시기에 일어났다. 1950년대와 1960년대 초반에는 공공 지출분이 40%를 약간 상회하는 정도였으나, 1965년에는 45%를 넘어 1967년에 50%를 기록했다.

노동당이 1974년 재집권한 후 곧바로 55%를 초과하고, 다음 해에는 59.06%까지 늘어났다. 1975년에서 1976년의 공공부문의 차입금만 해도 전체 지출의 11.5%에 이르렀고, 과거 5년에 걸친 새로운 공공부문의 전체 차입금이 310억 파운드를 초과했다. 이와 같은 과정에서 공공부문의 초과 지출과 임금 상승이 결합하였고, 영국의 인플레이션 비율이 40%대로 올라가는 위험한 상황에 놓이게 되었다." (폴 존슨, 〈세계 현대사 III〉, pp. 107~108)

1976년에 영국이 국제통화기금으로부터 긴급히 자금 수혈을 받은 이유는 영국 제조업의 경쟁력 상실, 경직된 노동시장으로 인한 신규 고용 창출 실패, 과도한 연금 지불로 인한 재정 적자 누적 등의 요인과 더불어 공공부문의 팽창에 의한 재정 지출 증가를 들지 않을 수 없다. 시대와 상황은 다르지만 우리가 앞으로 경험하게 될 미래의 모습과 크게 다르지 않다. 공공부문 종사자들의 연금 개혁과 관련하여 한국 사회가 열띤 논쟁에 빠질 때면 필자는 어김없이 이런 생각을 한다. "당사자들의 노후 생활에 직접적인 타격을 주기 때문에 공공부문 종사자들을 위한 연금 개혁은 쉽지 않은 과제다. 그러나 우리 사회가 앞으로 급격한 세율 인상 없이 현행 연금제도를 유지하는 일은 가능하지 않을 것이다. 더욱이 2%대의 저성장이 고착화되고 계속해서 잠재 성장률이 낮아지는 추세에 놓인다면, 결국 외압에 의해서 연금 개혁이 이루어질 수밖에 없을 것이다. 문제는 매를 지금 맞느냐, 아니면 이다음에 고생은 고생대로 하고서 맞느냐일 뿐이다."

## 시간이 흐르더라도 공공부문의 조정은 힘들 것이다

──────── 한국은 1960~1980년대에 고도성장기를 향유하는 동안 거대한 관료 조직과 산하단체들을 갖게 되었다. 고도성장기에 한국의 공공부문의 역할은 후한 평가를 내릴 수 있다. 시대의 요구에 따라 만들어졌고, 그 기능을 충실히 다했다. 그런 조직들은 일단 한번 만들어지고 나면 조직의 설립 이유가 사라지고 난 다음에도 계속해서 활동할 수밖에 없다. 시대가 바뀌더라도 한번 만들어진 과거의 플랫폼을 대체할 수 있는 새로운 플랫폼을 마련하는 일은 무척 힘들다. 한때 대단히 긍정적인 효과를 주었던 기구들이 시대가 바뀌면 반대로 큰 걸림돌이 될 수 있는데, 이런 현상을 한국뿐만 아니라 일본도 경험하고 있다.

필자가 지방 주요 도시들을 방문할 때면 수십 년 전에 영화를 누렸던 지방 도시에서 과거의 흔적을 확인할 수 있었는데, 그건 바로 공공 조직들의 지방사업소들이다. 이제는 실시간으로 모든 활동이 이루어지는 시대가 되었지만, 수십 년 전에 시대의 필요에 따라 만들어진 조직을 없애는 일이 얼마나 힘든가를 확인할 수 있다. 공적 성격의 조직은 일단 한번 만들어지고 나면 좀처럼 없어질 수가 없다는 데 그 고민이 있다.

일본의 성장률 하락과 버블 붕괴의 이면에 실린 교훈은 우리의 앞날에도 대단히 시사적이다. 일본의 고도성장을 뒷받침했던 중요한 동인은 '철의 삼각 편대'였다. 산업 발전의 청사진 제시와 자원 배분을 주도했던 일본의 관료제, 단카이 세대(1947~1949년 생)로 대표되는 근면하고 값싸며 풍부한 노동력 공급, 정치적 안정과 우호적인 기업 정책을 제공했던 일본의 정치가들이 있었다.

이들은 고도성장기에는 강력한 동력을 제공했지만 저성장기에는 경제 성장을 방해하고 저성장을 고착화시키는 쪽으로 움직이기 시작한다. 모든 제도와 조직 그리고 현상은 만고불변일 수 없다. 시대가 바뀌면 한때 제대로 작동했던 제도나 조직도 역주행을 하게 되는데, 바로 일본이 그런 사례에 속한다. 일본의 관료제도와 정치가들이 저성장기에 일본에 얼마나 큰 타격을 주었는가에 대해 일본 경제통인 김현철 교수(서울대 국제대학원)는 이렇게 지적한다.

"(반복적인 경기부양책을 실시한 이면에는) 일본 관료들의 이기주의도 한몫했다. 관료들은 공기업과 특수 법인들을 만들어놓고, 경기 부양용 예산 집행에 이들 기관들을 끌어들였다. 이들 기관들은 고급 관료들이 낙하산으로 내려가 정부를 대상으로 로비를 하는 집단으로 전락해 있었다. 정치가들과 함께 버블 발생과 붕괴의 주범으로 내몰린 관료들이 스스로 개혁하겠다고 하면서 뒤로는 자기 집단의 이익을 챙기는 일면을 보여주었던 것이다. 결국 전후 일본의 고도성장을 주도한 철의 삼각 편대가 구조적인 문제를 나타내기 시작한 것이다. 기업들은 본업을 망각하고 주식과 부동산 투기에 열을 올렸고, 관료들은 경제 운영을 엉망으로 하면서 자기 집단의 이익 챙기기에 급급했다. 또한 관료를 감시하고 국정을 이끌어갈 정치가들도 경기 부양을 빌미로 자기 지역구의 토건 사업에 몰두했다."(김현철, 〈어떻게 돌파할 것인가〉, 다산북스, pp. 68~69)

우리가 나라를 일으키는 과정에서 일본으로부터 많은 것을 배웠지만, 내려가는 과정에서도 일본으로부터 교훈을 얻어야 한다. 한국이 앞으로 경험하게 될 어려움이 일본의 경험에 고스란히 담겨 있기 때문이다. 물론 일본과 구체적인 내용은 다르겠지만 대체적인 경향은 비슷할 것이다.

그런데 앞으로 걱정스러운 일이 일어날 듯하다. 오히려 정부가 주도해서 양질의 일자리를 만들어내야 한다고 주장하는 사람들이 대거 등장할 것으로 보인다. 다시 말하면 민간 기업들의 일자리 창출이 미진하기 때문에 정부가 나서서 세금으로 지원하는 공직자나 준공직자를 대거 늘리라는 요구가 힘을 받을 전망이다. 이런 요구는 당장 숫자로 일자리 수 몇 개 증가로 나타나기 때문에 사람들의 호응을 받을 수도 있다. 사람들은 그 비용을 누가 대는지, 또 한번 만들어진 공공부문의 일자리가 거의 영속적으로 유지되면 눈에 보이지 않는 비용이 얼마나 커질지를 꼼꼼히 계산해보지 않는다. 최근에 한 시민단체에서 활동하고 있는 지식인이 펼치는 논리는 앞으로 우리 사회에 유행하면서 사람들의 공감을 끌어낼 주장이다.

"시장에서 좋은 일자리가 만들어지지 않는 상황에서 내수를 진작하기 위한 좋은 일자리 확대는 필연적으로 공공부문의 확대에 의존할 수밖에 없다. (⋯) 선거 기간 동안 나타났던 여론의 추이를 보면 (예상과 달리) 공무원을 늘리는 것에 대한 도민들의 반대가 높지 않았던 것으로 보인다. 이는 한국 사회에서 이후 공공부문 고용 확대 정책과 관련해 중요한 정치적 함의를 준다." (윤홍식 인하대학교 행정학과 사회복지학과 교수, "보육교사 공무원 전환 논쟁을 통해 본 공공부문 고용 확대의 의미", 2014. 7. 10)

앞으로 새로운 정부가 교체되더라도 정부 개혁이나 공기업 개혁 등 다양한 구호나 슬로건을 외칠 것이고, 반짝하는 개혁 조치로 효과를 거둘 수 있을 것이다. 그러나 마치 비가 내린 후에 여기저기 돋아나는 죽순처럼 공적 성격의 조직이 성장하는 것을 막기는 쉽지 않을 것이다. 이런 조직들은 눈에 보이는 예산이란 자원을 사용하는 데 그치지 않고, 민간의 활동에 거추장스러운 활동뿐만 아니라 민간이 더 효율적으로 활용할 수 있는 자원을 상당 부분 낭비하는 데 이바지할 것이다. 한국 경제의 활력 상실에 일조할 것으로 본다.

한국이 재정 위기를 경험하는 고약한 상황이 발생하기 이전까지 공적 영역은 꾸준히 확대될 것이며, 실질적인 개혁은 쉽지 않을 전망이다. 그렇지만 정부가 손을 놓고 있지는 않을 것이다. 등장하는 정부마다 공공부문의 개혁이란 이름으로 명패나 문패를 바꾸는 일을, 지금까지 빈번하게 해왔던 것처럼 앞으로도 계속할 것이다. 화려한 구호나 슬로건으로 장식된 공공부문의 개혁이 일반 국민들의 눈을 가리겠지만, 실질적인 의미에서 공공부문의 축소는 쉽지 않을 것으로 본다. 나랏일을 맡은 사람들은 잠시 머물다 가고 마는 나그네처럼 스스로를 생각하기 때문이다. 험한 일에 손을 대면 악역은 자신이 맡고 덕은 후임자가 누리게 되는데, 어느 누가 공적 영역 축소에 뛰어들겠는가?

재정 위기가 닥치면 그때서야 마지못해 일부 조직들의 통폐합 문제가 거론되고 실천에 옮겨질 수 있을 것이다. 잠시 그런 조치가 반짝 효과를 거두겠지만, 얼마 가지 않아서 또 다시 계속적인 성장세를 이어갈 것이다. 공공부문의 성장은 그 자체의 비용도 무시할 수 없을 정도로 크지만, 더 큰 부분은 눈으로 볼 수 없는 비용이다. 공공부문이 성장하면서 필요 이상으로 민간 부문을 옥죄는 비용은 정확하게 측정하기 힘들지만 아주 클 것이기 때문이다. 한국 경제의 지속적인 저성장이 심화된다면 부분적인 원인 가운데 하나는 공공부문의 성장과 이로 인한 눈에 보이지 않는 비용 때문인 것으로 해석하는 것은 무리가 아니다.

# PART 3

# 중심부와 주변부의
# 길목에 선 한국

바깥 환경이 우호적이지 않더라도 사회의 구성원들이 스스로
운명을 당차게 개척하는 것이 정의로운 일이라는 사실을
받아들인다면 문제를 해결할 수 있다. 그러나 정치적 해법만을
갈망한다면, 어느 사회든 어려움을 피할 수 없다.
우리 사회가 바로 그런 길로 가고 있다.
정신이 변질되면 물질의 퇴락은 자연스럽게 따라올 수밖에 없다.

# 11

# 시대정신
그릇된 시대정신이 그릇된 미래를 만든다

> 정치인과 정치 세력은 민심을 대행하는 에이전트(agent)이다.
> 그들은 당대 사람들이 공유하는 시대정신을 충실히 반영하는
> 정책과 제도를 만든다. 한데 우리 사회의 시대정신은
> 내가 나라를 위해 어떻게 가치 있는 기여를 해야 하는가보다는,
> 나라가 나에게 무언가를 더 해주어야 한다는 쪽으로만 흘러가고 있다.

어느 시대나 유행하는 정신이란 것이 있다. 2차 세계대전이 끝난 이후 사람들이 공유했던 정신은 국가가 사회문제를 정교한 계획에 따라 효율적으로 해결할 수 있다는 낙관적인 이데올로기였다. 특히 이 이데올로기는 중국이나 소련 같은 공산국가뿐 아니라 신생 독립국들에까지 광범위하게 확산되었다. 사학자 폴 존슨(Paul Johnson)은 2차 세계대전이 끝난 이후 신생 독립국가들의 지적 분위기를 이렇게 전한다.

"1940년대 말 인류의 절반인 아시아인들은 기대에 부풀어 있었다. 그들은 곤경에서 빠져나오게 해줄 직접적이고 즉각적이며 본질적으로 정치적인 해결책이 있다는 얘기를 들었기 때문이다." (폴 존슨, 〈모던타임스 II〉, 살림, p. 390)

즉각적으로 효과를 볼 수 있는 정치적 해결책이 존재한다는 믿음

은 신생 독립국에서 권력을 장악한 사람들에게 더욱 매력적으로 여겨졌다. 아시아와 아프리카의 대다수 신생 독립국이 이 추세를 따랐다. 수십 년이 지나서야 이런 선택들이 사회에 얼마나 큰 피해를 입혔는지 알게 되었지만, 채택 당시만 하더라도 이를 정확히 아는 사람은 드물었다.

어느 시대나 부가 생성되는 메커니즘을 제대로 이해하지 못하는 사람들은 즉각적으로 효과를 낼 수 있는 정치적 해법을 선호한다. 오늘날이라고 해서 다르지 않다. 사람의 이성과 합리는 즉각적인 정치적 해법을 의심하도록 만들지만, 강력한 본능은 항상 정치적 해법을 선호하게 되어 있다. 본능의 강한 힘이 이성의 눈을 가리기 때문이다.

## 사회적 선택을 선호했던 이들이 치른 비용

──────────── 중국의 마오쩌둥이 문화대혁명이나 대약진운동과 같은 선택을 함으로써 얼마나 많은 사람들을 기아와 죽음으로 이끌었는지는 잘 알려진 사실이다. 아시아의 거대 국가인 인도도 중국에 비해서는 약하지만 계획경제인 집산주의 정책을 사용했다는 점에서 시대의 유행을 수용한 국가였다.

간디에 이어 권력을 잡은 자와할랄 네루(Jawaharial Neru)는 영국의 헤로우학교와 케임브리지대학을 졸업한 인텔리 출신의 정치가였지만, 유럽의 좌파가 제시한 처방을 통째로 받아들인 정치 지도자였다. 폴 존슨은 세상 사람들이 내리는 후한 평가와 달리 그에게 혹평을 했다. "그는 2차 세계대전 중에 대부분의 시간을 감옥에서 보냈기 때문에 인도의 교도소에 관해서는 박식했지만, 4억의 인구를 먹여 살리는 데 필요한 부의 창출 과정과 행정에 대해서는 아무것도 몰랐다."

네루는 인도에 '소련'식 공산주의를 도입하지는 못했지만, 소련 공산주의의 경제 처방에 열렬한 지지를 보냈던 인물이다. 형편이 허락했다면 그는 소련식 사회주의 처방을 실행하고도 남았을 것이다. 그의 정신세계에는 사회주의 정책에 대한 선호가 뿌리 깊게 자리 잡고 있었기 때문이다. 1955년 소련을 방문한 네루는 "사람들은 행복하고 명랑하며 영양 상태가 좋다. 소련 시민들은 모두가 일에 열중하며 바빠 보이고 만족해한다"는 인상을 기록으로 남기기도 했다. 네루와 마찬가지로 대부분의 신생 독립국가 지도자와 지식인은 1950년대와 1960년대, 심지어 1970년대까지 정부가 주도하는 정교한 계획과 사회주의 성격이 강한 경제 정책을 선호했다. 마치 한국의 운동권 사람들이 1989년 소련이 몰락할 때까지 사회주의에 열렬한 믿음을 가졌던 것과 유사하다.

흥미로운 것은, 공부를 많이 하면 할수록 계획 친화적인 경향을 보이고, 한걸음 더 나아가 반시장적인 성향을 보일 가능성이 높다는 점이다. 학문적 지식이 많다고 해서 정치적 해법의 위험성을 알기란 쉽지 않다. 더욱이 고상한 공부를 많이 한 사람일수록 정치적 해법에 쉽게 열광하는데, 네루가 바로 그런 인물이었다.

집산주의 계획경제가 신속히 국가 경제를 파괴시킨 곳은 아프리카의 신생 독립국들이었다. 아프리카의 통치자들은 독립을 얻고 국가의 모습을 갖추자마자 모든 권력을 국가에 집중시켰다. 이들은 국제연합 안에 유행하던 사회공학 이론을 적극적으로 받아들였다. 그리고 농민들에게 충분한 인센티브를 제공하는 시장경제보다는 국가의 계획에 의해 경제 문제를 해결하는 방법을 택했다. 알제리, 이집트, 소말리아, 탄자니아, 잠비아 등 5개국의 농업을 연구한 존 P. 파월슨(John P. Powelson) 교수는 이들 나라에서 중앙정부가 농작물의 가격과 생산을 통제한 결과, 산출물이 감소하는 일반적인 경향을 보였음을 증언한다.

가령 알제리와 탄자니아에서는 중앙정부가 농부들에게 '관제 협동조합'에 가입할 것을 강요하고 가격 통제를 할 뿐 아니라, 국가의 한 마케팅 기관이 모든 농산물의 독점 판매를 대행하도록 지시한다. 정부가 인민을 돕기 위해 실시한 이 정책은 충분한 보상을 받지 못한 농민들의 토지 이탈을 촉진시키고 생산량을 급감시킴으로써, 결국 두 나라를 심각한 식량난에 처하게 했다.

이집트에서도 비슷한 정책이 실시되었다. 이집트 중앙정부는 농민들에게 특정 작물을 재배하도록 한 뒤, 수확기가 되면 근근이 살수 있을 정도의 돈만 지불하고 농작물을 강제 수매한 뒤 정부가 수출하여 차액을 이득으로 남기곤 했다. 중앙정부에 의한 가격 및 생산 통제는 농업의 발전을 방해하고, 농민들과 국민들에게 영양실조라는 결과를 안겨주었다. 소말리아는 정착농업이 불가능한 땅에 정부가 임의적으로 유목민을 정착시키는 강제 이주 정책을 실시했다. 이는 족벌 간 전쟁을 불러왔을 뿐 아니라, 심각한 기아와 분쟁을 낳았다. 그 결과 소말리아는 1993년 미국과 몇몇 나라가 군사적 개입을 하지 않을 수 없는 상황에까지 치닫게 되었다.

이처럼 국가가 주도하는 집산주의 정책은 아프리카의 신생 독립국들에게 수십 년간 악영향을 행사했다. 반복적인 기근으로 유명한 에디오피아의 사례가 이를 생생하게 전해준다. 멩기스투 하일레-마리암은 1977년 군사정변을 통해 에티오피아 권력을 장악했다. 그들은 모든 농장을 국유화하고, 협동조합을 설립하여 모든 영농을 정부 통제하에 두었다. 그로부터 7년이 지난 후에 그곳 사정은 이렇게 보고되었다.

"쿠데타를 통해 이 정부가 권력을 잡은 이래로 관개를 한 농토는 그야말로 전무했으며, 환경을 파괴하는 농업 관행을 시정하기 위한 노력은 거의 없었다. 목재 채벌과 가축의 과다 방목은 널리 퍼져 있었다. 또한 정부 소유의 농업마케팅공사가 지불하는 낮은 가격은, 여전히 비옥한 지역에 남아 있던 농부들로 하여금 잉여 농산물을 생산한다든지 생산된 잉여 제품을 판매하고픈 마음이 싹 달아나도록 했다." (존 P. 파월슨, 〈부와 빈곤의 역사〉, 자유기업원, p. 228)

## 시대정신이
## 미래를 결정한다

──────────── 1950년대 이후 집산주의와 계획경제에 대한 믿음이 거센 파도처럼 밀려오는 와중에도 대한민국이 개방과 교역에 바탕을 둔 시장경제 체제를 선택했다는 것은 정말 대단한 일이라 하지 않을 수 없다. 지금 생각해보면 지극히 당연한 것이지만, 당시의 상황을 보면 우리 국민들에게 현명함과 큰 행운이 함께했다고 할 만한다. 일제치하에서 벗어난 다음 실시된 여론조사에서도 "우리 국민들 가운데 75%가 사회주의 정책으로 대한민국이 나아가

야 한다"고 믿었다. 인간 본성에는 사회주의가 잘 들어맞기 때문이다. 1960년대 들어서 희석되긴 했으나, 시대의 유행에 휘둘리지 않고 교역의 활성화와 수출 지향적 산업의 육성, 그리고 개인의 인센티브에 바탕을 둔 친시장적 경제 정책을 이끌었던 당시 우리 지도자들의 혜안은 마땅히 칭찬받아야 한다.

사람은 생각에 따라 행동한다. 어떤 사회의 진로도 하늘에서 툭 떨어지듯이 우연하게 결정되지 않는다. 사회를 구성하고 있는 사람들이 어떤 생각을 갖고 있는가에 따라 좌우된다. 사회의 다수 구성원들이 반복적이고 지속적으로 하는 생각의 관점에 따라 제도와 정책 그리고 사회의 진로가 결정되게 마련이다. 사람들이 사회적으로 중요한 이슈에 대해 대체로 동의하는 생각을 우리는 '시대정신'이라고 부른다. 예를 들어, 증세를 통해 공공부문이 차지하는 비중을 지금보다 훨씬 더 높이고, 이에 따라 지불하게 되는 역동성의 상실과 같은 비용을 별로 중요하지 않다고 생각하는 것도 일종의 시대정신 중 하나다. 개인보다 사회가 더 많은 역할을 맡아야 한다는 믿음이 다수의 동의를 얻었음을 뜻하기 때문이다.

여기서 한국인들이 받은 교육적인 배경을 살펴볼 필요가 있다. 우리 교육은 비판적으로 사고하고 훈련하는 데 그리 효과적이지 않다. '시험 잘 치르기'에만 특화된 사람들을 배출할 뿐, 옳고 그름에 바탕을 두고 사회 현상을 바라보도록 교육하지 못하고 있는 실정이다. 이는 곧 우리가 자신의 이익이 관련되지 않은 이슈에 관해서는 합리와 이성, 논리보다는 위기와 유행, 감정, 원시 본능(공동생산과 공동분배에 우호적인 인류 조상들의 뿌리 깊은 선호)에 휘둘릴 가능성이 있음을 뜻한다.

원시 본능은 인간 본성에 뿌리 깊게 자리 잡고 있는 계획과 통제에 대한 바람이다. 인간은 거래를 바탕으로 하는 자본주의가 활성화되기 훨씬 전부터 공동생산과 공동분배에 의해 살아왔다. 작은 촌락 단위를 중심으로 공동 생산하고 공동 분배하는 문화적 유전자가 우리들의 심성에 깊이 뿌리박혀 있기 때문에, 거래의 본질에 대한 정확한 이해가 없다면 대체로 정부의 시혜나 계획, 간섭에 우호적인 시각을 갖게 된다.

오늘날에는 개인이 정보와 지식을 습득할 수 있는 방법과 기회가 많다. 요즘 사람들이 수용하는 정보와 지식은 2가지 측면에서 이해할 수 있다. 하나는 사람들이 인간 본성에 친화적인 정보나 지식을 쉽게 받아들인다는 것이다. 개인의 선택과 책임을 강조하는 이론이나 주장, 정책보다는 정부가 개인의 선택과 책임을 대신해주는 논리를 전문적으로 생산해서 배포하는 지식인들의 활동이 왕성하기 때문이다. 개인들이 이들의 영향을 받기에 더 이상 완벽할 수 없을 정도로 미디어 환경이 잘 마련되어 있다. 중장기적으로 큰 피해를 끼칠 정책이라도 단기적인 이익으로 유권자를 유혹하는 쪽으로 손을 들어주는 정보와 지식이 유통되기에 이상적인 환경이란 것이다.

다른 하나는 예전에는 몰랐던 사실을 많은 사람들이 알게 되었다는 점이다. 즉, 이제는 남들이 얼마나 잘살고 있는지에 대해 아는 것이 어렵지 않다. 누가 얼마를 받고 있는지, 누가 얼마나 많은 재산을 소유하고 있는지 등에 관한 정보들도 낱낱이 공개되고 있다. 만약 일본인들이라면 이런 정보를 알더라도 그리 신경 쓰지 않을 것이다. 타인과 나는 엄연히 다르다고 인정하기 때문이다. 그러나 한국인들은 다른 반응을 보인다. "왜 그들만 그렇게 잘살아야 하는 것인가?"라며 격앙된 반응을 보인다. 상대적 격차에 대한 분노와 초조함은 세상을 바라보는 관점을 왜곡시킨다. 정치적 해법에 의한 재분배에 대해 우호적인 시각을 갖는 사람들도 부쩍 늘어나고 있다. 고도성장기를 거치는 동안 누적된 부정부패와 빈부격차로 인해 국가의 적극적인 개입에 의한 재분배정책을 선호하는 쪽의 목소리가 커져가고 있다.

## 불평과 불만은
## 정치적 해법을 선호한다

──────── 이런 맥락에서 젊은 층, 중장년, 노년으로 나누어 시대정신을 살펴볼 필요가 있다. 편의상 연령에 따른 구분이라고 생각하기 바란다.

젊은 층은 우선 괜찮은 직장을 잡기가 무척 힘들다. 일자리는 단순한 생계 수단이 아니라 한 사람의 정체성을 대표하는 것이다. 일자리를 잡지 못한 사람이 세상에 대해 우호적인 시각을 갖기란 어렵다. 한 번이라도 실업 상태나 구직 때문에 고심해본 적이 있는 사람들은 오랫동안 일을 구하지 못한 사람의 마음이 어떨지 쉽게 짐작할 수 있을 것이다. 그것은 참담함이란 표현으로는 부족할 것이다. 그런 젊은이들에게 세상을 따뜻하고 희망적으로, 낙관적으로 보라고 한다고 해서 과연 그들이 얼마나 공감할 수 있을지 의문이 든다.

이런 사회 분위기 속에서 등장한 것이 '헬조선' '5포 시대' '88만 원 세대' 등과 같은 용어다. 젊은이들의 불만은 그들의 시대정신에 반영된다. 우리 젊은이들의 시대정신이 앞으로 어떤 정치적인 의사 표현으로 구현될지 궁금하다. 확실한 것은 지금의 젊은 층이 사회에 대해 따뜻한 시각을 갖기가 무척 힘들다는 것이다. 기성세대가 어떤 이야기를 하더라도 사회에 대한 불만과 불신으로 가득 찰 수밖에 없다.

직장 생활의 끝을 향해 달리고 있는 중장년층도 불안하기는 마찬가지다. 그들의 고민은 열심히 살아왔으나 저축해둔 자산이 별로 없다는 데 있다. 날로 길어지는 노년에 자신이 제대로 준비하고 있지 못해 불안감이 깊어진다. '내가 이 정도밖에 하지 못했는가?'라는 자괴감에 시달릴 때도 많다.

노년층은 어떤가? 그들 가운데 여유가 있는 사람들은 많지 않다. 노년의 관대함과 아량은 지갑에서 나온다고 해도 과언이 아니다. 노년층 역시 먼 미래나 다음 세대의 앞날을 생각하기보다는, 지금 당장 나에게 누가 어떤 이익을 주는가에 더 관심을 쏟고 있다.

현재 우리 사회의 다수 구성원들은 저마다의 입장에서 저마다의 불만을 갖고 있으며, 이러한 불만은 대체로 정부를 향하고 있다. 정부가 나를 위해, 혹은 우리를 위해 더 많은 역할을 해주어야 한다는 요구다. 2011년 무상급식을 시작으로 국가 재정 상황에 무리가 되는 '무상' 시리즈들이 연이어 분출되고 있는 것은 이런 시대정신을 반영하고 있다고 볼 수 있다. 한때 야당은 학자금 무이자 대출을 고려하다가 여론이 심상치 않자 이내 철회하고 말았다. 지금도 일부 정치인들은 현금을 특정 계층에게 나누어주겠다는 구상을 버리지 못하고 있다. 옳고 그름의 문제를 떠나, 이 시대의 정신에서 자립과 자존, 책임이라는 단어들은 점점 개인으로부터 멀어지고 있음을 부인할 수 없다.

만들어지는 제도마다 근사한 명분을 내세우고 있지만, 솔직히 나랏돈을 어떻게 하면 잘 빼서 사용할까를 법으로 포장한 것들이 대부분이다. 나랏돈을 빼먹기 위해 고심하는 사람들도 점점 늘어나고 있다. 실업급여 제도만 해도 애초에 선의에서 출발하였으나 주위를 둘러보면 부정 수급하는 사람들이 한둘이 아니다. 그들은 나랏돈 빼먹는 일에 양심 운운하지 않는다. 합법적으로 약탈하지 못하는 사람을 바보라고 생각하는 이들이 오히려 더 많아지고 있다. 미디어에서 부정 수급자 몇 명을 단속하는 데 성공했다는 보도를 접하면 사실 그 수보다 수십, 수백 배의 사람들이 부정 수급을 하고 있다고 추정해도 무방할 것이다. 발각된 사람들은 빙산의 일각에 지나지 않을 것이다.

앞으로 시대정신은 어떻게 변화되어갈 것인가? 경제 상황에 따라 다소 차이가 있겠지만, 추세를 피할 길은 없을 것이다. 저성장 시대가 고착되면 국가가 더 많은 도움을 주어야 한다고 생각하는 사람들이 늘어날 수밖에 없다. "저 사람들을 도와주어야 한다"고 말하는 사람들은 정의로운 사람으로 추앙받고, "저 사람들을 도와주는 데에 신중해야 한다"고 말하는 사람들은 정의롭지 못한 사람으로 폄하되는 게 일반적인 우리 사회의 분위기다. 간혹 소수의 사람들이 "개인이 감당해야 할 영역까지 국가에 책임을 미루는 것은 옳지 않다"고 주장하기도 하지만, 이들의 목소리는 한강에 조약돌 하나 던지는 수준에 그친다.

국가의 보조나 도움이 갖는 부작용은 일단 한번 주어진 혜택은 누군가의 권리가 되어버린다는 데 있다. 그 권리를 빼앗는 일은 거의 불가능에 가깝다. 또한 그런 혜택을 보기 시작한 사람들은 견고한 이익 집단처럼 바뀌게 되는데, 문제는 그들의 모습이 주변 사람들에게도 영향을 미친다는 것이다. "저 사람들은 저런 혜택을 받는데, 우리는 왜 아무런 혜택을 받지 못하나?"라며 항의를 하게 마련이다. 너 나 할 것 없이 국가로부터 도움받는 일을 당연한 것으로 여기게 되면서, 국가의 도움을 받지 못하는 사람들은 정의로운 사람이 아니라 모자라는 사람으로 간주되게 된다.

스스로 어려운 상황에 놓여 있다고 생각하는 사람의 눈에는 자신의 이익밖에 보이지 않는다. 지갑 사정이 넉넉해야 자기 이익을 강조하는 '부분 최적화'를 넘어, 자기 이익에다 사회의 이익까지 고려하는 '전체 최적화'를 염두에 둘 가능성이 높아진다. 사정이 어려우면 어려울수록 인간의 시야는 자신의 이익 보호에 더 집중되게 된다.

'모럴 해저드(moral hazard, 도덕적 해이)'도 극성을 부릴 것이다. 부정한 방법으로 자격 조건을 만들 뿐만 아니라, 부정한 방법으로 돈을 타도록 도와주는 것을 업으로 하는 사람들이 있다. 이들은 부정으로 받은 돈을 일정한 비율로 나누거나 부정 수급에 대한 일정한 수수료를 지불하는 형식을 취할 것이다.

이 경우 당장의 예산 누수도 문제지만, 이런 부정 수급자들은 정신적 기반이 훼손되기 쉽다는 점이 큰 문제다. 한번 혜택을 받기 시작한 사람은 위급 상황이 발생하지 않는 한 스스로 자립할 수 있는 정신적인 기백을 잃어버리게 된다. 경제 상황이 언제까지나 현재처럼 계속될 수는 없다. 정신적 기반이 훼손된 사람은 경제 상황이 악화되었을 때 쉽게 타격을 받게 된다. 그럼에도 불구하고 그것은 미래의 일이기 때문에, 당장의 이익에 눈이 먼 사람들은 훗날 자신이 치러야 할 비용을 생각하지 못한다. 김정호 교수(연세대 경제대학원)는 반복적인 국가의 도움이 가져올 수 있는 책임감 상실에 대해 이런 이야기를 털어놓는다.

"국가가 모든 사람들의 삶을 책임져야 한다고 가르치는 것은 좋은 일이 아닙니다. 저는 무책임한 방법이라고 생각합니다. 사람은 각자 스스로 책임을 져야지, 왜 국가가 나서냐는 겁니다. 국가라는 것은 그냥 사람들이 모인 것이거든요. 국가는 돈을 만들 수 없습니다. 물론 조폐공사에서 돈을 찍어낼 수는 있겠죠. 하지만 그 순간 돈은 휴지 조각이 됩니다. 국민이 부를 만들어냅니다. 이렇게 한 사람 한 사람이 다 부를 만들어내야 어딘가에 쓸 수 있겠죠? 국가는 부를 만들 수 없기에 누군가가 만들어낸 것을 뺏어다 나눠줘야만 합니다. 국가가 책임진다는 것은 그런 의미입니다. 누군가의 것을 뺏어서 다른 이들에게 나눠줘야 한다는 거예요. 그런 것은 사람을 무책임하게 만듭니다." (김정호, "무상급식은 차별이 아닌 선별적 복지입니다", 〈일조신문〉, 2012. 7. 1)

내 삶을 내가 아니라 국가가 책임을 져야 한다는 시대정신이 거대한 파고처럼 한 사회를 뒤덮어가고 있다. 문제의 심각성을 파악한 일부 정치 지도자나 도덕적인 지도자가 정신 재무장 운동과 같은 것을 전개할 가능성도 있다. 그러나 제한적인 효과는 거둘 수 있겠지만, 거대한 시대정신의 변질을 방지할 수 있을지는 의문이다.

어떤 사회든 상부구조는 정신세계지만 하부구조는 물질세계가 차지한다. 생업에 바쁜 대다수 사람들은 상부구조에 대해 깊이 생각할 겨를이 없다. 눈에 보이는 하부구조에 주목할 뿐이다. 그러나 상부구조(정신)가 하부구조(물질)에 미치는 영향은 아주 크다. 한때 한국인의 정신세계를 지배했던 것은 절대가난을 벗어나서 우리도 한번 잘살아보자는 것이었다. 거기에는 '근면, 자조, 협동'의 정신이 있었으며, 특히 "스스로 일어서고, 스스로 책임지고, 남에게 신세를 지지 않아야 한다"는 굳건한 믿음이 있었다. 그러다 절대빈곤을 벗어났을 때 그 자리를 차지한 것은 민주화의 실현이었다. 그다음에는 '선진화' 같은 단어들이 잠시 등장하기도 했지만, 오늘날 우리 사회는 좌표와 지향점을 잃어버린 채 표류하고 있다. 지향점을 상실한 사회에서는 오로지 개인의 이익 추구만 존재할 뿐이다.

견실한 도덕적 기초나 역사가 없는 상태에서 인간은 자신의 이익만을 추구하는 쪽으로 갈 수밖에 없다. 나라가 어떻게 되든지 말든지 오직 내 이익을 극대화해야 한다고 생각하는 사람들도 드물지 않다. 어디 그뿐인가. 우리나라는 인구 대비 통계로 볼 때 사기, 기만, 위증, 무고와 같은 사건들이 지나치게 많다. 한쪽에서는 국가를 상대로, 또 한쪽에서는 개인을 상대로 하는 약탈 행위가 빈번하게 일어나고 있다고 해도 과언이 아니다.


## 더 많은 정치적 해법에 대한 요구

———————— 앞으로 살림살이가 어려워질수록 이런 경향은 더욱 심해질 것으로 보인다. 그러나 '우리가 정말 잘못된 길을 걸어왔구나' 하고 깨달았을 때는 이미 우리 스스로가 자초한 경제 위기가 코앞에 닥쳐왔을 때일 것이다. 사회의 구성원들은 그런 위기

가 닥치기 전에 스스로 지켜야 할 핵심 가치를 상기하고 받아들일 수 있어야 한다. 그것은 복잡하지도 않으며, 그렇다고 해서 어려운 지식이나 지혜도 아니다.

물론 국가의 도움이 불가피한 소수의 그룹에는 마땅히 국가가 보조를 해야 할 것이다. 그러나 이를 일반적인 계층에까지 확대 적용하는 일은 재고해야 한다. 그런 제도를 신설하는 데 보다 현명하게 대처할 수 있어야 한다. 나보다 나라가 더 많은 역할을 대행해주어야 한다는 시대정신이 확산되면 될수록 한국 사회는 얼마 가지 않아 이에 필적할 만한 큰 비용을 지불하게 될 것이다. 그릇된 시대정신은 사회 전체에 도덕적인 퇴락을 가져오고 기회주의 행동을 만연시키게 한다는 사실을 명심하자.

스웨덴은 기독교 국가이면서 비교적 정신적 토대가 강건한 나라다. 복지국가에 열렬히 찬성을 표했던 사회경제학자 군나르 뮈르달(Gunnar Myrdal)은 '스웨덴 복지체제의 아버지'라고 불리는 인물이다. 그는 스웨덴 사람들이 탄탄한 청교도 윤리를 갖고 있기 때문에 나라가 개인을 돕는 데 열심이더라도 국민들이 게으름을 피울 가능성은 낮다고 보았다. 이처럼 지식인들은 자주 낭만적인 견해를 피력하기도 한다. 당시 사람들은 그의 말을 철석같이 믿었다. 그러나 본격적인 복지 정책이 실시되자 스웨덴도 예외는 아니었다. 과거에 스웨덴 사람들이 100만큼 일했다면, 소득을 왕창 떼어가는 체제하에서는 70~80밖에 일하지 않았다. 지금 한창 어려움을 겪는 그리스는 50밖에 일하지 않았다. 이같은 국가 개입에 의한 부조 정책이 광범위하게 실시되면 모든 나라들은 비슷한 상황에 처하게 된다.

문제는 이런 체제가 오랫동안 유지될 수 없다는 데 있다. 결국 스웨덴도 무상복지 시리즈가 본격화되기 시작하는 1970년대부터 서서히 성장률이 정체되다가, 1980년대 말부터 1990년대 초에 걸쳐 외환위기를 겪게 된다. 그들 역시 별수가 없었다. 인간은 모두 비슷비슷하기 때문이다. 어려움을 당하고 난 다음에야 '이게 아니구나'라는 사실을 뼈저리게 체험할 뿐이다. 이후 스웨덴은 생산적 복지 체제로 전환하면서 일하지 않는 사람에게는 국가 보조를 줄이는 쪽으로 정책을 선회하고, 국가 보조를 받던 국영기업을 민영화하고 연금도 부분적으로 민영화를 실시했다. 우리는 예외라고 목소리를 높일 수 있을지 모르지만, 국가 개입이 높아지면 높아질수록 어느 나라든 스웨덴이나 그리스가 걸었던 길을 벗어날 수가 없다. 우리나라도 마찬가지다.

지금까지의 논의를 정리해보면, 한국에 저성장 시대가 고착화되고 격차가 확대되면 사람들은 시장 친화적 개혁을 통한 사회문제의 해결보다는 당장에 효과를 낼 수 있을 듯한 정치적 해결 혹은 사회적 해결에 더 큰 비중을 두게 될 것이다. 그만큼 사람들이 앞뒤를 재고 합리나 이성에 바탕을 둔 의사결정보다는 감성적 호소에 더 귀를 기울이게 될 것으로 보인다.

여기서 우리가 주목해야 할 점은 김대중 정부에서 이루어졌던 1차 복지 개혁과 노무현 정부에서 이루어졌던 2차 복지 개혁 사이의 뚜렷한 차이다. 1차 개혁 때에는 대통령의 정치적 결정과 관료 중심적 정책 결정이 뒤이어 이루어졌다. 그러나 2차 개혁 때에는 정당들이 주도적으로 입안을 하고, 여론을 형성하여, 이익을 결집시키는 모습이 나타났다. 이런 변화에 대해 강원택 교수(서울대 정치외교학부)는 "적어도 복지 정책의 방향과 규모 등을 둘러싼 정당 간의 차별성은 한국 정치에서도 나타나고 있다. 최근 들어 복지 이슈가 정치적으로 큰 주목을 받게 된 것도, 사회적 양극화 등 사회적 요구와 증대와 함께, 정당 간 복지 정책을 포함한 경제 정책에서의 차별성이 강화된 때문으로 볼 수 있다"고 평가하고 있다.

전문가들의 이런 평가와 필자의 전망에 의하면, 이런 시대정신의 변질을 반영하여 앞으로 정당들이 다양한 사회적 이슈들을 정치적 해법으로 처리하는 쪽에 손을 들어줄 것으로 보인다. 이런 추세가 자리를 잡게 되면 더 많은 재원을 확보하여 더 많이 배분하는 것을 당연히 여기는 사회가 될 것이며, 그렇지 않은 주장은 결국 소수 의견에 머물고 말 것이다. 일단 사람들이 자립·자존 정신보다는 국가 개입에 의한 보조 쪽으로 생각의 물꼬를 트기 시작하면 정당의 색깔에는 큰 영향을 받지 않게 될 것이다. 진보 색채의 정당이건 보수 색채의 정당이건 비슷비슷한 방향으로 가게 될 것이다. 이른바 선명성 경쟁이 일어나면서 예상보다 훨씬 빠른 속도로 더 많은 국가 지원을 행하는 쪽으로 모든 정책이 달려갈 것으로 보인다.

깨어 있는 사람들은 사회가 문제의 해법을 정치에서만 찾는 데 골몰하는 순간부터 어떤 미래가 펼쳐질지 예측할 수 있다. 안타깝게도 이런 추세를 막을 방법은 없어 보인다. 한국 사회는 정치적 해법 쪽으로 계속 기우는 사회가 될 것이며, 그것도 우리의 예상보다 훨씬 빠른 속도로 진행될 것이다. 이 같은 추세는 아마도 그런 해법을 뒷받침하기 위한 자원과 여력이 더 이상 우리 사회에 남아 있지 않은 순간까지 계속될 것이다. 우리 국민들은 "이 나라의 주인은 나이기 때문에, 나라가 나에게 최소한 이런저런 것들은 보장해주어야 한다"는 생각을 아주 강하게 하는 편이다. 여기서 한걸음 나아가

사정이 어떻든 간에 "국가는 나에게 혹은 우리에게 그 정도는 해주어야 하는 기구" 정도라고 생각하는 사람들이 많다.

주인의식은 좋은 것이지만, 이상한 방향으로 흘러갈 위험 또한 높다. 개인적으로 책임을 지려 하기보다는 국가가 주는 혜택을 누리는 데에만 관심을 가진 사람들이 다수를 차지한다면 그 사회가 어디로 가겠는가? 우리 사회가 과연 이런 궤도를 수정할 가능성이 있을지 의문이다.

# 12

# 빈부격차

어떤 노력을 기울이더라도 확대될 수밖에 없다

> **기술 변화 추세와 한국 경제가 처한 상황을 미루어볼 때,
> 빈부격차가 해소될 기미는 보이지 않는다.
> 우리 사회는 경쟁이나 변화에 뒤처진 사람들을 위해
> 더 많은 자원을 동원할 수밖에 없을 것이며,
> 이에 따라 재정 수요는 계속 늘어나게 될 것이다.**

남미 대륙의 후미진 곳을 둘러보다 보면, 빈곤 문제가 구조화되어 있는 대륙이라는 인상을 받는다. 가까운 장래는 물론 앞으로도 그리고 어쩌면 영원히, 문제가 해결될 기미가 보이지 않는다는 점에도 주목하게 된다.

브라질은 상위 10%가 소득의 50.6%를, 멕시코는 50.6%를, 아르헨티나는 41.7%를, 그리고 니카라과, 파나마, 우루과이는 40%를 차지하고 있다. 남미 대륙 전체로 보면, 하위 20% 인구가 소득에서 차지하는 비중은 3.5%에 지나지 않는다.

라틴아메리카 소식을 전하는 '메르코프레스(Merco Press)'는 "라틴아메리카의 빈부격차는 지난 수십 년간 줄어들지 않았다"고 말한다. (2010. 3. 27) 이런 문제점을 잘 알고 있는 아르헨티나 출신의 교황은 남미 순방 길에 "남미 국가들은 빈곤 계층에 큰 빚을 지고

있다”고 말하며 소외 계층에 대한 관심을 촉구하기도 했다.

남미의 빈부격차 문제는 현상만의 문제가 아닌, 역사의 문제로 바라봐야 한다. 남미 국가들은 이베리아 반도에 위치한 스페인과 포르투갈의 유산을 고스란히 인수했다. 스페인은 이베리아 반도에서 무어인을 물리치고 풍부한 토지를 갖게 되었을 때, 국왕의 처분에 따라 선호하는 귀족들을 중심으로 토지 재분배를 실시했다. 똑같은 일이 라틴아메리카에서도 재현되었다. 유럽 출신의 정복민들은 혈통 중심으로 하나의 그룹을 형성했으며, 다수를 차지하는 아메리카 인디언들은 철저히 소외시켰다. 남미 국가들마다 정도의 차이는 있지만 대부분은 지배 계층과 피지배 계층 사이에 단절 현상이 심하며, 이에 따라 사회적 이동의 가능성도 현저히 낮다. 같은 나라에 속한 국민들이지만 ‘그들’과 ‘우리’ 사이에는 같은 국민이라는 의식이 매우 희박하다.

## ‘그들’과 ‘우리’로 나뉜
## 사회의 비극

────────────── 전문가들은 이를 ‘분할된 사회’ 혹은 ‘구획된 사회(sectioned society)’라고 부른다. 신분과 혈통에 의해 구획된 사회는 ‘내부 집단’과 ‘외부 집단’으로 나뉜다. 내부 집단에 속하는 사람들은 국가라는 합법적 폭력을 이용해서 자신과 같은 소속 구성원들의 이익을 극대화한다. 이들은 다수를 차지하는 ‘외부 집단’과 소통할 필요도 없으며, 그들의 이익을 고려할 필요도 없다.

내부 집단은 자신의 필요에 따라서 외부 집단으로부터 일부 사람들을 고용한다. 허드렛일을 처리하는 가정부나, 쓰레기를 치우는 청소부 등. 이런 활동을 빼면 외부 집단이 존재하든 하지 않든 내부 집단의 구성원들에게는 아무런 문제가 될 게 없다. 경제 성장이 이루어지더라도 대부분의 과실은 내부 집단 구성원들에게 배분될 뿐이다. 이런 사회의 대표적인 국가가 과테말라와 니카라과다.

과테말라의 경우, 1970년에 과테말라 전체 토지의 75%가 2%의 부유한 부자들에 의해 소유되었을 정도로 분배의 왜곡이 심각했다. 토지를 소유하지 못한 채 빈곤의 나락에 빠진 농민들은 좌파 이데올로기로 무장한 반정부 좌익 게릴라 단체에 기울지 않을 수 없었다. 1962년부터 1996년까지 벌어진 내전으로 인해 총 10만 명의 사망자와 5만 명의 실종자, 그리고 20만 명의 난민이 발생하게 되었는데, 이러한 내전의 뿌리에는 바로 절대빈곤과 구조적인 빈부격차 문제가 있었다.

니카라과도 철저하게 구획된 사회였다. 스페인 혈통을 이어받은 엘리트가 부와 토지의 대부분을 소유하고, 카리브 해 연안의 인디언과 전국에 산재한 궁핍한 농민들은 철저하게 '주변화' 되었다. 쿠데타를 통해 집권에 성공한 권력자들은 스페인의 초기 정복민들이 그러하였듯이 자신과 가족들 그리고 내부 집단의 이익을 극대화하기 위해 수탈도 서슴지 않았다.

1937년 쿠데타로 집권한 소모사 정권도 1934년에는 어떤 토지도 갖고 있지 않았다. 그러나 소모사가 대통령에 취임하고 나서 1946년 즈음에는 소모사 가문이 커피·쇠고기 수출, 국내 우유 생산 등 돈이 될 만한 거의 모든 기간산업을 소유하게 됐다. 그가 쿠데타로 실각하는 1979년에 이르자 대규모 농장의 거의 모든 땅을 소모사와 그 동지들이 장악하고 만다. 이후 집권에 성공하는 산디니스타 정권도 소모사 정권과 조금도 다를 바가 없었다. 그들은 하나같이 자리에서 물러나는 시점이 되면 국고를 텅텅 비워놓고 떠났다.

한편 페루도 엘리트와 하층계급 사이의 문화적 간격이 매우 큰 나라다. 스페인에 의한 정복(1531~1533년)이 이루어지고 난 다음 페루는 '이중적 사회'의 모습을 유지하게 된다. 주변부로 밀려난 페루의 인디언들은 극도의 빈곤 상태를 벗어나지 못한다. 이런 절망적인 상황에서 마르크스주의를 신봉하는 세력들이 산간 지방을 중심으로 게릴라 활동을 전개한다. 흥미로운 점은 무력으로 집권에 성공한 정치 세력들은 '이중적 사회'를 개혁하기보다는 권력을 쥐고 또 다른 상층부를 차지하는 악순환이 반복되었다는 것이다. 부와 빈곤의 역사를 연구해왔던 존 P. 파월슨은 남미 대륙을 지배했던 나쁜 전통에 대해 이렇게 평가한다. "군사정부 그리고 그 이후의 민간 정부도 똑같이 이중적 사회에서 새로운 엘리트로 등장한다. 물론 원주민들을 치켜세우고 가난한 계층의 이름으로 활동하긴 했으나, 그들은 선임자들과 다를 바 없이 그런 빈곤 계층의 어느 누구에게도 의사결정에 참여할 기회를 주지 않았다."

남미 국가 중에서 선진국 진입의 가능성이 가장 높았던 국가가 아르헨티나였다. 1890년을 기준으로 보면, 아르헨티나는 100년 후에 서반구에서 가장 부유한 나라가 될 수 있다고 예측될 정도로 부유한 국가였다. 생산량은 증가하고 있었고, 농장은 번성했다. 그로 인해 아르헨티나는 당시 유럽인들에게 가장 인기 있는 이민 국가 가운데 하나였으며, 지식인들은 아르헨티나를 '서반구의 오스트레일리아'라고 부르기도 했다.

그러나 아르헨티나 역시 이베리아의 유산으로부터 자유로울 수 없었다. 남미의 다른 국가들과 달리 토지가 풍부했던 아르헨티나는 초기부터 스페인 사람들이 무어족을 취급했던 방식과 유사한 행보를 보였다. 원주민을 토지에 복속시키기보다는 말살하는 정책을 추진하였던 것이다.

19세기의 토지는 유럽 이주민들이 원주민을 정복하는 전쟁에 참가한 대가로 분배되기 시작했다. 그 결과 토지를 소유한 사람들끼리 작지만 강력한 소수의 독재정치, 즉 견고한 내부 집단을 형성하게 되었다. 그들은 철저하게 내부 집단의 이익을 극대화하는 데 골몰하였을 뿐, 외부 집단인 원주민들의 이익은 안중에 두지 않았다. 혜택을 받는 집단들은 자신의 입장을 방어하는 데 적극적이었으며, 다른 집단들과의 투쟁에서 승리하기 위해 폭력이나 유괴 그리고 정부 전복에 의존하려 했다.

거만한 지배계급층에서는 폭력, 부패, 정부 전복, 변덕 그리고 비타협이 일상적인 모습으로 자리 잡게 된다. 페로니즘(Peronismo, 아르헨티나의 후안 페론 전 대통령과 영부인 에바 페론이 벌인 대중영합주의 정치운동)을 중심으로 아르헨티나가 부채 문제와 극심한 혼란을 경험한 일은 단순한 사건이 아니라 역사적인 뿌리에 기인한 것임을 확인할 수 있다. 남미의 역사적 실패 사례는 파이를 계속해서 키워가는 일이 얼마나 중요한지, 그리고 삶의 수준을 향상시키는 문이 닫히지 않도록 만드는 일이 얼마나 어려운지에 대한 교훈을 우리에게 일깨워준다. 성장률 끌어올리기와 계층 상승의 가능성에 대해서도 우리도 경각심을 가져야 한다. 참고로 한국은 상위 10%가 자산의 66.4%를, 그리고 하위 50%가 자산의 2%를 소유하고 있으며, 점점 그 격차는 확대되고 있는 추세다. 미국의 경우는 상위 10%가 자산의 76.3%를, 영국은 78.5%를, 그리고 프랑스는 62.4%를 차지하고 있다. (김낙년, "한국의 부의 불평등, 2000~2013", 2013년 기준)

## 낙수(落水)효과와
## 경제성장률

───────────── 경제성장률이 떨어지면서 성장의 과실이 분배되는 낙수효과에 대해 다양한 시각이 쏟아져나오고 있다. 그러나 부정할 수 없는 사실은, 다수의 사람들은 소득 정체 혹은 감소의 영향을 받게 된다는 점이다. 저성장의 악영향을 가장 많이 받는 사람들은 중산층 또는 취약 계층이다. 객관적인 실증 분석 자료를 살펴보면 외국에 비해 우려할 만한 수준은 아니지만 우리 사회의 소득 불평등은 꾸준히 진전되어왔다는 사실을 알 수 있다.

소득 불평등의 정도가 저성장이 굳어져가면서 심화되고 있는 것은 사실이다. 우리나라의 소득 불평등 추세는 성장률과 거의 궤적을 같이 해왔다. 1990년대 초반까지 고성장이 지속되는 상황에서는 소득 불평등 정도가 계속 개선되어왔지만, 1997년 외환위기 이후에는 소득 불평등 정도가 악화되었다가 약간 개선된 뒤 현재는 정체되어 있는 실정이다. 일부에서는 경제성장률이 그렇게 중요하냐고 의문을 제기한다. 그러나 필자는 "성장률이 낮아지는 것이야말로 모든 사회 문제의 원인"이라고 말하고 싶을 정도다. 그만큼 성장률은 중요하다. 두둑한 지갑에서 활력, 용기, 여유 등 거의 모든 좋은 생각과 행동이 흘러나온다. 따라서 한국 사회의 빈부격차를 악화시키고 앞으로도 그렇게 만들 가장 큰 요인은 성장률의 추락이다.

우리 사회 구성원들의 소득 불평등에 대한 체감 정도가 악화된 시점은 1997년 외환위기 이후지만, 곧바로 성장률이 회복되면서 체감 정도는 다소 회복되었다. 소득 불평등에 대한 체감 정도가 정말로 악화된 것은 2011년 이후다. 본격적으로 성장률이 떨어지고 주거비 상승 등이 맞물리면서 소득 불평등에 대한 체감 정도는 지속적으로 악화 중이다. 한국 사회에서 2010년부터 2011년 사이가 일종의 터닝포인트였다. 성장률이 본격적으로 추락하기 시작하는 시점이었을 뿐만 아니라 기업의 부실화가 눈에 띄게 진행되는 시점이기도 했다. 또한 이 시점을 중심으로 공짜 복지에 대한 논의가 본격화되었다. 훗날 경제사학자들은 '2010년을 전후한 시기'를 일컬어 한국 사회가 크게 진로를 선회한 시점이라고 할 것이다.

2000년대 중반을 기준으로 보면, 한국의 소득 불평등 정도는 OECD 국가 가운데 중간 수준에 머물렀다. 하지만 우리나라가 다른 나라와 뚜렷이 다른 점이 있다. 상대빈곤율, 즉 중위소득의 50% 이하 가구 비율이 다른 나라에 비해서 상당히 높은 수준이라는 점이다. 이는 우리나라의 경우는 소득 불평등보다 빈곤이 더 큰 문제임을 시사한다.

우리 사회의 구성원들은 상당한 고비용 사회에 살고 있다. 이 가운데 교육비 부담이 무척 큰 편이다. 사회 분위기와 제도상 무리하게 교육비를 부담하지 않을 수 없는 상황이다. 때문에 다수의 구성원들은 경제적 기반을 안정적으로 굳힐 수 있는 여유를 갖고 있지 않다. 현재의 노년층도 미래를 준비할 수 있는 여력을 갖지 못했지만, 은퇴를 향해 가고 있는 중년 및 장년층도 크게 다르지 않다.

근래에 우리 사회에서 소득 불평등에 대한 체감 정도가 심해지는 요인은 무엇일까? 단연코 경제성장률 하락을 들 수 있다. 저성장 상태가 굳어지면서 사회의 전 계층이 영향을 받고 있으며, 특히 중산층과 하위계층에 대한 마이너스 효과가 크다. 저성장 상태가 지속되면 어떤 상황이 일어날 수 있는가를 보여주는 흥미로운 사례가 하나 있다.

2000년대 초반 우리 사회에 조기 유학 바람이 중산층까지 번진 적이 있다. 여기서는 그런 선택이 옳은 것인가 아닌가를 논의하지 않겠다. 그러나 2011년을 전후로 한국 경제의 성장률이 꺾이면서, 거의 동시에 유학생 수는 급속히 하락 추세로 돌아섰다. 앞으로도 특별한 이변이 일어나지 않는 한 유학생 수의 증가를 목격하기는 힘들 것이다. 해외 유학의 효과에 대한 회의감 확산이 유학생 수의 감소 원인이라고 이야기하는 사람들도 있지만, 결정적인 요인은 소득의 정체 또는 감소에 있다. 이제는 대다수의 중산층이 자녀 유학을 보낼 여건을 마련하기가 무척 힘들 것이다. 앞으로 형편이 팍팍해질수록 우리 사회의 구성원들은 2000년대 초반 10년을 "우리들에게 따뜻하고 좋았던 시절"이었다고 회고할 것이다.

새롭게 노동시장에 진입하는 사람들이 일자리를 잡기 어려운 점도 소득 불평등에 대한 체감 정도를 심화시키는 요인이다. 정규 교육 과정을 마친 젊은이들이 취업할 기회를 잡지 못함으로써 가구 근로소득의 불평등이 심화되고 있다. 중년 혹은 노년의 아버지가 돈을 벌어서 취업 못한 성인 자녀들의 용돈까지 주고 있는 집들을 흔하게 볼 수 있다.

다른 한 가지 요인은 괜찮은 일자리의 공급 제한을 들 수 있다.

엄격한 해고 제한으로 고용주들은 채용 인력을 가능한 한 비정규직으로 대체하고 있는 실정이다. 통계청 자료는 2010년대 들어서 비정규직 비중은 30% 내외로 매년 큰 변화가 없다고 발표하지만, 현장 상황은 이와 다르다. 2000년 초반에 그 비중은 30%에 지나지 않았지만 지금은 기업 규모별로 혹은 업종별로 60%를 웃도는 경우도 있다. 또한 비정규직의 70% 이상이 30인 미만 영세기업에 집중되어 있다. 이는 경직화된 노동시장에서 고용주들이 어떻게 반응하고 있는가를 잘 말해준다. 소득 불평등에 대한 체감 정도를 심화시키는 데에는 심리적인 요인도 크다. 자본주의가 고도화되고 모바일 기기가 보편화되면서 사람들은 끊임없이 무엇인가를 구매하도록 자극받는 사회에 살게 되었다. '빚 권하는 사회'뿐만 아니라 '구매 권하는 사회'가 점점 더 자산 축적의 기회를 빼앗아가고 있다.

## 성장률 복원 없이는
## 소득 불평등 해소 어렵다

──────────── 소득 불평등 정도는 악화될 것인가, 완화될 것인가? 앞으로 소득 불평등 정도는 악화될 가능성이 훨씬 크다. 그 이유는 모두 5가지로 정리해볼 수 있다.

첫째, 한국 경제가 저성장 상태를 벗어날 가능성이 낮다. 이는 소득증가율이 정체 또는 감소하는 것을 뜻한다. 이웃 일본이 겪었던 장기 불황처럼 한국이 비슷한 상황에 떨어지게 된다면, 한국인들은 소득에 관한 한 '기대 체감의 시대'를 살아내야 할 것으로 보인다. 한마디로 소득 증가에 대한 기대 자체를 낮추거나 씀씀이에 대한 기대 수준을 지금보다 크게 낮추는 일이 필요할 것이다.

둘째, 노동시장에 대한 과감한 개혁 조치가 취해지지 않는 한 양질의 신규 고용이 발생할 가능성이 낮다. 해고 제한을 과감하게 풀어서 노동시장의 실질적 유연성을 확보하는 일은 일종의 문화혁명에 해당한다. 정치인들이 말로 하는 차원이 아닌 실질적인 유연성이 확보될 수 있는가라는 점에 대해서는 좀 더 두고 봐야 할 것이다.

노동시장의 유연성 문제는 해고라는 고통스러운 과정을 포함하고 있기 때문에 이를 추진하는 세력들이 확고한 신념을 갖지 않는다면 쉽지 않다. 그러나 그냥 현재 상황이 어렵기 때문에 개혁을 해야겠다는 수준의 자세로는 돌파하기 힘든 난제다. 개혁 과제들에 대해 확고한 신념을 갖춘 지도자를 만나는 행운이 우리에게 있을까? 현재 정권을 쥐고 있는 사람들만이 아니라 과거 정권을 쥔 사람들 중에도 그런 신념을 지킨 리더는 없었다. 실용적인 목적 때문에 추진하는 개혁은 표류할 수밖에 없다. "이것이 아니면 우리는 죽는다" 할 정도의 신념도 없는데 어떻게 난공불락의 핵심 제도를 개혁할 수 있겠는가?

뿐만 아니라 대단히 전투적인 노동단체, 관련 시민사회단체들의 활발한 활동도 노동 개혁을 어렵게 하고 있다. 더욱더 노동 개혁을 어렵게 하는 것은 해고의 두려움과 고통은 당장 눈으로 확인할 수 있는 효과이지만, 노동 개혁으로 거둘 수 있는 혜택은 눈에 보이지도 않고, 미래의 일이라는 점이다. 사람은 본래 눈에 보이지 않는 것을 확인하기 쉽지 않은 존재들이다. 이런 점에서 젊은 청년들이 일부 정치·시민단체의 주장에 동의하며 노동시장 개혁에 반대하는 것은 놀라울 따름이다.

셋째, 촘촘히 연결되는 세계 경제는 한국의 근로자들이 누려왔던 상대적인 프리미엄을 상당 부분 낮출 것이다. 상품시장의 치열한 경쟁, 중국의 급부상, 한국 기업의 경쟁력 하락 등이 맞물리면서 과도하게 보호받았던 임금은 서서히 가치 창출 능력에 맞는 수준으로 되돌아갈 것으로 보인다. 개방화는 임금 수준의 평준화를 뜻하는데, 이런 추세는 이제껏 그래왔듯 앞으로도 계속될 것이다. 우리는 실력에 비해서 꽤 괜찮은 임금을 누려왔다. 그런 거품이 정상적인 상태로 돌아가는 과정이 앞으로 활발하게 일어날 것이다. 이런 주장에 대해 "지금 받는 봉급 수준으로는 기본 생활도 힘들어요!"라고 항의하고 싶은 분들도 많을 것이다. 그것은 우리 중심의 사고다. 국제적인 시각에서 보면, 우리는 더 적극적으로 우리 사회의 고비용 구조를 낮출 수 있도록 노력해야 한다. 들어오는 것이 줄면 당연히 씀씀이를 낮추어야 한다. 개인의 씀씀이는 물론이고, 개인의 노력으로 가능하지 않은 사회적인 제도나 관행으로 자리 잡은 씀씀이도 낮춰야 할 것이다.

나라 전체가 고비용 구조를 탈피하기 위해 필사적인 노력을 경주해야 한다. 10명이 할 수 있는 일을 20명이 하고 있는 곳은 없는가? 그런 곳이 있다면 그것이야말로 고비용 구조의 한 부분이다. 없어도 되는 자리인데도 불구하고 누군가의 청탁이나 관련 업무 때문에 만들어진 자리가 있는가? 그런 곳이 바로 고비용의 원인 가운데 하나다. 1,000만 원이면 치를 수 있는 결혼식을 5,000만 원에 치르고 있는가? 그렇다면 바로 그곳에 고비용 구조가 들어 있는 것이다. 대학을 가지 않아도 되는 사람이 대학을 가는가? 그렇다면 바로 그곳에 고비용 구조가 들어 있는 셈이다. 이처럼 우리 사회 곳곳을 하나

하나 들여다보면 불필요하게 고비용을 유발하는 일들이 얼마나 많은지 확인할 수 있다.

넷째, 기술 진보, 특히 모바일 기술의 활성화는 부의 재편을 가져올 것이다. 이런 추세 속에서 승자는 모바일 기술을 통해서 거래를 활성화할 수 있는 대규모 자본들이다. 과거 같으면 길거리에서 이루어졌던 많은 거래들이 속속 온라인 혹은 모바일 세계로 수렴되고 있다. 미국의 오프라인 거대기업들, 예를 들어 오프라인 서점인 보더스, 가전제품을 판매하는 라디오 샥 등이 문을 닫고 월마트와 베스트바이 등이 온라인 업체들의 추격을 받는 것은 그들만의 문제가 아니라 우리에게도 시사하는 바가 크다.

여기서 우리는 한 가지 사실에 주목해야 한다. 베이비부머들이 은퇴 이후에 내딛는 창업시장 또한 찬바람이 부는 현상을 피할 수 없다는 점이다. 프랜차이즈 업종 가운데서 예외적인 경우도 있지만, 상품을 거래하는 가게라면 그들의 경쟁 상대는 온라인의 거대 강자들이기 때문이다.

마지막으로 자본주의가 고도화되면서, 별다른 자산을 물려받지 않은 채 사회생활을 시작하는 사람들은 자본을 축적할 기회를 갖지 못할 것이다. 자본주의의 고도화는 '돈을 쓰도록 만드는 기술이나 광고'가 극단적으로 발전하는 것을 뜻한다. 웬만큼 굳센 의지와 탄탄한 재테크 지식을 갖고 있지 않은 사람이라면 소비를 부추기는 시대 분위기에서 벗어나기 힘들다. 뿐만 아니라 약간의 자본을 축적하더라도, 앞 세대처럼 일단 사두기만 하면 가격이 올랐던 부동산 자산을 갖고 있는 것도 아니다. 따라서 재테크를 위해 풍부한 지식으로 스스로를 무장한 사람은 좋은 기회를 얻을 가능성이 높지만, 대부분의 사람들은 지식과 경험의 부족으로 돈을 잃는 게임을 할 수밖에 없다. 우리 사회는 소득 격차를 줄이는 요인들보다 확대를 촉진하는 요인들이 압도적으로 많은 실정이다.

## 경제 구조의 서비스화가 해법은 아니다

—————————— 소득 불평등 문제에 관심을 가진 사람이라면 우리가 무엇을 유지하고 발전시켜야 할 것인가를 정확히 알고 있어야 한다. 우리가 버려야 할 것은 무엇인지, 그리고 지켜야 할 것은 무엇인지를 확실히 알고 있어야 한다. 엉뚱한 방향으로 가야 한다고 목소리를 높이는 사람들이 있기 때문에 우리는 더 현명해야 한다.

"우리나라에서 소득 불평등이 1990년대 초반부터 확대된 주요한 원인으로 한국 경제의 급속한 서비스화를 들 수 있는데, 이것이 외국과 구별되는 특징으로 볼 수 있다. 1990년대 이전에는 주로 제조업의 수출을 통해 경제가 성장하면 그에 따라 고용이 증가하고 분배가 개선되는 선순환 구조였다. 그러나 1990년대 이후에는 이러한 선순환 구조가 깨지고 부품의 수입을 통해 수출이 증가되었고, IT화 및 자동화가 급속도로 진행되었기 때문에 고용의 증가를 동반하지 못하였다. 따라서 제조업의 고용은 감소되기 시작하였고 서비스업의 고용은 증가하기 시작하였다.

그러나 서비스업에서는 세부 업종별로 규제와 진입장벽, 낮은 생산성, 과당경쟁 등 다양한 이유로 양질의 고용이 창출되지 않고 있기 때문에 소득 불평등도 악화되기 시작하였다. 현재 국가 차원에서 서비스업 선진화를 강조하는 이유는 서비스업이 향후 고용 창출의 원천이고, 여기에서 양질의 일자리 창출이 가능하다면 소득 분배 구조도 개선될 수 있기 때문이다." (유경준, "소득 양극화 해소를 위하여", 〈KDi Focus〉, 2012. 4. 23., 통권 15호, p. 5)

어떤 나라든 소득 수준이 올라가면 경제의 서비스화를 피할 수 없다. 이런 서비스화는 그동안 부의 원천이 되었던 제조업을 대체하는 것이어서는 안 된다. 어디까지나 한국 사회에서 서비스업은 부의 창출 면에서 볼 때 제조업에 비해 우선순위에서 밀릴 수밖에 없다. 일반화하기는 힘들지만 우리는 눈에 보이는 것을 더 잘 다룰 수 있는 민족성을 갖고 있는 것 같다. 따라서 경제의 서비스화는 새로운 수익원을 확보하는 국가 차원의 다각화 전략 중 하나로 생각해야 할 것이다. 서비스업을 부르짖으면서 상대적으로 제조업을 방치하는 우를 범하지 않아야 한다.

국제적인 금융 산업 육성과 같은 목소리를 높이는 사람들도 있지만, 교육 시스템이나 인재 육성 시스템, 문화나 제도 등을 고려하면 우리의 금융업이 선진 기업들과 대등한 경쟁을 벌이는 일은 어렵다고 본다. 금융업을 속속들이 볼 수 있는 사람은 우리의 금융업이 지금보다 크게 나아질 수는 있지만, 한국의 제조업처럼 어쩌면 영원히 세계 시장에서 글로벌 기업들과 어깨를 나란히 할 수는 없을 것임을 잘 알고 있다.

누구든지 바람이나 소망이나 꿈을 가질 수 있다. 그러나 자신이 할 수 있는 일과 하고 싶은 일을 구분하지 못하면 가혹한 대가를 치르게 된다. 의욕도 중요하지만 우리의 실상을 정확하게 이해하는 일이 필요하다. 사람과 마찬가지로 국가나 민족도 강점이 있다. 그런 강점 위에 자신의 주력 산업을 일으키고 그곳에서 만들어진 부를 이용해 새로운 수익원을 개척하는 일은 기업이든 나라든 똑같이 필요한 일이다.

전직 영국 이코노미스트 기자 출신인 다니엘 튜더는 '한국이 영국 꼴 나지 않으려면'이라는 칼럼에서 필자와 비슷한 문제와 해답을 제시했다. 그는 "영국은 '나 홀로' 부자인 런던이 달려 있는 가난한 나라가 되어가고 있다"고 지적했다. 여기서 우리가 배워야 할 교훈은 절대로 제조업을 경시하지 말아야 한다는 점이다.

"수십 년 전 시작된 '탈산업화(deindustrialization)' 때문이다. 영국과 미국은 '서비스 경제'라는 관념에 매혹됐다. 제조업과 서비스업의 균형을 추구하지 않았다. 영국은 지금도 제조업을 하기는 한다. 하지만 생산성 향상으로 같은 물건을 더 소수의 인력으로 생산한다. 더 많이 생산하고 품질을 향상시키는 게 아니다. 영국 경제에서 제조업 비중은 10% 정도에 불과하다. (…) 물론 한국은 서비스업의 경쟁력을 강화하기 위한 노력을 지금보다 더 기울여야 하며, 앞으로도 한국의 서비스업은 계속 발전할 것이다. 하지만 가까운 시간 안에 한국이 금융업에서 제조업과 같은 위상을 차지할 가능성은 거의 없다. 런던이나 홍콩이 순순히 한국에 자리를 내주지 않을 것이다. 물론 '블루오션'도 있지만 장하준 교수가 즐겨 말하는 것처럼 의료 관광 부문은 앞으로 수백 배 성장해야 자동차 제조업 크기가 된다. (…) '서비스냐 제조냐' 하는 양자택일 문제는 없다. 스위스와 독일은 둘 다 잘할 수 있다는 것을 보여주고 있다. 한국이 영국이나 미국의 길을 가면 안 된다." (다니엘 튜더, "한국이 영국 꼴 나지 않으

려면", 〈중앙일보〉, 2015. 3. 7)

그럼에도 불구하고 한국은 빈곤에 대해서라면 다행스러운 면이 있다. 미국과 달리 한국은 밀집된 지역에서 도시권 생활을 영위하고 있다. 공공 교통수단들이 잘 발달되어 있기 때문에 빈곤층으로 떨어진 계층도 직장에 접근할 수 있는 가능성이 높다. 지역이 넓은 미국의 경우 한번 빈곤층으로 떨어진 사람들은 엄청난 자동차 유지비용 때문에 직장에 접근할 수 있는 가능성이 상대적으로 낮아 빈곤이 우리보다 더 구조화되는 경향이 강하다.

우리 사회는 그동안 잘해왔고 잘할 수 있는 제조업에서 그 기반을 상실하지 않도록 최선을 다해야 한다. 나라 전체가 제조업을 중시하는 분위기를 만들고, 제도 개혁에 박차를 가한다면 더 많은 사람들이 빈곤의 나락으로 떨어지는 것을 피할 수 있을 것이다.

그러나 시대는 우리에게 결코 우호적이지 않다. 우리보다 더 싸게 더 잘 만들 수 있는 나라들이 속속 등장하고 있기 때문이다. 게다가 제조업을 지키려는 우리의 노력은 너무 미흡하다. 빈곤 문제는 우리 국민들이 우리 수준을 잘 알고 우리 강점을 잘 아는 것에서부터 시작되어야 한다.

우리 사회가 취해야 할 선택은 사업가들의 고민과 크게 다를 바가 없다. 사업가들은 현재의 수익원에 새로운 것을 추가하기 위해 심혈을 기울인다. 그러나 새로운 아이템이나 새로운 분야를 개척해서 수익을 거두는 일은 창업보다 더 어려운 과제다. 사업가들이 위기를 맞는 경우는 현재의 수익원에서 제법 괜찮은 수익을 올리는 동안 새로운 수익원을 확보하지 못할 때다.

국가도 마찬가지다. 금융, 유통 등 서비스업에서 새로운 성장의 발판을 마련하기 위해 노력해야 하지만, 오랫동안 잘해온 제조업 기반도 계속 유지하고 발전시켜야 한다. 절대 이를 소홀히 해서는 안 된다. 새로운 분야마다 고수(高手)들이 포진하고 있다는 것을 기억해야 한다. 한편 새로운 분야가 더 쉽고 팬시하게 보인다는 사실도 잊어선 안 된다. 현재의 주력 산업들이 괜찮은 수익을 만들어내는 동안 확보된 자원을 낭비하지 않아야 한다. 그리고 그렇게 확보된 자원을 잘 활용해서 다시 새로운 수익원을 만들어낼 수 있어야 한다. 기존 산업에서 수익을 만들어내는 동안 새로운 수익원을 만들어내는 데 실패하게 되면, 국가든 기업이든 어려움을 면하기 힘들다.

기업 경영이든 국가 경영이든 외발자전거 타기와 다를 바가 없다. 우리는 계속해서 전진해야 한다. 계속해서 부가가치를 창출하지 못하면 넘어지게 되어 있다. 경영에는 처음부터 '안심'이나 '안정'과 같은 편안한 단어가 들어설 여지가 없다.

# 13

# 경제 위기

지금의 실력을 정확히 알아야 한다

> ❝ 한국이 구조적인 문제를 스스로 해결하지 못한 채
> 시간을 흘려보낸다면 결국 시스템의 비효율은 누적되어 터질 것이다.
> 재정 건전성이 크게 악화된 상태에서 맞는 경제 위기는 한국인에게
> 이제껏 한 번도 경험해보지 못한 극심한 고통을 안겨줄 것이다. ❞

"국가든 개인이든 은행이든 간에 부채 누적을 통한 과도한 외부 자본의 유입은 곧 금융위기로 연결될 가능성이 높다. 과다한 부채 자금의 유입은 때때로 경제 성장과 호황의 혜택보다 더욱 큰 체계적 위험을 불러온다. (…) 부채의 과다 차입을 통한 경기 호황은 정부의 정책 의사결정에 그릇된 확신을 심어줄 뿐만 아니라, 금융기관의 수익 뻥튀기와 국민 생활의 수준이 향상됐다는 착시현상을 유발한다. 이러한 경기 호황은 대부분 불행으로 막을 내린다." (케네스 로고프·카르멘 라인하트, 〈이번엔 다르다〉, pp. 10~11)

하버드 대학교의 케네스 로고프(Kenneth S. Rogoff) 교수가 800년 동안 66개국의 경제 위기를 분석한 저서에서 펼치는 주장 가운데 하나다. 그의 연구에 의하면 1800~2009년 동안 최소한 250개의 해외 채무 국가 부도 및 68개의 정부 부채 부도가 발생했다.

주목할 만한 역사적 교훈은, 단 한 번의 경제 위기만 겪은 나라가 드물다는 사실이다. 일단 한 번이라도 경제 위기를 겪고 나면, 사람들은 그 경험이 쓰라리기 때문에 더 이상의 경제 위기를 경험하지 않을 것이라는 낙관적인 생각을 갖는다. 하지만 실제로는 대부분의 경제 위기 경험 국가들은 이후에도 반복적으로 위기를 경험하는 현상, 즉 '연쇄 국가채무 부도'를 경험하게 된다.

## 경제 위기는
## 반복되는 속성을 갖고 있다

──────────── 로고프 교수의 연구에 따르면, 연쇄 국가채무 부도는 오늘날 신흥 국가들만의 문제가 아니라 과거의 선진국들에서도 드물지 않게 관찰할 수 있는 현상이라고 한다. 스페인은 19세기에만 7번의 국가채무 부도를 선언했고, 19세기 이전 300년 동안에는 무려 6번의 국가채무 부도를 선언했다.

프랑스는 16세기부터 18세기까지 총 8회의 연쇄 국가 부도를 낸 바 있다. 그런데 프랑스 군주가 국가채무를 해결한 방법이 기상천외했다. 프랑스 왕은 주요 국내 채권자를 채무 재조정의 이름으로 처형하기도 했는데, 이 사건을 역사가들은 '유혈 상환'이라고 부른다. 한마디로 채권자를 죽임으로써 채무를 삭감해버린 잔인한 방법이다. 이에 재미를 붙이자 1768년부터 1774년까지 재임했던 프랑스 재무장관 테레는 정부가 국가채무 상태로부터 벗어나기 위해서는 100년에 한 번 꼴로 국가채무 부도를 선언해야 한다는 무리한 주장을 펼치기도 했다. 현대 국가의 채무와 달리 19세기 이전에 선진국 국가채무의 대부분은 전쟁을 수행하는 과정에서 무리하게 차입을 일으킨 것 혹은 전쟁 패배로 인한 배상금 지불로 인한 것이었다. 전쟁 부채를 해결하기 위해서 프랑스는 또 한 번 독특한 방법을 고안해내는데, 이것은 의도적으로 초인플레이션을 조장하는 일이었다. 프랑스 혁명 이후에 덮친 초인플레이션으로 말미암아 실질적으로 모든 부채가 종잇조각이 되어버리는 식으로 부채 문제가 말끔하게 해결되었다.

한편 영국은 14세기부터 16세기까지 공식적으로는 2번 혹은 비공식적인 것을 포함하면 3번의 국가채무 부도를 경험하게 된다. 이후 1996년 IMF로부터 구제금융을 받게 된다. 영국은 1594년에 해외 채무 부도 혹은 국내 부도로 인해 경제 위기를 경험하게 되는데, 당시 영국 국왕이었던 헨리 8세(1509~1547년)는 채무에 쪼들린 나머지 극단적인 처방을 취하게 된다. 파운드화의 가치를 크게 떨어뜨림으로써 채무액 자체를 줄여버린 것이다. 또한 그는 채무 변제를 위하여 가톨릭 교회가 소유한 모든 토지를 몰수하는 과격한 조치를 취하기도 했다.

이처럼 일부 국가들에게 한정된 국가채무 부도는 19세기부터 국제 자본시장이 발달하면서 대상 국가 수도 늘어나고 그 횟수도 크게 증가한다. 국가채무 부도는 19세기가 되면 전 세계적인 현상으로 자리 잡게 되는데, 유럽 국가들은 물론이고 이집트와 튀니지를 비롯한 아프리카 국가들도 동참하게 된다. 또한 아르헨티나, 볼리비아, 브라질 등의 라틴아메리카 국가들 중에서는 국가채무 부도에 포함되지 않은 나라가 없을 정도로 광범위한 현상으로 자리 잡는다.

오늘날과 같이 국제 자본시장이 고도로 발달한 상태에서는 앞으로 국가채무 부도 현상이 더 광범위하게 확산될 것임을 쉽게 예상할 수 있다. 풍부한 유동성을 소유한 채권자들은 본격적으로 '빚 권하는 세계'에서 활동하게 되었다. 채권자들은 수익을 올리기 위해서는 누군가에 돈을 빌려주어야 한다는 절체절명의 과제를 안고 있다. 따라서 그만큼 빚의 덫에 빠져 어려움을 겪는 나라들이 늘어날 것이다.

자본주의는 끊임없이 호황과 불황을 만들어낸다. 또한 세계화는 금융 자원의 효율적인 배분에 날개를 달아주었다. 이런 와중에서 '부의 재편' 작업이 끊임없이 이루어지게 되는데, 주목할 만한 점은 국가 단위의 경제 위기를 딱 한 번만 겪고 넘어갈 수 있는 나라가 줄어들 것이라는 점이다. 이제까지와 마찬가지로 앞으로도 경제 위기를 경험한 국가들은 한 번에 그치지 않고 반복적인 경제 위기를 경험하게 될 가능성이 높다. 로고프 교수는 현대 국가들이 과거에 비해 더 많은 정보와 경험을 갖고 있을지라도, 빚으로부터 자유롭지 않기 때문에 위기로부터 자유로울 수 없음을 이렇게 강조한다.

"위기란 지금 이곳의 우리에게는 일어나지 않는다. 우리는 모든 면에서 선배 세대의 경쟁자들보다 우월하다. 우리는 현명하며, 과거의 실수들에서 이미 많은 교훈을 얻었다. 가치 평가에 대한 과거의 규칙들은 더 이상 적용되지 않는다. 불행하게도 부채를 과다하게 조달하여 유지된 경제는 자신도 모르는 사이 금융위기의 벼랑 끝에 등을 향하고 수 년 동안 앉아 있을 수 있다. 그러다 우연히 혹은 상황이 신뢰를 위협하면 과다 부채로 이루어진 경제는 순식간에 낭떠러지 아래로 내동이쳐질 것이다." (같은 책, p. 303)

# 경제 원리가 정치 원리를
# 압도하게 하라

———————— 자신의 능력을 넘어서는 부채가 쌓이고, 수입이 지출을 커버하기 힘들 정도의 상황이 만들어지면, 외부에서 돈을 빌려주는 채권자들의 믿음은 마치 모래성처럼 허물어질 수 있다. 이런 점에서 개방경제를 채택하고 있으며 자국 화폐가 기축통화에 버금갈 정도의 역할을 할 수 없는 나라라면, 늘 자신의 현재 모습을 과장하지 않고 있는 그대로 직시할 수 있어야 한다. 경제 위기와 관련해서 한국 경제, 한걸음 나아가 한국 사회는 현재 어떤 문제를 갖고 있는가?

첫째, 국민들의 착시현상이 심하다. 삼성전자나 현대자동차의 약진, K-팝, 한류 열풍 등이 어우러져 일반 국민들로 하여금 "한국이 선진국에 근접하고 있다"는 착시현상을 불러일으키고 있다. 한국의 제조업이 중국이나 일본 등의 경쟁국에 비해서 계속해서 경쟁력을 유지하고 있는가에 대한 심각한 고민이나 걱정이 없다.

이제까지 잘해왔다고 앞으로도 잘하리라는 보장은 없다. 거대 중국의 약진은 기존에 우리가 가져왔던 성공 방정식을 전면적으로 폐기하게 만들 수도 있기 때문이다. 우리 산업의 현주소에 대한 뼈아픈 자성의 목소리는 서울대 공대 26인 교수가 집필한 〈축적의 시간〉이란 책에 고스란히 담겨 있다. 그런데 내가 보기엔 서울대 공대 교수들은 기록으로 남기 때문에 절제된 언어를 사용했을 가능성이 있다. 다시 말하면, 상황이 몹시 위급함에도 불구하고 지나치게 부정적이거나 패배적인 이야기를 털어놓을 수는 없었을 것이다. 그렇다면 한국과 중국의 경쟁력 격차 문제는 이미 여러 분야에서 역전

현상이 일어나고 있거나 일어난 지 제법 시간이 흘렀을 수도 있다는 얘기다.

우리는 우리 자신에게 솔직한 질문을 던져볼 필요가 있다. "우리는 우리만이 할 수 있는 것을 몇 개나 갖고 있는가?" 우리가 할 수 있는 일을 중국이나 인도가 다 할 수 있다면 우리는 게임에서 지는 것이다. 우리가 중국이나 인도보다 훨씬 더 잘할 수 있는 일을 지속적으로 만들어낼 수 없다면 이 또한 게임에서 지는 것이다. 내부 문제에 에너지를 소모하고 있는 사이에 우리 사회는 다른 나라와 격차를 벌일 수 있는 경쟁력을 많이 잃었다. 이 시대는 거의 모든 기술이 다 공개되어 있다. 어느 시대보다도 다른 것을 복제해서 더 나은 것을 만들어내기에 좋은 환경이다. 우수한 인재가 있다면 데려다가 수십 년의 노하우를 빠른 시간 안에 복제할 수도 있는 시대다.

한쪽은 배가 부른 나머지 딴생각을 하고 있는데, 다른 한쪽에선 잘살아보겠다는 염원이 강하다면 이 또한 격차를 확대시키는 요인일 것이다. 한쪽은 초장기 국가 과제를 갖고 매진하고 있고, 다른 한쪽에선 먹고사는 일은 그저 사기업의 일일 뿐이라고 생각하면 그 격차는 확대된다. 한쪽은 수십 년 동안 쌓인 오래된 제도와 관행들 때문에 꼼짝달싹할 수 없는 상황인데, 다른 한쪽은 필요하면 모든 것을 변화시킬 수 있는 대상으로 삼는다면 이 또한 격차를 확대시킬 수밖에 없다.

뼈를 깎는 자성과 의식의 개혁, 그리고 문화혁명과 제도혁명이 함께 이루어지지 않는다면 한국은 현재와 같은 내리막길을 극복하기 힘들 것이다. 이런 결과는 한국의 수입 창출 능력의 저하로 이어질 것이며, 이런 추세를 역전시킬 가능성은 높지 않다. 오히려 한국

기업들의 수입 창출 능력은 더욱더 악화될 가능성이 높다. 이런 명목 저런 명목으로 자원을 뜯어가는 사람들만 늘어난다면 어떻게 체제가 유지될 수 있겠는가?

둘째, 단언컨대 지난 20여 년 동안 한국에서 근본적인 개혁은 없었다. 한국 경제와 사회의 근본적인 문제들, 이를테면 노동 개혁, 교육 개혁, 공공부문 개혁, 입지 규제 개혁 등에 관한 한 한국 사회는 거의 성과를 거두지 못했다. 그냥 말만 무성했고, 하는 시늉만 하다가 세월을 보내고 말았다. 역대 정권들마다 다들 뭔가를 하는 듯하다가 엄청난 부채를 안기고 무대에서 퇴장했다. 그나마 엉뚱한 짓을 하지 않았다면 다행스러운 일이다.

세종시를 처음 방문했던 초겨울 날, 필자는 이런 한탄을 내뱉었다. "어차피 이렇게 된 것을 어떻게 하겠나? 그런데 이렇게 구석진 곳에 관료들을 밀어 넣고, 대통령은 서울에 있고 국회는 여의도에 있으니 어떻게 긴밀하게 서로 협조를 하겠나? 나쁜 정치라는 것이 결국 이렇게 세세손손 부담을 지울 결정으로 연결되고 말았구나! 행정 부처끼리 걸어서 오갈 수 없을 정도로 멀리 사무실을 배치한다는 생각은 도대체 어떤 사람이 했는가! 부처들끼리 자주 얼굴을 보고 만나야 정책의 효율성도 높이고 시너지도 구할 수 있지 않은가! 이렇게 비효율적인 구조하에서 어떻게 업무 협조가 가능하겠는가?"

경제적으로 보수 진영을 대표하는 정권들이 두 번 연속해서 집권하고 있음에도 불구하고 실질적이고 구조적인 개혁은 거의 없었다. 단임제라는 제약 조건이 있었음에도 불구하고 2008년 글로벌 금융위기의 발생 이후에 오히려 문제를 덮는 쪽으로 제도와 정책을 운영해왔다. 단임제에 대한 문제점을 지적하는 이야기도 많지만, 무능한 대통령을 5년도 아니고 10년을 봐야 하는 상황을 생각해보면 구조 개혁 실패의 책임을 짧은 임기 때문이라고만 돌릴 수는 없다. 오히려 단임제이기 때문에 더욱 소신껏 할 수 있다는 장점도 있기 때문이다.

현재 한국 경제와 사회는 제도의 비효율성이 누적되어 '고비용 저효율' 경제로 굳어져가고 있고, 이는 '저성장 시대 진입'이라는 결과물로 여과 없이 그 모습을 드러내고 있는 실정이다.


## 정책의 연속성 부족, 치적 쌓기에만 골몰하는 정치인들

——————————— 집권하는 사람들마다 재임 기간 동안 치적 쌓기에 골몰함으로써, 또 겉으로 단기적인 성과가 있는 것처럼 보이는 정책들에 매달림으로써 제도 개혁은 장식품처럼 전락하고 말았다. 과거에 출간한 책을 보다 보면 '그동안 도대체 우리가 무엇을 한 건가'라는 자성과 탄식을 하지 않을 수 없다. 더욱 놀라운 일은 중국을 비롯한 바깥세상이 어떻게 바뀌고 있는지에 대한 인식도 떨어지고, 이에 따라 위기감도 현저히 떨어진다는 것이다. 광복 70주년을 맞으면서 과거에 우리가 잘한 일들만 되풀이하는 것을 보는 심경은 착잡하기만 했다. 우리가 겪고 있는 저성장 상태의 고착화 이면에는 우리 사회가 갖고 있는 구조적인 장애물이 있음을 알아야 한다.

대통령의 치적 이야기가 나온 김에 한 가지 사례를 언급하고 싶다. 누구든지 훗날 어떤 사람으로 기억되고 싶은지 소망이 있을 것이다. 하지만 치적이란 것이 지금 내가 쌓고 싶다고 해서 쌓을 수 있는 것은 아니다. 세월이 흐르면 다수의 사람들이 그것이 치적인지 아닌지를 결정하게 마련이다. 특히 정치가들의 치적은 더 그렇다. 그러니까 치적의 결정자는 세월이 흐르고 난 뒤의 일반 시민들이란 점을 잊지 말아야 한다.

2016년 1월 5일 밤 10시 30분에 미래창조과학부는 급히 출입기자들에게 다음 날 오전에 장관이 직접 참가하는 기자간담회를 진행하겠다고 알렸다. 이유는 국회 입법조사처가 발간한 '창조경제혁신센터의 현황과 과제'라는 보고서의 내용 때문이었다. 그 보고서에는 이런 내용이 들어 있었다. "비영리재단법인인 창조경제혁신센터는 자체 수익 창출 경로가 없기 때문에 센터 운영을 위해서 정부와 지자체의 재정 보조가 필수적이다. 그러나 창조경제혁신센터는 법률이 아니라 대통령령을 근거로 재정 보조를 받기 때문에 상대적으로 조직의 영속성을 보장하기 어렵다. 왜냐하면 대통령이 교체되면 국무회의 심의를 통해 개정 및 폐지할 수 있는 행정명령이기 때문이다. 따라서 창조경제혁신센터는 '현 정부의 사업'이라는 인식이 강해서 차기 정부가 집권하는 2018년 이후에는 현 정부와의 거리를 두기 위해 대통령령을 개정 및 폐지하여 센터에 대한 재정 지원이 중단될지도 모른다는 불안감이 상당이 높은 수준이다." (정준화, 〈창조경제혁신센터의 현황과 과제〉, 국회입법조사처 현장조사보고서 41호, 2015. 12. 31., pp. 39~40)

누구든지 예상 가능한 결론인데 이를 믿지 않는 사람들도 있는 모양이다. 이런 비판 때문에 법적 근거를 마련해서 정권이 바뀌더라도 계속될 수 있도록 만드는 것이다. 이는 무엇을 뜻하는가? 자체 수익으로 돌아갈 수 없는 조직, 즉 예산을 먹는 또 하나의 준 공공 조직을 만들고 떠나는 것과 다름없다. 이처럼 돈을 버는 조직보다는 돈을 먹는 조직을 만드는 데 기여하는 것이 어째서 창조적인 활동인지 이해하기 힘들다.

담당 장관은 "창조경제는 이제 점프할 일만 남은 '레디(ready)' 상태입니다. 올해는 '액션(action)'으로 실질적인 성과를 내는 데 주력할 것입니다"라고 열변을 토한다. 이런 말을 누가 믿을 수 있겠는가? 당시 여당의 원내대표였던 유승민 국회의원은 대구 방문길에 이렇게 말한다. "대구 창조경제혁신센터를 출범시켰지만 대기업인 삼성 의존형 창조경제라는 점에서 정권이 끝나면 어떻게 사업을 이어갈 수 있을지 걱정된다. 대구에 이미 섬유를 주제로 한 3개 기관이 있기에 섬유라는 주제도 중복돼 혼란스럽다." (《경북매일》, 2015. 2. 16)

장관이 직접 나서서 긴급 해명을 해야 할 정도로 긴급 사안도 아닌 점을 염두에 두면 모처에서 세게 주문을 했던 모양이다. 이 에피소드를 접하면서 필자는 이런 생각이 들었다. "박근혜 정부는 무엇을 자랑스럽게 생각하고 싶은가? 무엇에 관심을 갖고 있는가? 앞으로 무엇을 치적으로 꼽고 싶은가?" 필자가 생각하건대 창조혁신센터는 이벤트 그 이상도 이하도 아니라고 생각한다. 그것은 치적으로 간주될 수 있는 것이 아니다. 마치 이명박 정부에서 추진했던 녹색성장이나 자전거 도로 만들기 등과 같이 정권이 저물면 금세 없어지고 말 것이다.

정치를 하는 사람이건 정책을 하는 사람이건 시간이 가면서 변화하는 것에 집중하기보다는 본질적인 것에 더 화력을 집중시켜야 한다. 권력이 저물고 나면 원하든 원치 않든 간에 부수적이고 비본질적인 것들은 모두 스러지고 만다. 이것이 세상사의 이치이기도 하다. 세상에는 손으로 가릴 수 있는 것이 있고, 손으로 가릴 수 없는 것이 있다. 명령이나 지시로 할 수 있는 것이 있고, 없는 것이 있다. 학자적 양식으로 미루어보면 창조혁신센터와 같은 류의 프로젝트는 그냥 이벤트일 뿐이다. 그것도 대기업의 전적인 협조를 받아서 행하는 이벤트 말이다. 창조라는 것은 본래 실험실에서 만들어지는 것이 아니며, 정해진 틀 안에서 만들어지는 것은 더더욱 아니다. 본질적이고 중요한 것이 더 많은데, 지엽적이고 비본질적이고 유행에 가까운 이벤트에 에너지를 쏟는 일은 올바르지 않다. 창조는 가두는 것에서 나오는 것이 아니라 '푸는 것'에서 나온다. 창조는 지원에서 나오는 것이 아니라 '자유'에서 나온다.

셋째, 지출은 계속해서 증가하고 있다. 수입에 맞추어서 지출을 구조조정하는 것이 올바른 선택이다. 그러나 한국 사회는 2011년을 기점으로 지출에 맞추어서 어떻게든지 수입을 조정하는 쪽으로 선회하였다. 국가부채나 재정건전성에 대한 우려는 말의 성찬일 뿐 모든 정책들이 수백억 원에서 수조 원짜리 지출 프로젝트를 만들어내는 데 두려움이 전혀 없다. 부채란 일단 한번 만들어지고 나면 계속해서 쌓여가는 속성을 갖고 있다. 부채를 짊어지면서도 아무런 거리낌 없이 지출을 요구하는 신규 프로젝트들이 속속 만들어지는데, 요즘은 약탈이란 표현이 떠오를 정도다. 신규 프로젝트를 통해서 '먼저 먹는 사람이 임자'라는 말처럼 나랏돈을 사적으로 편취하는 데 물불을 가리지 않는 사람들이 많다.

넷째, 증세에 아무런 거리낌이 없다. 이미 한국 사회는 증세라는 추세선에 올라타고 있다. 증세라는 것은 일단 시작되면 이런저런 명분으로 세금을 먹일 수 있는 원천을 계속 발굴해내는 것이 대세를 차지한다. 이번에는 담배 피우는 사람에게 물리지만 그다음에는 술을 마시는 사람들에게는 왜 먹이지 않는가라는 이야기가 자연스럽게 흘러나온다. 세원 개발이라는 명분하에 계속 확장될 수밖에 없다. 이미 정보통신기술이 발전되면서 세원의 노출 가능성은 과거에 비해 한층 높아지는 추세에 있기 때문에 실질적인 세금 부담은 커져 있는 상태다.

고소득층에 대한 정당한 세수 확보는 올바른 일이다. 그러나 그들 입에서 "세금을 내기 위해 내가 일을 하고 있는가?"라는 이야기가 나올 정도로 세금 부담이 많아진다면, 이는 증세의 효과에 대한 깊은 성찰이 필요하다는 반증일 것이다.

현재 한국에서는 근로자의 50% 가까운 숫자가 소득세를 한 푼도 내지 않고 있다. 이미 소득세는 상당 부분 고소득층에 과세되고 있는 실정이다. 납세자 가운데 10.75%가 소득세의 83.36%를 내고 있다. 납세자 가운데 59.61%는 소득세의 2.80%를 내고 있다. 뿐만 아니다. 농어업이나 종교인 등은 면세 대상이 대부분이며, 자영업자 가운데 30%는 전혀 소득세를 내지 않고 있다. 이런 상황임에도 불구하고 자주 나오는 이야기는 소득세를 올리자는 것이고 부유세를 신설하자는 것이다.

■ 납세자 대비 세금 비중

| 납세자 비중 | 세금 비중 |
|---|---|
| 0.10% | 20.00% |
| 0.31% | 29.60% |
| 3.90% | 66.80% |
| 10.75% | 83.36% |
| 40.39% | 97.20% |

자료: 기획재정부

증세에 대한 부작용을 예상할 수 있음에도 불구하고 다수가 원하는 길이라면 소수에 대해 과중한 세 부담을 시키는 추세를 피할 수 있을지 궁금하다. 또한 소수에 대한 증세는 물론이고 전반적인 증세 추세가 우리 경제에 어떤 결과를 가져올지 두고 볼 일이다. 당장 세원을 확보하는 사람들의 입장에서는 눈으로 확인할 수 있는 효과를 과대 선전하겠지만, 경제활동 자체를 줄이거나 재산의 해외 이동 등과 같은 부작용도 염두에 두어야 한다. 눈에 보이지 않는 부작용은 오랜 시간에 걸쳐서 이루어질 가능성에 대해서도 깊은 고민이 있어야 한다.


## 특별한 노력이 없는 한
## 위기로부터 자유롭지 않다

──────── 앞으로 한국은 위기와 관련해서 어떤 상황이 전개될까? 개인이라면 자신이 처한 상황을 냉정히 파악한 다음 대비책을 마련하는 일이 아주 어렵지 않다. 제대로 준비하지 못하면 위기가 가져오는 참담한 상황을 감수해야 하기 때문이다. 수백 명

혹은 수만 명으로 구성된 회사도 사회에 비해서는 상대적으로 쉽다. 회사의 구성원들도 회사가 망하게 되면 자신이 어떤 상황에 처하게 될지 어느 정도 알 수 있기 때문이다. 특히 오너가 있는 조직은 바짝 긴장하면서 미래를 향해 나아간다.

그러나 위기의 징후가 반복적으로 관찰되고, 선지자 역할을 하는 이들이 "당신들, 이처럼 그냥 옛날식으로 가다가는 큰일 당하고 맙니다"라고 이야기를 해주어도 정신을 차리기가 쉽지 않다. 한 사회가 경험하는 위기가 개개인의 가슴과 머리에 확실히 와 닿지 않기 때문이다.

한국 사회는 고성장 사회를 경험하였고, 2차 세계대전 이후 성공적으로 가난을 탈피해본 경험을 갖고 있기 때문에 스스로 자고(自高)하는 성향이 강하다. 근래에는 우리 스스로를 높이는 성향이 더 강해진 것처럼 보인다. 우리 나라 사람들은 중국도 우습게 보고 일본도 우습게 보는 경향이 있다. 언젠가 업무차 중국을 자주 방문하는 한 사업가는 우스갯소리로 "우리만 중국을 우습게 봅니다"라고 말했다. 그래서 내가 농담으로 "우리는 일본도 우습게 보지 않습니까?"라며 함께 웃고 말았다.

과거의 성공은 또 다른 성공의 족쇄가 될 수도 있다. 성공이란 특정 시점, 특정 상황에서 채택한 방식이 운 좋게도 제대로 맞아떨어진 것을 말한다. 거대 중국이 급부상해서 연구개발부터 제조, 그리고 시장 개척까지 모든 것을 규모의 경제로 밀어붙일 수 있는 환경은 우리가 고도성장을 경험했던 좋았던 시절과는 완전히 다른 환경을 말한다.

환경이 달라지면 당연히 성공 공식도 달라져야 한다. 사람들의 의식, 나라의 정책, 문화까지 달라져야 한다. 그런데 사회 차원에서 이런 변신을 꾀하는 일이 쉽지 않다. 더욱이 한국은 가난의 탈피, 민주화의 달성 이후에 나라가 지향해야 할 국가 과제, 즉 아젠다(agenda)를 잃어버린 지 오래되었다. 국가의 지향점을 잃어버린 사회는 원리나 원칙보다는 요령과 사익이 지배하게 된다. 그래서 나라의 진로와 관련해서 사사건건 여론이 극렬히 분열되고 있는 실정이다. 어디 그뿐인가? 정치, 경제, 사회, 역사 등 어느 분야를 가리지 않고 좌우익의 분열 상황은 극심하다는 표현을 사용하기에도 민망할 정도로 대척점에 서 있다. 갈등을 해소하는 데 엄청난 사회적 비용이 소요되고, 합의점에 도달하는 데도 오랜 시간이 걸린다.

외부의 적들로부터 나라를 구하기 위해서는 우선은 내부에서 합의점을 도출할 수 있어야 한다. 한국은 합리적인 지출 구조를 위한 개혁을 행하고 지속적으로 가치를 만들어내기 위해 수입 관련 개혁을 행해야 한다. 모든 것이 상당한 이해 충돌이 있는 분야이다. 따라서 국가의 이익이라는 대의를 위해 무엇을 누가 양보해야 하는가를 두고 허심탄회한 대화가 이루어져야 한다. 그러나 대의는 실종되고 오로지 개인의 사익과 집단의 이익만이 난무한 실정이다.

지난 10여 년 동안 근본적인 문제에 대한 수술이 쉽지 않았던 것처럼, 향후에도 거의 비슷한 상황이 지속될 가능성이 높다. 물론 군건한 철학과 신념과 비전을 가진 정치인과 정치 세력이 등장하여 위기 발생 이전에 수술을 단행할 수 있는 가능성을 완전히 배제할수는 없다. 언제 어디서나 약간의 가능성은 남아 있기 때문이다. 그러나 확률적으로 그 가능성은 높지는 않다고 본다.

2012년 7월 어느 날 아침, 김정호 교수(연세대학교 경제대학원 특임교수, 전 자유경제원 원장)가 행한 인터뷰를 읽을 기회가 있었다. 그는 현재 우리 사회가 직면하고 있는 문제를 예리하게 지적하고 있었다.

"현재 우리나라는 리더(leader)가 없고 다 팔로어(follower)들만 있어요. 리더는 옳은 비전을 설정하고 그걸 국민에게 설득하고 앞장서야 하는데 설득을 하는 사람이 없습니다. 즉 '인생은 스스로 책임지셔야 합니다'가 아닌 '걱정하지 마세요. 제가 다 먹여드릴게요' 이렇게 이야기를 합니다. 그런 말은 누가 못 하겠습니까? 그건 팔로어가 하는 말이지 리더나 리더를 지향하는 사람들이 할 말은 결코 아닙니다." (김정호, 연세대학교 경제대학원 특임 교수, 전 자유경제원 원장, '프리덤스퀘어', 2012. 7. 1)

어떤 사회가 난마처럼 얽힌 구조적인 문제로 고심하고 있을 때 신념이 흐릿하거나 실용 운운하는 지도자는 문제를 해결하기 힘들다. 이때 든든한 길잡이 역할을 하는 것은 건강한 이념(신념, 혹은 이데올로기)이다. 현실을 제대로 반영하고 시대 상황에 관계없이 정답에 가까운 해법을 제시하기 위해서는 강한 이념적 토대가 매우 중요하다. 그런 굳건한 신념의 도움이 없다면 변화에 따른 고통을 호소하거나 저항하는 집단의 집요한 방해를 뚫고 개혁을 성사시키기 힘들기 때문이다.

"당신 문제는 당신이 책임지도록 해요! 남에게 폐 끼치지 말고!" 지도자가 이런 정도의 강단이나 신념이 없으면 상황과 환경에 휘둘릴 수밖에 없으며, 눈에 보이고 생색내기 좋은, 팬시한 프로젝트에만 매달릴 수밖에 없다. 어려운 시기를 극복하려면 지도자의 굳건하고 건강한 이념이 있어야 한다. 유행, 의견, 인기도, 분위기, 통념

등에서 벗어난 진정으로 굳고 강한 신념 말이다. 그러나 우리는 안타깝게도 이런 리더를 갖지 못했다.

이전 정권에서는 '이념이 뭐가 문제인가, 실용이면 되지'라는 생각을 가졌던 사람들이 집권하였고 이들은 뭐 하나 번듯하게 내놓은 것 없는 채로 권력을 만끽하고 퇴장했다. 앞으로도 이런 현상은 반복될 것으로 본다. 올바르지 않은 이념으로 무장한 사람들이 집권하는 경우 심각한 어려움의 시기를 더 당길 것이다. 특히 신념의 토대가 굳건하지 못한 리더가 집권하게 되면 어려움은 불가피할 것이다. 오랜 시간 동안 축적된 퇴적층처럼 비효율이 겹겹이 쌓여 있기 때문이다. 신념의 토대가 굳건하지 못하면 무난한 정책을 선택하게 마련이다. 좌도 좋고 우도 좋은 정책은 나라가 평화로운 시기에는 어느 정도 효과를 발휘할 수도 있지만, 지금처럼 저성장이 굳어져 가는 위급 상황에서는 올바른 선택이 아니다.

우리 사회는 케네스 로고프(Kenneth Rogoff)가 말한 역사적 경험과 지식이 주는 교훈, 즉 "역사상 한 번의 경제 위기로 끝난 나라는 없다"를 가슴에 새겨야 한다. 이제까지 해왔던 방식을 사회 전체가 고수하려 하고 좀처럼 불편한 길을 선택하려 하지 않는다면 우리 앞에 닥친 고난을 피하기는 쉽지 않을 것이다.

어떤 정치 지도자가 정치 생명을 걸고 국민들에게 "우리 함께 불편한 길을 갑시다. 아이들 세대를 위해서"라고 외치면서 문제 해결을 위해 몸을 던질 수 있겠는가? 시간은 우리를 오래 기다려주지 않을 것이다. 특히 고령화가 상당 부분 진행된 상태에서는 정치 지형도 자체가 현실 안주를 선호하는 사람들이 다수를 차지하는 쪽으로 바뀌게 되는 점을 염두에 두어야 한다. 그때는 고통이 따르는 개혁을 하려 해도 할 수 없는 상황이 전개됨을 명심해야 한다. 개혁의 타이밍을 놓치고 올바른 방향으로 개혁을 성공시키지 못한다면 이는 심각한 비용청구서를 들고 경제위기라는 이름으로 곧 우리를 찾아올 것이다.

우리들에게 날아들 비용청구서는 2가지 방법일 것이다. 하나는 몇 년 내에 규모 면에서 엄청난 위기가 닥치는 일이고, 다른 하나는 제법 긴 시간에 걸쳐 서서히 가라앉는 방법일 것이다. 깨어 있는 사람들 가운데는 이런 이야기를 하는 사람들도 더러 있다. "우리 스스로 문제를 해결할 수 없다면, 외압에 의해 문제를 해결할 수밖에 없지 않는가? 그렇다면 차라리 빨리 어려움을 겪는 것이 더 나은 방법이다. 힘들었지만 그래도 환란을 겪으면서 우리 사회가 적폐를 어느 정도 해결할 수 있었지 않았나?" 그러나 시간을 두고 서서히 침체를 계속하다가, 큰 위기를 경험할 가능성이 조금 더 높아 보인다. 지금도 우리나라는 외견상 잘나가는 나라처럼 외부에 포장되어 있기 때문이다. 당분간도 그럴 것이다. 그러나 허술한 포장은 언젠가는 실체를 드러내게 된다. 게다가 계속 안으로 곪아가고 있는 실체라면 더더욱 포장만으로 감싸는 일은 불가능할 것이다.

# 14

# 국제 환경
잘 조직화된 거대 국가의 부상은 주변에 큰 충격을 준다

> 개발 연대 초기에 냉전 체제가 지속되지 않았다면,
> 중국이 대약진운동과 문화혁명의 후유증으로 시달리지 않았다면
> 과연 한국은 눈부신 성장을 이룰 수 있었을까.
> 이제 한국은 과거와 아주 다른 환경, 즉 경쟁력 있는
> 초거대 국가의 부상이라는 새로운 과제 앞에서
> 험난한 행보를 계속할 수밖에 없을 것이다.

르네상스(14~16세기)가 시작될 무렵 이탈리아는 정치적으로 통일 국가를 이루지 못한 채 많은 수의 작은 국가들로 분열되어 있었다. 교황권과 황제권이 격돌하는 시대였기 때문이다. 그렇다고 해서 통일 국가를 건설하려는 시도가 없었던 것은 아니다. 강력한 세속 국가를 확립하려 했던 호엔슈타우펜 왕조의 프리드리히 2세가 이탈리아 중부를 지배하던 교황에 맞서 북부 이탈리아 지역을 황제권 아래 통일하려는 시도를 했지만 여의치 않았다. 그는 신성로마 황제이자 시칠리아를 호령한 지혜로운 군주로 알려진 인물이었다.

당시의 이탈리아 국가들은 도시국가의 형태를 취하고 있었다. 오늘날까지도 많은 여행객들의 발길이 끊이지 않는 피렌체와 베네치아가 대표적인 독립국가에 속한다. 두 도시 이외에도 시에나, 제노바, 피사, 만토바, 파도바, 밀라노 등이 있었다. 이들 도시국가들은

정통 왕가가 지배하는 통일 국가가 아니었기 때문에 자연스럽게 작은 독립 국가들 사이에서 격렬히 대결했다. 이런 와중에 전쟁을 통해 많은 나라들이 강한 나라들에 복속당하는 일이 빈번하게 일어났다.

각 도시국가들의 격렬한 경쟁으로 당시 이탈리아 반도는 정치적으로나 군사적으로 혼란스럽기 짝이 없었다. 오늘날 이탈리아를 방문하는 여행객들은 비교적 교황의 힘 아래 분열이 덜했던 남부 지방과 중북부 지방의 다른 분위기에 놀란다. 중부의 토스카나 지방을 비롯해서 북부로 갈수록 생존을 위해 힘차게 싸웠던 독립국가들의 발자취를 생생하게 확인할 수 있기 때문이다.


## 거대 국가의 부상에 굴복한
## 이탈리아 도시국가들

──────────── 이들 도시국가들은 3가지 부류로 나뉘었다. 하나는 전제군주가 통치하는 크고 작은 전제국가들이었다. 밀라노, 페라라, 우르비노, 시칠리아, 나폴리 등이 여기에 속했다. 다른 한 부류의 국가는 시민계급이 존재하고, 이들이 실질적으로 혹은 형식적으로 국정을 운영하는 공화국들이었다. 피렌체, 베네치아, 제노바 등이 여기에 속했다. 세 번째 부류는 로마와 그 근교를 중심으로 교황국의 지배를 받거나 영향력 아래에 있는 국가들이었다. 세속 국가와 교황국 사이에는 치열한 경쟁이 있었는데, 교황국은 이탈리아 독립국가들의 통일을 방해한 주요한 세력으로 손꼽히기도 한다.

또 하나 무시할 수 없는 일은 르네상스기 이전인 13세기부터

14세기에 이르는 시기 동안 이탈리아에서는 신성로마제국 황제 편을 드는 황제당과 로마 교황 편을 드는 교황당 사이에 내분이 전개되고 있었다는 것이다. 이들의 갈등이 최고조에 달했던 시기는 13세기와 14세기다. 여기에 에스파냐, 프랑스 터키 등 외국 세력들은 특정 독립국가들과 손을 잡고 이탈리아에 대한 지배권을 확보하기 위해 치열한 경쟁을 벌이고 있었다.

르네상스기가 특별한 데에는 이유가 있다. 정치적인 부침이 극심했음에도 불구하고 각 독립국가들은 저마다 우위를 차지하기 위하여 산업을 일으키고 예술가를 초빙하여 더 높은 교양 수준을 자랑하고 싶어 했다. 12~13세기 이후 이탈리아의 도시국가들은 북부의 한자동맹 도시들과 함께 유럽 무역을 장악하였으며, 특히 베네치아의 활약은 눈부심 그 이상이었다. 베네치아는 동서 간의 무역을 주도하다시피 했다. 피렌체도 모직물과 견직물 산업을 중심으로 공업이 크게 발전했으며, 이런 생산력에 기반을 두고 유럽 전 지역에 모직물을 대규모 공급하기도 했다. 이에 따라 피렌체와 베네치아를 중심으로 금융업도 전성기를 구가했다.

이처럼 이탈리아 반도 내 독립국가들이 경쟁을 하는 동안 지평선 저 너머에서는 거대한 변화가 일어나고 있었다. 이탈리아 독립국가들이 도저히 경쟁할 수 없을 정도로 거대한 규모의 민족국가들이 등장하기 시작한 것이다. 이들은 대규모 토지와 인구, 생산성에 바탕을 두고 용병이 아닌 상비군을 유지할 수 있는 경제력을 갖춘 나라였다.

힘이란 그냥 머물러 있는 법이 없다. 그것이 경제력이든 군사력이든 영향력이든 간에 힘은 강한 곳으로부터 낮은 곳으로 흘러가게 마련이다. 이때 거대 민족국가인 프랑스와 스페인의 등장이 이탈리아의 작은 도시국가들에게 끊임없는 간섭과 불행을 일으킬 것임을 내다본 일부 사려 깊은 사람들이 있었다. 그러나 대다수는 어떻게 그런 일이 일어날 수 있냐고 반문할 뿐 안심하고 있었다. 오히려 거대 국가인 프랑스에 대해 무조건적인 호감을 표하는 사람들도 많았다. 그럴 만한 이유도 있었다. 프랑스의 군주뿐만 아니라 지배층들은 이탈리아 문화에 호의적이었으며, 앞다투어 궁정에 이탈리아 예술가, 화가, 학자들을 초빙하여 이탈리아 문화로 프랑스를 장식하고 있었다.

이탈리아 사람들의 정신을 번쩍 차리게 만든 사건은 급작스럽게 일어났다. 마치 쓰나미가 닥치듯이 20대의 혈기 왕성한 프랑스 국왕 샤를 8세(1483~1498년)가 대군을 이끌고 이탈리아를 침공한 것이다. 샤를 8세의 이탈리아 침공에 대해 역사학자 콜린 존스(Colin Jones)는 "이탈리아가 프랑스 궁정을 르네상스 양식과 가치관으로 온통 치장해주었다면, 그 대가로 프랑스 국왕은 이탈리아 반도에 전쟁을 선물해준 셈이었다. 1494년부터 1559년까지 지속된 이탈리아 전쟁은 이탈리아의 국내 문제들을 끊임없이 지배하고 간섭해 왔던 프랑스 왕조의 뻔뻔스러움을 증명해 준 것이었다"라고 평가한다. 샤를이 통과하는 길목에 있던 이탈리아의 도시국가들은 머리를 조아리지 않을 수 없는 딱한 상황에 처하고 말았다. 용병에 의존해서 소규모 전쟁을 치르는 데 익숙한 이탈리아의 독립국가들에게 대군을 이끌고 파죽지세로 치고 내려오는 프랑스군과 맞서는 일은 처음부터 불가능한 일이었다. 1495년 8월 알프스를 넘은 샤를 8세는 피렌체와 피사를 점령하고 나폴리까지 손에 넣게 된다.

흥미로운 점은 샤를 8세가 1494년 이탈리아 반도에 끌고 들어갔던 신병기인 성채 공격용 대형 대포는 이탈리아의 도시 성벽을 단번에 박살 내는 무서운 무기로 부상했다는 것이다. 교황 율리우스 2세(재위 1503~1513년)도 전쟁에 노련한 스위스 용병을 불러들여서 항거했지만 1515년 미라냐노에서 전패하고 말았다. 작은 도시국가들과 거대 민족국가 사이의 전쟁 방법이나 수단도 크게 변하고 말았다.

이탈리아의 도시국가들은 그동안 자신들에게 익숙했던 규모의 고만고만한 전쟁이 아님을 실감하게 되었다. 그들이 맞닥뜨린 적은 거대 민족에 바탕을 둔, 막강한 군사력을 가진 프랑스였던 것이다. 샤를 8세, 루이 16세, 그리고 프랑수와 1세로 이어지면서 도시국가들은 거대 민족국가인 프랑스에 무릎을 꿇고 만다.

민족을 중심으로 하는 거대 국가의 등장은 작은 도시국가들이 도저히 막을 수 없는 큰 변화였다. 자신들만의 노력으로 극복하기에는 너무 거대한 변화였던 것이다. 걸출한 르네상스 연구가인 야곱 부르크하르트(Jacob Burckhardt)는 이탈리아 사람들이 직면하였던 도전을 이렇게 평가한다. "사람들은 너무 늦게서야 두 간섭 국가인 프랑스와 에스파냐가 그 사이 현대적인 대규모 국가가 되었으며, 그들이 이제 표면적인 숭배만으로는 만족하지 못하고 이탈리아에서의 영향력과 소유권을 놓고 죽도록 싸우게 되리라는 사실을 깨달았다. 그들은 중앙집중화가 이루어진 이탈리아 국가들과 똑같아졌고, 그들을 모방하기 시작했다. 다만 규모가 엄청나게 컸다."

규모 면에서 메울 수 없을 정도의 거대 국가의 등장이 어떤 의미인지에 주목해야 한다. 국제 정서에서 지각 변동에 해당할 정도의 큰 변화는 한 국가의 운명에 결정적인 타격을 입힐 수 있다. 한 번도 경험해보지 못한 거대 민족국가의 등장은 이탈리아의 소규모 도시국가들이 극복하기에는 너무 높은 벽이었고, 그렇게 이탈리아의 도시국가들은 역사의 중심에서 밀려나고 말았다.

## 한국의 부상에는
## 중국의 선택이 크게 기여

————————— 한국은 운 좋게도 중국이라는 거대 국가가 잠을 자듯 잠시 멈추어 서 있는 사이에 나라를 일으켜 세웠다. 공산당 등장과 계획경제(1949년), 대약진운동(1958년), 문화대혁명(1966년) 와중에 중국은 국제사회와의 단절, 시장 교역의 중단을 선택했다. 이 같은 중국의 부재는 한국이 산업화의 초석을 다지는 시기에 의도치 않은 기회를 제공한 셈이다. 그러나 중국의 개혁개방 정책(1978년)이 가속화된 뒤로 중국은 세계의 제조공장 역할을 수행하게 되었을 뿐만 아니라 이제는 혁신의 산실로 탈바꿈하고 있다.

수십 년 동안 한국의 외부 환경은 급속히 변했다. 이런 변화에는 빛과 그림자가 있게 마련이지만, 한국으로서는 변화된 환경에 새롭게 적응해야 한다는 책임을 안게 되었다. 한국이 직면하고 있는 국제 환경 변화의 으뜸으로 중국과의 경제적 연결고리가 대폭 강화되고 있는 점을 들 수 있다. 현재 한국은 수출의 26%를 중국에 의존하고 있다. 향후 10여 년 안에 교역에서 차지하는 비중은 35%대까지 올라갈 것으로 보인다. 중국은 경제적으로 지나치다 싶을 정도로 밀접한 이웃나라가 된 셈이다. 따라서 중국의 경제 상황에 따라

가장 큰 영향을 받을 수밖에 없게 됐다.

　현재 한중 관계를 경제적인 관점에서 바라보면, 상대적으로 비교우위를 유지했던 한국 산업들이 속속 중국에 의해 접수당하고 있다는 것을 알 수 있다. 중국은 연구개발 뿐만 아니라 투자 분야에서도 상상할 수 없을 정도로 규모의 경제를 발휘할 수 있는 나라다. 지난해 10월 시진핑(習近平) 중국 국가주석의 미국 방문을 앞두고 중국 국유 철도 시설업체인 중톄(中鐵)가 이끄는 컨소시엄이 미국 고속철도 건설 프로젝트를 따냈다는 소식이 블룸버그통신에 보도된 적이 있다. 로스앤젤레스(LA)와 라스베이거스를 잇는 총 320km 길이의 고속철도 건설 프로젝트다.

　이 소식을 접한 한국인들은 중국이 어떻게 이처럼 짧은 시간 안에 고속철도의 수준을 끌어올릴 수 있었는지 의구심을 가졌을 것이다. 이에 대해 한 전문가는 투박하게 이렇게 말한다. "철도는 다양한 지형에 많이 깔아본 사람이 장땡입니다." 서구 선진국들이 100년, 200년 정도의 긴 세월 동안 축적해온 기술을, 중국은 공간적으로 광활한 지역을 상대로 짧은 기간 안에 집중적으로 시행착오를 거치면서 깨우쳤다는 것이다. 즉 시간의 제약을 공간의 이점으로 거뜬히 극복했다는 설명이다.

　남경에 거주하는 필자의 지인은 "중국인의 시공간 개념은 확실히 한국인과 다르다"는 점을 강조하면서 지난 10여 년 동안 자신이 경험한 중국의 발전상을 이렇게 전한다. "중국 사회 곳곳에서 일어나는 변화를 대표할 수 있는 것은 단연코 고속철도입니다. 남경에서 한국 행정 업무를 보려면 상해 영사관까지 가야 합니다. 2006년에 처음 중국에 왔을 때는 가장 빠른 K형 기차를 타고 가면 남경에서 상해까지 5시간 이상 소요되었습니다. 그래서 1박 2일의 일정으로 상해에 다녀와야 했습니다. 그 후 1년이 지난 2007년에는 D형 기차가 나오면서 2시간 30분 만에 상해에 도착하더군요. 그 후 또 3년이 지난 2010년에는 고속철도가 연결되어 상해까지 1시간 7분이 걸렸어요. 아침 7시 첫차를 타고 상해로 출발하여 영사 업무를 보고 남경에 다시 도착하면 낮 12시 이전입니다. 이런 모습은 이동수단에 국한되는 게 아니고 중국의 사회와 문화 전반, 그리고 중국 전역에 펼쳐지고 있는 모습입니다."

비단 고속철도에만 해당하는 이야기는 아니다. 이러한 눈부신 변화는 지금 중국의 거의 전 산업 분야에서 일어나고 있는 일이며, 중국이 선택하고 있는 산업 육성 전략이기도 하다. 서울대 산업공학과의 이정동 교수는 시간적 제약을 극복하는 중국의 산업발전 전략에 대해 이렇게 평한다. "산업화의 후발국인 중국은 산업선진국들이 100년에 걸쳐 경험하게 될 개념설계의 사례들을 10년 만에 10배 많은 수의 사례를 접하는 것으로 대신할 수 있다. (…) 최근 중국이 해양플랜트, 자동차산업, 가전, 휴대폰 등 거의 전 산업 영역에서 전 세계에서 최초의 모델을 제시하는 경우가 많아지고 있는데, 벌써 축적의 시간적 한계를 공간의 힘으로 극복하는 전략의 결실이 나오고 있는 것이다"(서울대학교 공과대학, 〈축적의 시간〉, 지식노마드, p.48)

중국은 또한 자신들의 시장에 진출하고자 하는 다국적 기업들이 자국 표준이나 가이드라인을 준수하도록 함으로써 짧은 시간 안에 서구 기술을 흡수할 수 있는 이점까지 확보하고 있다. 서울대 전기정보공학부의 설승기 교수는 중국 시장이 보유하고 있는 협상력을 간단하게 이렇게 말한다. "현재는 전 세계 HVDC 시장의 80%를 차지하는 엄청난 시장을 가지고 있는 중국이 기술을 다 가지게 되었습니다. 기술을 안 주면 못 들어오게 막으니까 특허를 침해당해도 아무도 중국에 이의를 제기하지 못합니다. (…) 이런 조건을 이용해 중국은 자유롭게 기술을 들여와 전력망을 건설해나가면서 자체 기술력을 점점 향상시켰습니다." (같은 책, p. 451)

거대한 내수시장을 갖고 있는 초거대 국가가 안정된 정치체제를 기초로 산업을 일으킬 때 어떤 전략을 사용할 수 있는지, 그리고 어떤 일이 일어날 수 있는지를 보여주는 사례다. 오랫동안 나름대로 잘해온 한국이 완전히 새로운 차원의 변화와 도전에 직면해 있다는 사실을 명심해야 한다. 이제까지 잘해왔다고 해서 앞으로 잘하리라는 보장은 없다는 말이다. 왜냐하면 우리를 둘러싼 환경 자체가 크게 바뀌고 말았기 때문이다.


## 미국과 중국 사이의 상호관계를
## 제대로 이해해야

──────────── 현재의 한중 관계는 지도자 사이의 개인적인 친분에 의해 공고한 관계를 유지하고 있는 것으로 보인다. 개인적인 친분이기 때문에 향후 한중 두 나라에 어떤 지도자가 선정되는지, 그리고 그 지도자 사이의 상호관계가 어떤지에 따라 한중 관계는 다시 어느 정도 영향을 받을 것이다. 그럼에도 불구하고 엄밀하게 말하자면, 당분간은 물론이고 앞으로 상당 기간 동안 중국은 한국과 가치동맹(價値同盟)을 맺기에는 이질적인 부분이 너무 많다.

자유민주주의 체제와 자유시장경제 체제, 그리고 인권 등과 같은 보편적인 가치동맹 면에서 한국은 미국이나 일본, 서방과 더 가까운 관계에 있다. 경제적인 면을 떠나 군사와 정치적인 면에서 한국은 미국에 더 가까울 수밖에 없다. 가치와 안보 면에서 미국과 가까우면서도 사업상 거래 면에서는 중국과 가까운 관계인, 겉으로 보기에 모순적인 관계를 잘 유지해나가야 한다. 이는 우리가 지정학적으로 숙명적인 책무라 하지 않을 수 없다. 역사적인 맥락에서 보더라도 한국과 중국은 가치에 토대를 둔 동맹관계를 유지하기에는 구조적으로 어렵다. 이따금 우리는 상대방의 호의 때문에 친밀도와 가치를 혼동할 수도 있지만, 이 둘은 엄연히 다르다는 점을 명확히 구분할 수 있어야 한다. 친밀감은 언제든지 변할 수 있는 유행에 가깝지만, 가치는 언제 어디서나 변함이 없는 구조물에 가깝다. 우리가 미국을 생각할 때나 일본을 생각할 때 이 가치의 공유에 대해서만큼은 한시도 잊지 않도록 해야 한다.

　일본과의 껄끄러운 과거사 문제는 일본인과 한국인의 역사관 차이를 볼 때 가까운 장래에 깔끔하게 해소될 기미가 보이지 않는다. 우리 스스로 이 문제에 대해 입장을 정리하는 것이 바람직할 것이다. "절대로 그 선까지 사죄를 할 수 없다"고 완강하게 버티는 일본 정치인들을 대상으로 거듭 사과를 요구해봐야 서로 얼굴 붉히는 일만 계속될 것이기 때문이다. 우리도 어느 정도 양보를 하고 일본도 양보를 하는 선에서 타협을 하도록 해야 한다. 우리로서는 시원한 선택이 아니긴 하지만 이처럼 냉랭한 관계로 한일관계를 끌고 갈 수는 없는 일이다. 한국은 일본을 대함에 있어서 미래를 보고 가야 한다. 더 이상 과거에 뒷덜미를 잡혀 있어선 안 된다. 자꾸 과거를 보자고 촉구하는 사람들에 의해 우리 사회가 휘둘리지 않아야 한다. 일어난 일은 일어난 일이고, 살아 있는 사람 또한 살아야 하지 않겠는가!

미국은 군사비 분담의 부담과 사안별로 중국과의 사이에서 줄타기를 거듭하는 한국에 대해서 전적인 신뢰를 주기는 힘든 입장이다. 정권의 색깔에 따라 입장이 번복되는 나라에 전적인 신뢰를 주기란 어렵다. 따라서 미국은 군사력의 주축을 일본에 두는 쪽으로 이미 입장을 정한 것으로 보인다. 미국의 정책당국자들이 한국의 입장을 대략적으로야 이해할 수 있겠지만 딱한 사정을 속속들이 이해하기도 쉽지 않을뿐더러 그들로서는 우리 입장을 이해해야 할 이유도 별로 없다. 그들은 한미동맹의 굳건함에 대해 어떤 이의로 제기하지 않고 있으나 한일 두 동맹국 가운데서 군이 한쪽에 무게중심을 두어야 한다면 지정학적으로나 경제적인 이득 면에서 일본의 손을 들어줄 가능성이 높다. 최근에 한국과 중국의 극렬한 반대에도 불구하고 일본의 안보법 통과를 미국이 묵인한 일은 이를 단적으로 보여준다.

우리 정책 당국자들과 국민들은 상황을 객관적으로 보고 현명한 결정을 내려야 한다. 하지만 한일 문제에 관해서는 '민족'이란 단어와 개념이 지나치게 작용하기 때문에 객관적인 판단을 하지 못할 때가 많다. 우리는 보다 더 현실적이고 실용적이며 미래 지향적인 시각을 갖출 필요가 있다.

# 거대 중국의 부상,
# 우리의 합리적 선택

──────────────── 그렇다면 앞으로 국제 환경과 관련해서 우리가 당면하게 될 현실은 어떨까? 중국은 내부의 과잉투자 문제와 부패 문제를 해결해가는 과정에서 과거에 비해 당분간 불황을 겪을 수밖에 없다. 일본 역시 불황 탈출이라는 공통의 문제를 갖고 있다. 따라서 두 나라 모두 자국 화폐 가치를 떨어뜨려 수출을 증진시키는 정책을 고수할 가능성이 높다. 환율이란 명목적으로는 시장에 의해 결정된다고 하지만 암묵적으로는 정치적인 결정이 큰 비중을 차지한다. 이런 점에서 한국은 상대적으로 상당히 불리한 입장에 처해 있다.

우리는 중국처럼 거대한 내수시장과 막대한 외환보유고를 갖고 있는 것도 아니고, 일본처럼 자국 화폐가치를 결정하기 위해 발권력을 동원할 수 있는 형편도 되지 않는다. 다행히 한일 양국 간의 관계가 양호하다면 정책 협의를 통해서 엔화 가치의 결정에서 어느 정도 입장을 개진할 수는 있다. 하지만 지금은 그럴 만한 형편이 아니다. 더욱이 미국은 일본의 엔화 가치 평가절하를 상당 부분 용인하고 있는 것으로 보인다. 이는 한국과 비교할 수 없을 정도로 큰 일본 시장을 볼 때 미국이 안고 있는 과중한 군사비 부담을 상당 부분 나누어질 수 있기 때문이다. 순수하게 국가 간의 거래라는 측면에서 미국은 중국과 일본의 인위적인 자국 화폐 평가절하를 통한 수출 진흥책에 상당 기간 협조할 가능성이 있다. 지난 세월 우리가 '위기'라는 이름으로 겪었던 경제적 어려움의 대부분이 엔화 가치의 인위적인 평가절하 정책과 깊이 연결되어 있음을 고려하면, 이에 대한 지혜로운 대응이 필요하다. 한국 기업들이 환율로 인한 어려운 상황에 처할 것으로 보이기 때문이다.

한편 서구 언론들은 중국이 누적된 비효율과 부패, 과잉투자 등으로 인해서 곧 엄청난 비용을 지불할 수밖에 없는 상황에 처할 것으로 보도하고 있다. 사실 정도의 문제이지만 중국이 그런 비용을 전혀 지불하지 않고 넘어가는 일은 있을 수 없다. 어디선가 낭비를 하면 누군가는 그것을 치워야 하는 것이 세상의 이치이기 때문이다. 그러나 중국은 이런 낭비를 처리하는 과정에서도 긴 시각을 갖고 안정적으로 처리해나갈 것으로 보인다. 중국은 독특한 정치체제를 갖고 있기 때문이다.

중국은 민주주의 정치체제를 택하고 있지 않다는 이유로 국제 사회로부터 가혹한 비판을 받아왔다. 인권이라는 면에서 민주주의는 현대인에게 지고지순의 정치체제다. 그러나 경제라는 측면에 국한해서 보면 민주주의는 대부분 민중주의 정치와 궤를 같이할 수밖에 없다. 정치적인 권리를 획득하는 대신에 민중주의 정책이 채택에 따른 비용을 치르게 하는 것이 바로 현대 민주주의 체제다.

중국은 일종의 귀족정치 체제를 선택하고 있다. 또 3개 계파 간 권력의 견제를 통해 상당히 안정적으로 10년 터울로 정권이 교체되고 있다. 정권을 잡는 사람들 면면을 보아도 우리나라처럼 별다른 경험도 없이 권력을 쥐는 벼락부자 같은 정치인은 없다. 대부분 하급 관리에서부터 출발하여 치열한 경쟁을 통해 최고 권력으로까지 부상한 사람들이다. 이렇게 능력 면에서 상당 수준의 인물들이 권력층에 포진함으로써 중국은 경쟁력 있는 정치체제를 구축할 수 있었다.

장기적으로는 중국도 인권과 선거권을 허용하는 쪽으로 서서히 나아갈 것으로 보인다. 그러나 중국의 권력자들이 통제할 수 없는 수준에 이를 것이라는 의견은 지나친 우려라고 생각한다. 중국 위기론과 같은 기사를 쏟아내는 서구의 언론은 팩트보다는 그들의 희망사항을 담고 있거나 자신들이 익숙한 세계관으로 중국에 대한 평가를 내리고 있다. 서구 언론의 기사를 보면 금방이라도 중국이 어떤 위기에 처할 것처럼 보이지만 이는 일부 서구 언론인들의 자기중심적인 주장이나 바람에 불과하다.

종합적으로 분석해보면 중국은 약간의 굴곡이 있긴 해도 비교적 꾸준하게 나아가는 추세선을 기록할 것으로 보인다. 이 추세는 한국의 기업과 산업에 큰 시련과 기회를 동시에 제공할 것이다. 장기적으로 안정적인 사업 환경이 제공되는 중국에 반해 한국은 분열과 단기 처방이 주를 이룰 것이기 때문이다. 점점 한국 경제가 중화 경제권의 일부로 포함되는 것 같은 걱정을 지울 수가 없다. 중국과의 차별화를 유지할 수 있는 방법은 결국 한국이 자국의 핵심 경쟁력을 얼마나 잘 키우는가에 달려 있다. 그렇지 않으면 중국은 마치 블랙홀처럼 우리의 많은 산업들은 물론이고 인력들을 흡수해버리고 말 것이다.

최근 일부 첨단 산업을 중심으로 한국 엔지니어 기술 인력에 대한 스카우트는 이제 막 시작되었다. 과거에 우리가 퇴역한 일본 출신 기술 인력들의 도움을 많이 받았던 것처럼 중국은 이런 전략을 적극적으로 활용할 것이다. 우리 입장에서는 이를 막을 수 있는 뾰족한 방법이 없다.

중국의 안정적인 성장 덕분에 중국 소비자들은 탄탄한 구매력을 갖게 될 것이다. 중국 내수시장의 눈부신 발전은 우리에게도 유리한 기회를 제공할 것이다. 이런 혜택을 누리고 우리가 중국과 동반성장할 수 있는가는 전적으로 한국 산업과 기업 그리고 개개인의 경쟁력에 달려 있다.

중국은 정책의 연속성을 유지할 수 있는 나라라는 점에서 특별한 강점을 갖고 있다. 정치, 경제, 안보 등에 있어서도 긴 호흡을 갖고 일관된 정책을 펼칠 수 있다는 것은 민주주의 체제를 선택하고 있는 나라로서는 상상할 수 없는 강점이다. 이는 권위주의 정치 체제의 장점일 수도 있지만 전통적으로 중국인들이 갖고 있는 특성이라 할 수 있다. 근래에 미국의 영해였던 태평양을 두고 미국과 중국이 벌이고 있는 신경전도 그런 사례이다. 정권이 계속해서 바뀌는 민주주의를 채택하고 있는 나라와 공산당 지배 체제를 갖춘 나라가 정책의 연속성 면에서 얼마나 큰 차이를 보일 수 있는가를 보여준다. 언론인 사이먼 윈체스터(Simon Winchester)는 뉴욕타임스에 기고한 칼럼에서 "미국과 중국의 태평양 전쟁은 이제 시작일 뿐"이라며 권위주의 지배 체제가 가진 특성에 대해 이렇게 말한다. "미국의 외교정책은 임기 4~8년의 대통령이 바뀔 때마다 변하지만 중국은 장기적 전략을 가지고 노련하게 게임에 임한다. 이것이 문제의 원인이다. 남중국해 사태는 빙산의 일각일 뿐이다. 중국은 건국 100주년인 2049년까지 서태평양을 장악한다는 원대한 꿈을 실행에 옮기고 있다."(〈NYT〉, 2015. 11. 6)

세계 어느 나라가 10년도 아니고 향후 30~40년을 바라보고 정책을 지속할 수 있겠는가? 중국과 중국인만이 할 수 있는 일이다. 이는 군사나 외교 분야에서만 적용되는 것이 아니라 산업 정책에서도 그대로 적용되고 있다. 중국은 초장기 계획으로 산업을 육성할 수 있는 시스템을 갖고 있다.

중국과 일본의 틈바구니 속에서 한국이 독자적인 생존과 번영을 유지하기 위해 어떤 전략을 선택할 것인가. 이를 두고 한국에서는 친중에 역점을 두는 사람들과 친미에 역점을 두는 사람들 사이에서 논쟁이 일어날 것으로 보인다. 어떤 색깔의 집권 세력이 등장하느냐에 따라 무게 중심이 옮겨지기 때문에, 한국은 미국과 중국 양국에게 아주 신뢰할 만한 파트너는 아니라는 인상을 심어줄 것이다. 어쩔 수 없이 우리는 경제적인 측면과 안보 및 정치적인 측면에서 사안별로 다소 어정쩡한 위치를 고수하지 않을 수 없다. 다만 대의를 위해 힘을 모으는 전통이 일천한 한국 사회에서는 사안에 따라서 친중과 친미가 격돌하는 상황이 일어날 것으로 예상된다. 유난히 '친미'에 알레르기 반응을 보이는 다수의 시민사회단체의 활동도 정책 당국자들이 외교적인 사안에 대해 균형을 유지함에 있어 부담을 줄 것으로 보인다. 하지만 여전히 식자층에서는 심리적으로 중국은 멀고 미국은 가깝다. 일반 시민들도 중국보다는 미국이 더 우리와 가까운 나라로 여기고 있는 듯하다.

여기서 우리는 한 가지 원칙을 분명히 해야 한다. 세월이 흐르고 경제적으로 중국에 대한 의존도가 높아지더라도 안보와 정치 분야만큼은 미국과 긴밀한 관계를 지속적으로 유지해야 한다는 사실이다. 가치동맹이라는 관점에서 보면 우리는 중국과 오랫동안 공감대를 이루기 힘들다는 사실을 상기해야 한다. 감정이나 분위기 때문에 이런 점을 간과하고 미국과 중국 사이에서 갈팡질팡한다면, 경제는 물론이고 정치 및 안보 면에서도 우리나라는 중국에 지나치게 휘둘리는 신세를 면치 못할 것이다.

중국이나 중국인에게 문제가 있는 것은 아니다. 그들의 역사에는 단 한 번도 '시민'이 중심이 되었던 기록이 없다. 이런 역사적 전통은 지금까지 면면히 이어져 내려오고 있다. 보편적인 인권이나 자유에 관한 중국과 우리 사이의 견해차도 이 때문이다. 시리아의 폭정을 보호하려는 러시아 푸틴 대통령의 선택을 보면서도 나는 중국과 소련의 역사를 떠올린 적이 있다. 그들이 단 한 번도 시민 사회를 경험해본 적이 없다는 사실 말이다. 북한의 핵폭탄 실험으로 긴급히 전화를 한 우리 대통령과 국방장관에게 묵묵부답인 중국을 보면서도 나는 이런 생각을 했다. '그들은 교육과 역사와 문화의 무게에서 영원히 벗어날 수 없는 사람들이구나.' 외교적으로 우리는 미국, 일본, 중국이 동일선상에 설 수 없음을 분명히 알고 대응해야 한다.

# 15

# 가까이 다가온 통일

결코 머지않은 미래

> 시장의 힘이 확산되고 있기 때문에, 충분한 경험을 쌓지 못한 젊은 지도자가 오랫동안 권력을 장악할 가능성은 낮다. 불현듯 북한 붕괴가 찾아왔을 때 우리는 뜻과 힘을 모을 수 있을 것인가, 그리고 그들을 도울 만한 경제력을 갖고 있을 것인가? 그것이 문제다.

왕조를 제외하면 독재정권은 대개 단명하고 만다. 당대는 고사하고 2대까지 권력을 연장하는 일이 드물며, 3대까지 권력을 유지하는 경우는 없다. 튀니지의 벤 알리는 1987년 2대 대통령으로 집권하여 3, 4, 5대를 역임하고 2011년 민주화 세력에 의해 권좌에서 쫓겨나고 만다. 중동 독재 권력의 대표적인 인물이었던 그의 재임 기간이라고 해야 24년에 지나지 않았다. 기행으로 유명한 리비아의 무아마르 카다피는 1969년에 집권하여 2011년에 물러날 때까지 42년간 권력을 휘둘렀지만 7남 1녀의 자녀 중 어느 누구에게도 권력을 물려주는 데는 실패하였다. 세상을 떠들썩하게 만든 이라크의 사담 후세인도 권력에 앉았던 기간은 27년에 지나지 않는다.

현재 장기 독재를 유지하고 있는 대표적인 나라는 짐바브웨의 무가베(1987년 집권 시작), 우간다의 요웨리 무세베니(1986년 집권)를 들 수 있다. 2대까지 권력을 유지한 경우는 시리아의 하페즈 알아 사드(1971~2000년 집권)에 이어 바샤르 알 아사르를 들 수 있다. 이들은 44년째 권력을 유지하고 있다. 3대까지 권력이 넘어간 경우는 북한의 김일성(1945~1994년), 김정일(1994~2011년)에 이어 김정은 (2011년~)을 들 수 있는데 이들은 무려 70년간 집권하고 있다.

권력은 속성상 자발적으로 내놓을 수 없다. 대부분의 철권통치가 마치 새벽이 찾아오는 것처럼 갑자기 무너질 수밖에 없는 이유다. 아무리 견고하게 만들어놓은 통치체제라 하더라도 반복적인 실정 과 실수는 균열을 가져오고 만다. 이처럼 극적인 사태로는 김일성 과 긴밀한 유대 관계를 맺어왔던 루마니아의 니콜라에 차우셰스쿠 를 들 수 있다. 1918년생인 그가 공산당 서기장을 맡은 해는 1965년 이다. 갑작스럽게 몰락한 1989년까지 24년간 재임한 그는 동구 유 럽에서도 보기 드문 독재자였다.


## 북한의 김씨 왕조와 동색이었던
## 차우셰스쿠의 몰락

──────────── 1989년 동구 유럽권 공산국가들 가운데서 동 독, 체코, 폴란드, 헝가리, 불가리아 등이 하나씩 무너져내릴 때조 차도 전문가들은 예외적인 국가로 루마니아를 드는 데 주저하지 않 았다. 다른 공산권 국가들은 대부분 당을 중심으로 돌아가는 체제 를 유지하고 있었지만, 루마니아만큼은 유럽에 걸맞지 않은 정치체 제, 즉 1인 우상숭배형 독재국가를 유지하고 있었기 때문이다. 차우 셰스쿠는 정교한 비밀경찰 제도를 운영하여 국민을 감시했기에 어

느 누구도 그의 몰락을 예상하지 못하였다. 그는 김일성의 1인 우상 숭배 체제에서 많은 것을 배워서 실천에 옮긴 인물로 유명하다. 심지어 '김일성의 의형제'로 불리기도 했다. 김일성의 주체사상 못지않게 루마니아에 국수주의적인 개인숭배사상을 강요했으며, 반발하는 자를 잔인하게 억압하는 비밀경찰 제도 세쿠리타테를 조직적으로 운영했다. 다른 동구 공산권 국가들 가운데서도 공산당을 앞세우는 인물은 많았지만 그처럼 "내가 이 나라의 아버지다!"라고 강요하는 사람은 없었다.

차우셰스쿠의 실정 가운데 으뜸은 경제 정책의 실패이다. 대부분의 공산국가들은 계획경제를 실시했는데, 루마니아의 어려움은 특별했다. 독재자의 즉흥적인 지시나 명령에 따라 경제가 운영됨으로써 혼란과 낭비, 비효율성이 극도로 증가했다. 차우셰스쿠는 '낙태-피임 금지법'을 엄격하게 실시함으로써 인구 증가를 통한 국가 발전에 강력한 드라이브를 걸었다. 아이들은 늘어나는데 이들에게 먹일 식량은 부족했기 때문에 도시마다 빈곤층이 누적되는 상황이 발생했다.

또한 그는 중화학공업 육성을 통한 경제 재건에 집중했다. 막대한 외채를 끌어다가 중화학공업을 육성하면서 자원을 낭비했는데, 더 큰 문제는 끌어다 쓴 외채를 단기간에 갚기 위하여 국민들에게 내핍 생활을 강요한 점이었다. 국내에서 생산되는 것이라면 무엇이든 수출하여 외채를 갚으려는 눈물겨운 노력이 가상하기는 했지만, 국민들은 빈곤과 연료 부족, 영양실조로 겨울을 나기조차 힘들어졌다.

그는 개인 우상화 작업의 일환으로 거대한 건축물 건립에도 열심이었다. 막대한 재정을 투입하여 대규모 건축물을 세우기 위해 특정 지역에 사는 시민들을 갑자기 쫓아내버리는 일들도 자주 행했다. 이처럼 일반 국민들이 극도의 가난으로 내몰리는 상황에서도 대통령 일가와 지배계급에 속한 사람들은 엄청난 사치와 향락을 누리게 된다. 오늘날 수도 부쿠레시티를 방문하는 사람들이 보고 놀라는 웅장한 건물은 차우셰스쿠가 많은 사람들을 쫓아내버린 땅 위에 건립한 인민궁전이다. 세계에서 세 번째로 큰 건물로 알려진 이 건물은 독재자의 위엄을 자랑하는 상징적인 건물이다.

그러나 독재정권이 얼마나 허망하게 무너져내릴 수 있는가를 보여준 사건이 1989년 12월 21일, 부쿠레시티 도심 광장에서 일어난다. 무려 12만 명의 인파가 운집한 행사였다. 이들은 대부분 동원된 노동자와 시민들이었다. 전국에 생생하게 중계된 이 현장은 현대사에서도 극적인 순간으로 기록되고 있다. 차우셰스쿠는 대부분의 노동자와 시민들이 자신을 지지하며 소수만이 불만을 갖고 있다는 판단 때문에 공개적인 장소에서 장황한 연설로 자신의 존재감을 과시하였다. 그런데 온갖 협박을 받아가며 동원된 시민들은 정체불명의 폭음이 들리자마자 비밀경찰이 발포를 하였다는 루머에 웅성대기 시작했다.

동원된 군중들은 한순간에 연설 중인 차우셰스쿠에게 환호가 아닌 야유를 퍼붓기 시작했다. 성난 군중은 곧바로 연설대가 있는 건물로 돌진하기 시작하는데 당황한 나머지 차우셰스쿠는 급히 건물 안으로 피했지만, 이미 권력의 무게중심은 뒤집어지고 말았다. 이 방송의 시청률은 무려 76%로 당시 대부분의 국민들이 이 현장을 숨 죽인 채 지켜보고 있었다. 사태는 걷잡을 수 없이 확산되었다. 시위를 잠재울 수 있으리라는 차우셰스쿠 측근들의 기대는 보기 좋게 꺾이고 말았다. 차우셰스쿠를 위해 일하던 병사와 장교들이 총구를 부패한 권력층에 돌림으로써 루마니아군 대부분은 반정부 시위대에 합류했다.

도망자 신세가 된 차우셰스쿠 부부를 보호해줄 사람은 루마니아 내에는 남아 있지 않았다. 도망 중에 붙잡혀 즉석 재판을 거친 부부는 각각 90여 발의 총알을 맞고 죽음을 맞았다. 노회한 독재자조차 민심의 급변을 읽는 일에 실패하였고, 우발적인 사건이 정권 붕괴로 연결되는 것을 막지 못했다.


# 통일은 결코
# 멀리 있지 않다

──────────── 독재는 예상하지 못한 상태에서 무너져내릴 수 있다. 철권통치에 가까울수록 몰락도 극적으로 일어날 수 있다. 우리에게 통일은 먼 나라 이야기처럼 보인다. 오랫동안 분단된 상태에서 살아왔고, 북한 권력층의 1인 지배는 위태롭게 보인 적도 있지만 이미 긴 세월 동안 정권을 유지해왔기 때문이다. 북한이 다른 독재국가들과 다른 점은 반정부 세력을 조직화할 수 있는 시민 세력이 없다는 사실이다. 때문에 루마니아와 같은 사태는 북한에서 결코 일어날 수 없다고 주장하는 사람들도 있다.

궁극적으로 사람들의 삶에 결정적인 영향을 주는 것은 정치적인 문제가 아니라 경제적인 문제일 것이다. 나라가 배급제를 유지할 수 없어 국민들이 먹고살지 못하게 되는 상태가 지속되면 그들이 권력 계층을 온전히 바라볼 수는 없을 것이다. 이런 일은 이미 북한의 장마당에서 자주 일어나고 있다. 과거 같으면 눈도 제대로 맞추지 못할 정도인 보위부의 단속에 대해 항의하는 사람들이 늘어나고 있다고 한다. 그런 항의는 단순히 단속에 대한 항의가 아니다. 그곳에는 반항적인 메시지가 뚜렷하게 담겨 있다. "당신네들이 우리에게 매달 먹고살 만큼 월급을 주는가? 국가가 농민들을 돌봐주는 것도 아니지 않는가? 이렇게 하고선 인민들이 도대체 어떻게 살아갈 수 있는가? 도대체 당신들은 뭐하는 사람들인가?" 이런 불만이 목까지 차 있는 상태라고 한다. 그리고 북한의 웬만한 사람들도 이제 대한민국이 어떻게 사는지, 중국 사람들이 얼마나 잘살게 되었는지, 바깥세상이 어떻게 돌아가는지를 잘 알고 있다.

결국 권력은 총구에서 나오는 것이 아니라 '밥'에서 나오는 것이다. 우리는 북한이 당면한 경제 문제를 우선적으로 들여다봐야 한다. 북한 경제의 추세에 대해서는 전문가들마다 의견이 다르다. 하지만 어떤 경제 체제가 세상에 내다 팔 수 있는 것이 거의 없는 상태에서 전시성 행사에 천문학적인 돈을 투입하는 일을 반복해왔다면 경제 상황이 호전될 가능성은 없다. 나라 경제는 결국 수입 구조와 지출 구조를 살펴보면 답을 얻을 수 있다. 벌 수 있는 기반은 되어 있지 않은데 쓰는 것이 무분별하면 당연히 경제 상황은 어려워질 수밖에 없다.

# 표면의 권력은 당이,
# 이면의 권력은 장마당이

──────── 그런데 북한 경제에서 흥미로운 점은 표면적으로 계획경제를 유지하고 있지만 계획경제가 실패함으로써 북한 내에 시장 또는 비공식 경제활동이 급속히 증가하고 있다는 점이다. 실제로 현재의 북한 경제는 북한 주민들의 자발적인 거래 활동, 즉 장사가 기여하는 몫이 크다. 따라서 북한도 권력층에 가담한 자나 장마당을 통해서 부를 축적한 상인들의 살림살이는 상당히 나아졌지만 다수 대중들은 계속해서 곤궁함을 벗어나지 못하고 있다. 이른바 북한판 양극화 현상의 심화가 계속되고 있다고 보면 된다. 북한 체제의 구조적인 특성을 미루어 보면 북한에서 대다수 사람들의 형편이 과거에 비해 나아질 수 있는 가능성은 거의 없다. 다만 일부 사람들의 소득 수준만이 대폭 높아진 것으로 보는 것이 올바른 판단이라고 본다. 한 연구자는 북한 사람들의 형편에 대해 예리한 관찰 결과를 제시한다.

"'육안에 의한 관찰'에 의하면, 2000년대 이후 북한 경제의 가장 중요한 특징 가운데 하나는 이른바 '경제 양극화' 현상이다. 평양의 경제와 평양 이외 지역의 경제가 다르고, 돈을 가진 자와 그렇지 못한 자의 경제생활은 더욱더 차이가 벌어지고 있다. 2008년 WFP와 FAO 등 국제기구가 북한 동북지역의 식량상황을 조사한 결과에 따르면, 북한 동북지역에서 소위 '초근목피(야생의 식량채취)' 또는 '가족들로부터의 식량 원조'로 식량생활을 영위하는 사람들의 비중이 2000년대 초반에 비해 크게 늘어난 것으로 나타난다." (이석, "총괄, 북한 경제, 정말 좋아지고 있는가?", 〈동향과 분석〉, 2015. 8., p. 10)

이런 관찰은 추론과 거의 일치한다. 식량난과 연료난으로 전국의 산야가 극심하게 훼손된 상태에서 농사로 먹고살 수밖에 없는 다수의 사람들은 반복적인 가뭄과 홍수 때문에 계속해서 생산량의 저하 상태를 벗어날 수 없다. 잠시 동안 기후의 도움으로 작황이 나아질 수는 있지만 민둥산 같은 심각한 자연 생태계의 파괴 탓에 농산물 생산의 부진을 초래한다. 이러한 상태로는 구조적인 문제를 해결할 수가 없으며, 시간이 갈수록 농업 생산성은 낮아질 수밖에 없다. 북한 수뇌부의 고민이 자주 드러나는 일들이 최근에 늘어나고 있다. 지난 2월 조선중앙통신은 김정은이 북한의 산림 황폐화 문제가 심각하기 때문에 앞으로 산림파괴 행위를 엄단하겠다는 지시를 내렸다고 보도했다. 사정이 얼마나 다급하였으면 이런 부끄러운 이야기를 공개적으로 했을까?

"전당, 전군, 전민이 산림 복구 전투를 힘 있게 벌려 조국의 산들에 푸른 숲이 우거지게 하자. 나무를 마구 찍는 것은 역적 행위이기 때문에 어느 단위, 그 누구를 불문하고 단단히 문제시해야 한다. (…) 산림 자원을 보호하려면 땔감 문제를 풀어야 한다. 후대들에게 벌거숭이산, 흙산을 넘겨줘서는 절대로 안 된다. 고난의 행군 후과(나쁜 결과)를 가지고 후대(후손)들에게 만년대계의 재부를 물려주기 위한 산림 복구 전투에서도 반드시 빛나는 승리를 이룩해야 한다."

우리말에 "열 사람이라도 한 명의 도둑을 막지 못한다"는 이야기가 있다. 아무리 많은 사람들이 동원되더라도 절체절명의 빈곤에 처한 사람들과 한겨울 추위에 노출된 사람들의 산림 훼손을 막을 방법이 없다. 이런 류의 보도를 접할 때마다 북한의 식량 문제와 생산성 문제가 한계 상황으로 치닫고 있음을 짐작하게 된다.

북한의 상황이 호전되고 있다는 판단을 한다면 이는 일부 사람들의 이야기에 지나지 않는다. 평양 등 일부 도시의 주민들은 거래를 통해서 부를 축적할 수 있지만, 나머지 대부분의 북한 지역에 사는 사람들은 정권에 충성을 바쳐야 할 아무런 이유가 없는 상태에 와 있다고 할 수 있다. 우리가 보도를 통해 접하는 대부분의 정보는 평양 등의 도시 상황을 보도한 것임을 알아야 한다. 나머지 지역의 상황은 우리의 예상보다 훨씬 어려울 것이며 민심의 이반 정도는 더 심할 것이다.


## 독재정권의 경영에 필요한
## 정교한 기술을 배우지 못한 아들

──────── 김일성이 사망한 것은 1994년으로, 김정일의 나이 52세 때의 일이다. 김정일이 아버지 밑에서 국가 통치술을 오랜 기간 동안 배울 수 있었던 것은 큰 행운에 속한다. 그러나 그런 행운이 김정은에게는 주어지지 않았다. 30세가 채 되지 않은 한 젊은이가 아버지로부터 충분한 통치술을 배우지 못한 상태에서 거대한 조직을 인수한 것은 정말 위험한 일이다.

이는 단명해버린 아버지 때문에 일찍부터 경영권을 승계한 거대 기업의 아들에 비유할 수 있다. 남은 사람도 거대 기업을 끌어가려면 무척 힘이 든다. 그들 가운데 대를 넘어서까지 부를 유지한 사람은 우리 사회에서도 손에 꼽을 정도다. 그런데 기업이 아니라 복잡한 이해관계가 얽히고설킨 나라를 이끌어 가는 데 김정은이 선전할 수 있을지에 대해 필자는 회의적이다. 그가 받는 스트레스는 과중한 체중과 과음 그리고 과식 등으로 이미 표면에 뚜렷하게 드러나고 있다.

사람이란 존재는 앞에서는 "네, 네" 할 수 있지만 그 속마음까지 알 수는 없다. 잔인한 방법으로 고모부와 어제의 측근들을 비참하게 죽음으로 내모는 것이 그에게는 효과적인 통치술일지 모른다. 그러나 반작용도 크게 마련이다. 그만큼 내부로부터의 반란이 일어날 소지를 키우고 있는 셈이다. 북한의 상황 돌변은 민중들로부터 비롯되는 것이 아니라 내부의 반란이 될 가능성이 더 높다. 노회하고 나이를 많이 먹은 독재자들도 아차 하는 순간 권력의 끈을 놓칠 수 있는데 경험이 일천한 젊은 지도자가 마치 줄타기를 하듯이 권력을 유지해나갈 수 있을까?

필자는 현재의 북한 정권이 그렇게 오래갈 것으로 보지 않는다. 내부 정변에 의한 정권 교체 형식으로 북한의 김씨 왕조가 무너질 것으로 본다. 다만 이후의 권력을 누가 갖게 될지, 그 후의 혼란을 어떻게 수습할지가 우리에게는 큰 숙제가 될 것이다. 인간은 자기 살 길을 우선적으로 찾기 때문에 격변 이후에도 한반도의 통일 문제는 대한민국 사람들이 생각하는 방식대로 진행되지 않을 가능성이 있다. 자신의 목이 날아가는데 어느 누가 선뜻 '당신들이 맡아주시오'라고 하겠는가?

어느 누구도 통일이 언제 어떤 모습으로 우리에게 다가올지 확신할 수 없다. 그러나 북한의 폭정이 그렇게 오래가지 않을 것으로 예상할 수는 있다. 역사적으로 폭압의 정도가 심한 나라일수록 붕괴 또한 극적이었다. 따라서 북한 역시 전혀 예상하지 못한 '급변 사태'

로 정권이 붕괴될 가능성이 높다. 역사적으로 보면 폭압 정권일수록 붕괴 시점과 붕괴 방식이 단순한 시위나 정변과 같은 우연적 요소에 의해 발생했다. 북한의 경우도 경제 상황이 악화되고 지배층의 예상치 못한 실수 등이 중첩되면 전혀 예상하지 못한 방식으로 상황이 전개될 것이다.

이런 점에서 근래에 중동의 민주화 시위로 인한 독재정권의 붕괴나 차우셰스쿠 정권의 붕괴, 동독의 붕괴는 우리에게 시사하는 바가 크다. 이들 사례에서 우리가 배울 수 있는 교훈은 독재정권이 폭압적일수록 붕괴 방법을 예상하는 것이 어렵다는 점이다. 다만 독재정권에서 소요 사태의 확산이나 정변은 어떤 방향으로 불똥이 튈지 가늠할 수 없을 정도로 번져갈 수 있다는 점은 분명하다.

1989년 5월 동독 라이프치히에서 발생한 조직적인 시민 소요 사태의 파장이 그토록 대단할 것이라고 예상한 사람은 동서독에 거의 없었다. 5월에 발생한 시민 소요 사태는 불만이 누적되어 있던 동독 시민들에게 화염이 퍼져나가듯이 빠른 속도로 번져갔고, 급기야 8월에는 동독 주민들이 체코와 헝가리로 대량 탈출하는 사태가 벌어졌다. 결과적으로 5개월 만에 라이프치히에서 시작된 동독 주민들의 개혁 요구 시위는 동독의 '호네커' 정권을 붕괴시키고 말았다. 이후 그의 추종자인 '코렌츠' 정권이 임시방편으로 부분적 개혁조치를 통해 동독 주민들의 불만을 무마시키고자 안간힘을 써보지만, 동독 주민들은 베를린, 라이프치히 등에서 자유선거와 베를린 장벽 철거 요구와 시위를 이어나갔다.

절대 권력이 일단 시민들의 요구를 수용하기 시작하면 둑은 무너져내릴 수밖에 없다. 자유를 향한 거대한 쓰나미를 결코 막을 수 없기 때문이다. 마침내 굴복한 정권이 수습책으로 내놓은 '신여행법'은 서독으로의 출국을 가능케 했는데, 동독 주민들은 베를린장벽 자체를 붕괴시키고 만다. 이 시점이 1989년 11월 9일이다. 5월에 시작된 혁명은 6개월 만에 동독 정권의 붕괴로 막을 내렸다.

그나마 동독 주민들은 서방에 대한 정보들을 상당 부분 소유하고 있었기 때문에 이런 일들이 가능했을 것이다. 북한의 사정은 조금 다르겠지만, 일단 폭압적인 정권에 대한 불만이 훨씬 클 것으로 보기 때문에 더욱 빠른 속도로 정권의 붕괴는 이루어지게 될 것이다.

## 북한의 예기치 못한 정변이
## 곧 통일을 뜻하지는 않는다

──────────── 우리 국민들 다수는 북한 정권의 붕괴가 곧바로 남북한 통일로 이어지는 것을 필연으로 받아들인다. 하지만 한반도 통일 문제는 한국인들이 생각하는 것만큼 그렇게 단순하지 않다. 북한에서 급변 사태가 발생하더라도 대한민국의 관할권이 한반도의 북부에까지 미치는 것이 올바른 것인지 아닌지에 대해서는 한국인의 시각과 국제법적 시각이 충돌하는 면이 있다.

성균관대 정치학과의 김일영 교수는 생전에 북한 정권의 붕괴가 곧바로 대한민국의 북한 영토 회복을 의미하는 것은 아니라는 점을 지적한 바 있다. 그는 정책 당국자들이 이런 불편한 진실을 국민들에게 충분히 알려야 한다고 강조했다.

"한국 정부는 북한이 붕괴될 경우 그것이 그대로 한국의 관할권으로 넘어오는 것이 아니라는 점을 국민들에게 사전에 어느 정도인지시켜주어야 한다. 현재 국민들 대다수 북한이 붕괴되면 당연히 우리가 통치할 것이라고 생각하고 있다. 그러나 만약 사태가 닥쳐 그렇지 않은 것으로 드러날 경우 정부는 국민들이 느낄 실망과 좌절 및 분노를 감당하기 쉽지 않을 것이다." (김일영, "북한 붕괴 시 한국군의 역할 및 한계", 〈국방연구〉, 제46권 제2호, 2003. 12., pp. 171~172)

미국과 중국, 일본과 같은 주변국들은 1991년 9월 남북한이 유엔에 공동 가입했기 때문에 국제법상 대한민국과 북한을 독립된 주권국가로 받아들이고 있다. 이들은 붕괴된 북한 영토를 대한민국의 관할권이 아니라 국제법상 지배권역이 되어야 한다는 시각을 갖고 있다. 여기서 우리가 눈 여겨봐야 할 점은 1961년 북한과 중국 간에 체결되어 앞으로도 유효할 '조중 우호합작상호원조조약'의 제2조에 담긴 자동개입조항이다. "조약 일방이 한 개의 국가나 몇 개 국가의 연합으로부터 무력 침공을 당해 전쟁 상태에 처하게 되면 조약 상대방은 모든 힘을 다해 지체 없이 군사적 및 기타 원조를 제공한다."

북한의 붕괴는 동독의 붕괴처럼 두 단계를 거칠 것으로 보인다. 하나는 김씨 왕조의 붕괴이고, 이를 대체하는 북한 군부의 개입이 뒤를 따를 것이다. 김씨 왕조의 권력을 승계하는 이들은 자신들의 기득권 상실을 우려하여 대한민국의 지배를 인정하지 않을 수 있다. 그런데 그 가능성은 높지는 않다고 본다. 중국은 이를 적절히 활용하여 미국의 군사적 영향력이 미치는 대한민국 정부와 직접 국경을 맞대는 일을 가급적이면 피하려 할 것이다. 일부에서는 중국의 우호적인 시각을 기대하는 사람들도 있지만, 국가 간의 관계란 것은 결국 자국의 이해에 따라 결정된다는 사실을 잊지 말아야 한다. 가능성이 높은 시나리오는 신탁통치안이다. 유엔의 깃발 아래에 신탁통치와 같은 모습이 상당 기간 실시된 이후에 북한 주민들의 투표를 통한 의사결정에 따라 대한민국에 합쳐질지 아닐지를 결정하게 될 것으로 보인다.

일부 정치인들은 '통일 대박론'과 같은 표현을 사용하지만 어떻게 통일이 대박이 될지 이해하기 어렵다. 정치적인 수사 정도라고 할 수 있지만, 통일에 대한 환상을 심어주는 일은 가급적이면 피해야 한다. 통일은 대한민국 국민들에게 상당한 비용 부담과 고통을 의미한다. 따라서 "우리가 어떤 고통을 치르더라도 같은 민족으로 한 국가를 이루어야만 한다"는 당위성에 국민들이 동의할 수 없다면, 북한의 붕괴도 붕괴지만 우리 스스로 내부적인 국론 분열로 홍역을 치르게 될 것이다. 힘들지만 대의명분을 위해 희생하고 헌신하겠다는 결의에 우리가 뜻과 마음을 모을 수 있을 것인가?

정치인들은 크고 높고 고결한 대의명분을 제시해야 한다. "우리가 남이 아니지 않는가? 우리가 저렇게 헐벗고 고생하는 사람들을 도와서 통일 한국을 만들어내야 하지 않는가? 우리가 정말 훌륭한 통일된 한민족이 되어야 하지 않는가?" 이렇게 국민들에게 호소하고 동의를 이끌어내야 한다. 사람은 눈앞의 이익 때문에 움직이는 존재이기도 하지만, 훌륭한 대의를 위해 헌신할 수도 있는 존재이기 때문이다. 산업화와 민주화를 이룬 우리가 지향해야 하는 미래상은 훌륭한 통일 한국을 향해 전진하는 일이다.

이런 모든 어려움에도 불구하고 다행히 대한민국이 북한과 합쳐지게 되면, 엄청난 재원을 투입하여 인프라를 만들고 각종 사회제도를 정비할 투자 재원을 마련해야 할 것이다. 이들 자금의 대부분은 자본시장이나 국제기구들의 자금으로 조달될 수밖에 없을 것으로 본다.

대한민국은 새로운 유효수요가 창출되면서 경제적으로는 성장률이 상당 기간 반등되는 호황을 누리게 될 것이다. 또한 토지를 정리하는 과정에서 투자 여력이 있는 사람도 이득을 볼 수 있다. 그러나 북한은 젊고 건강한 나라가 아니라 늙고 병든 나라다. 대한민국은 늙고 병든 나라를 재건시키는 과정에서 기존의 재정적 어려움과 더불어 북한의 회생을 위한 재정적인 어려움까지 나눠 가져야 할 것이다.

북한의 고령화는 한국만큼이나 심각한 상황이다. 우리 사회에 비해서 2~3년 정도 늦은 수준이다. 대한민국은 저출산과 고령화의 재정 부담으로 휘청거리는 상태에서 북한의 고령화 부담까지 안아야하는 상황에 처할 것이다.

이런 모든 장애물에도 불구하고 우리는 같은 언어와 역사를 나누어 가진 민족으로서 통일에 대해서는 다른 의견을 내지 않을 것이다. 다만 통일 이전에 재정적인 건전성을 회복해두는 것이 우리에게 가장 긴요한 일일 것이다. 한쪽의 경제 사정이 나은 상태라면 통일도 넉넉한 방식으로 받아들일 수 있다. 또 통일을 대비해서 우리가 해야 할 일은 폭압적인 정권하에서도 민간 차원의 지원을 어느 수준까지 계속함으로써 북한 주민들의 마음을 사는 일이다. 남북통일의 필수 조건은 대다수 북한 주민들도 통일을 원하고, 북한에 임시로 설립된 정권이 이를 받아들여야 한다는 것이다. 마지막으로 한반도 주변국들이 남북한 통일에 협조하거나 동의해야 한다. 이런 외부적인 변수와 더불어 내부적인 변수를 고려해야 한다. 우리가 "어떤 비용을 치르더라도 북한 동포들이 자리를 잡는 데 도움을 주겠다"는 결의를 다질 수 있는가라는 점이다.

고귀한 목표 의식을 갖지 않는다면 북한의 붕괴 앞에서도 우리는 극심한 국론 분열이라는 혼란에 휩싸이고 말 것이다. 그 혼란의 이면에는 우리의 지갑 사정이 큰 역할을 할 것이다. 인심은 곳간에서 나온다는 말이 있지 않은가. 우리가 경제적으로 든든한 버팀목이 될 수 있도록 노력해야 할 이유가 여기에 있다. 험난한 세월을 살아온 어려운 동족을 돕기 위해서 우리 스스로가 지금보다 더 강한 경제력을 갖고 있어야 한다.

통일 준비를 위한 이런 저런 운동들이 전개되고 있지만 가장 중요하고 시급한 통일 준비는 두 가지이다. 하나는 우리 스스로 재정 건전성을 높여서 언제든지 추가 자원을 북한에 투입할 수 있는 만반의 준비를 갖추는 일이다. 다른 하나는 계속해서 부가가치를 창출할 수 있는 강한 경제력을 확보하는 일이다. 두 가지 모두 우리들의 지갑과 실력에서 나온다는 사실을 절대로 잊지 않아야 한다. 우리가 경제를 튼실하게 만들기 위해 기울이는 모든 노력은 곧바로 통일 준비임을 기억해야 한다.

여기에 돈으로 측정할 수 없는 귀한 자산이 우리에게 또 있다. 이 것은 세계 어느 나라도 갖고 있지 않은 자산이다. 북한이 붕괴되면 상처받은 사람들을 치유하는 문제가 큰 과제가 될 것이다. 오랜 세월 철권통치하에서 고생한 사람들이 마음의 상처이자 영혼의 상처를 어떻게 치유할 것인가? 6.25전쟁을 기점으로 북한에서 내려온 기독교인들이 남한에 큰 도움을 주었던 것처럼 통일 과정에서도 한국 교회와 기독교인들이 상당한 역할을 할 것으로 예상된다. 나라가 할 수 없는 일을 종교가 담당할 수 있을 것이다. 물적이고 영적인 도움의 손길이 그들을 향할 것이다. 이를 위해서 한국 교회는 세속화를 멀리하고 더 건강하게 거듭나는 노력을 계속해야 한다. 나는 정치적인 문제가 해결된다면 생각보다 빠른 속도로 북한이 자리를 잡게 될 것으로 예상한다. 한민족은 남북 공통으로 적응력이 뛰어나고 생활력이 강하며 욕심이 많은 사람들이기 때문이다.

# 16

# 답이 없는 정치

분열적이고 투쟁적인 정치 문화는 지속될 것이다

> ❝ 한국 정치는 대단히 분열적이며
> 국민의 뜻을 모으는 데 익숙지 않다.
> 이런 정치 지형도 탓에 한국 사회가 적시에
> 새로운 변신을 시도하는 데
> 정치는 사사건건 걸림돌이 되고 있으며
> 앞으로도 그럴 것이다. ❞

시대가 요동칠 때면 이에 따라 스스로 변신하는 자와 그렇지 않은 자 사이의 운명이 갈리게 된다. 19세기 말엽 제국주의의 물결이 넘쳐나던 시대에 동양 3국은 각자의 방식대로 근대화를 추구한다. 일본은 중국보다 좀 늦게 근대화를 위한 개혁 작업을 전개하지만, 더 효과적인 방법으로 중국을 압도한다. 1853년 미국 해군장교 페리가 군함을 이끌고 일본의 문호를 두드리면서 1854년 3월 미일화친 조약이 체결된다. 1858년 일본은 벌써 미국, 영국, 프랑스, 러시아, 네덜란드 등 5개국과 통상조약을 맺고 2백 년간 계속되어오던 쇄국 체제를 과감히 포기하게 된다. 서구에 의해 강요당한 개국이든 그렇지 않든 그것은 중요하지 않다. 일본의 정치 세력이 개국을 받아들인 사실이 중요할 뿐이다.

# 근대화에 적극적으로 앞섰던
## 일본의 행보

──────────── 일본은 동북 3국은 물론이고 아시아 국가들 가운데서 근대화를 위해 가장 신속히 정확한 방향을 향해 움직인 나라다. 일본은 조약이 체결된 지 불과 2년 만에 증기선으로 바다를 항해하는 기술을 익히기 시작했고, 7년 뒤인 1859년에는 태평양을 횡단하기로 결정했다. 1861년 일본의 막부는 네덜란드에 사람을 파견하여 해군학을 배우게 하였다. 1863년 조슈번은 막부의 금지를 무릅쓰고 이토 히로부미 외 4명을 남몰래 영국으로 유학 보냈다.

일본은 서구의 문물을 배우기 위한 움직임에 유독 열심이었다. 1871년 일본은 이와쿠라 도모미를 수반으로 하는 대규모 정부 대표단을 조직해서 1년여의 기한을 갖고 세계 각국을 방문하도록 주선했다. 그들을 따라서 50여 명의 유학생이 서구 각국으로 보내졌다. 유학생 가운데는 아주 어린 학생들도 있었고 심지어 여자아이들도 있었다. 이들이 출발하기 전에 일본의 메이지 천황은 몸소 아홉 살의 쓰다 우메코를 접견하여 열심히 배우고 오라고 격려하기도 했다. 일본의 메이지 유신이 시작된 뒤 일본 유학생 숫자는 급증하게 된다. 1869년 50명, 1870년 150명, 그리고 1873년이 되자 1천 명을 넘어섰다.

일본은 대규모 유학생을 보냈을 뿐만 아니라, 미국의 교육제도 전체를 일본에 옮겨 심었다. 일본이 한국이나 중국과 달랐던 것은 지배 권력이 시대가 어디로 가고 있으며, 자신들이 이 시점에서 무엇을 어떻게 해야 할지를 정확하게 알고 있었다는 점이다. 예를 들어, 일본의 주미공사 모리 아니노리(메이지 시대 문부성 장관)은 미국 코네티컷 주 교육국장인 로스롭에 자문을 요청하였고, 그는 대학 총장 몇몇을 포함하여 교육전문가들에게 편지를 써서 교육제도에 관한 자료를 수집하였다. 모리 아니노리는 이 자료를 일본어로 번역하여 '문학홍국책(文學興國策)'이란 이름으로 천황의 비준을 받았으며, 이는 전 일본에 실행되었다. 깨어 있는 정치집단들의 적극적인 협조에 힘입어 일본은 근대화를 추진할 수 있었다.

# 앞서 시작했지만
# 근대화에 뒤처지고 만 중국

─────── 비슷한 시기에 중국은 어땠을까? 시작은 중국이 빨랐고, 깨어 있는 정치인도 있었다. 하지만 주도적인 정치 세력이 근대화의 필요성을 절실하게 자각하고 있지는 않았다. 중국의 비극은 깨어 있는 정치인은 있었으되 이들이 소수에 불과하였다는 점이다. 첸 강과 후징초가 집필한 〈유미유동(幼美幼童): 청나라 정부의 조기 유학 프로젝트〉에는 중국이 근대화에 밀려나게 된 전후 이야기가 상세히 나온다. 이 책을 든 사람들은 저마다 다른 시각으로 읽어나가겠지만, 나는 구한말 급변하는 시대 정세를 읽지 못했던 우리나라의 지배계급을 떠올리게 된다. '신동방 제조자'이자 성경을 일본어로 번역한 모리슨 학교의 교장 로버트 모리슨 목사는 중국 최초의 유학생인 룽홍을 비롯해서 일본 학생들을 미국으로 데려와서 유학을 시킨 인물이다.

기독교회에서 중국으로 파견한 첫 번째 선교사였던 로버트 모리슨(Robert Morrison)은 1846년 병으로 인하여 미국에 귀국하게 되는

데, 이때 룽훙 외에 2명의 학생들을 데리고 간다. 이들 가운데 룽훙은 1854년에 예일대학을 졸업한다. 함께 졸업한 92명의 예일대 동기들은 룽훙이 중국을 위해 큰일을 해내리라 기대했다. "친애하는 룽훙, 나는 진심으로 자네를 믿네. 자네가 저 멀리 조국으로 돌아가면 우리의 우정은 추억 속으로 남겠지. 내 장담하겠네. 결코 나의 중국인 동학을 잊지 않겠노라고. (…) 앞으로 자네가 중국에서 위대한 공을 세우기를 기대하네. 또한 자네의 위대한 계획이 실현되기를 바라네."

학업을 마치고 본국으로 돌아간 룽훙을 기다리고 있던 것은 부패하여 자신의 잇속만을 밝히는 청조였으며, 1차 아편전쟁(1840~1842년)과 2차 아편전쟁(1858~1860년), 태평천국의 봉기로 위태위태한 나라일 뿐이었다. 이런 때 정부라는 거대한 사기 집단으로부터 나라를 구할 수 있는 방법은 무엇이었을까? 룽훙은 조기 유학생을 선발하여 미국에 파견하는 프로젝트를 기획하게 된다. 누가 낙후된 조국의 근대화를 앞당기겠다는 꿈을 실현시킬 수 있도록 도움을 줄 수 있을까? 룽훙이 예일대를 졸업한 1854년부터 16년이 지난 1870년, 그의 유학 프로젝트는 빛을 보게 된다. 어린아이들을 미국에 유학을 보내는 프로젝트를 후원한 정치인은 쩡꿔판과 리훙장이다. 드디어 1872년 1차 유동으로 30명이 선발되어 유학을 떠나게 된다. 1872년에 시작, 1886년에 끝난 청나라 정부의 유학 프로젝트에 선발된 유학생은 모두 214명이었다. 이 가운데 미국으로 파견된 학생은 30명씩 4차례에 걸쳐 120명이었다. 한편 유럽으로 가서 해군학과 육군학을 배운 학생은 7차례에 걸쳐 모두 94명이었다. 그러나 리훙장이 정치적으로 권력을 잃자마자 이 프로젝트는 중지

되고 말았다. 1889년부터 이후 5년 동안 국가에서 파견한 유학생은 단 한 명도 없다.

리훙장은 15년간 유학 프로젝트를 해오면서 파견한 아이들이 고등학교를 마치고 군사학교로 진학하여 나라의 기둥이 되기를 기대했다. 리훙장이 남긴 〈리훙장 미간행 원고〉에는 그가 아이들을 어떻게 세심히 배려했는가에 대한 기록들이 상세히 적혀 있다. 그는 국내 수요에 따라 유동들의 전공 분야를 안배해서 국제법이나 광산업 등도 배워야 한다고 주장하기도 했다. 유학 경비가 부족한 점을 걱정하여 해군 방위비 가운데 일부를 할애할 정도로 이 프로젝트에 애정을 가졌다. 이렇듯 사람은 미래 세대에 대한 기대가 있으면 얼마든지 현재의 고초를 이겨낼 수 있는 법이다.


## 견고한 수구 세력에 무릎을 꿇고 만
## 중국의 개혁 세력들

———————————— 견고한 세력을 구축한 수구 세력들은 사사건건 리훙장의 개혁 노선을 반대했다. 강력한 정적들은 돈만 들고 효과가 없다는 논리를 들어 리훙장이 심혈을 기울인 사업을 무산시키고 만다. 리훙장이 1872년 쩡꿔판에게 보낸 서신 한 통을 보면 그가 왜 어린아이들을 미국에 파견하였는지, 그의 깊은 뜻을 헤아릴 수 있다. "앞서 일으켜놓으면 뒤따라서 허물고, 여기서는 믿더니 저기서는 의심합니다. 다시 몇 년이 흐르고 또 10년이 지나면 어떻게 될는지 암담합니다."

리훙장의 나이 66세에 중국 최초의 철도가 부설되었을 때, 수십 명의 조정 대신들이 쌍수를 들어 반대했다. "가옥을 허물고 분묘를 파헤치며 용맥을 놀라게 한다" "적이 침입하는 시간을 단축시켜 오히려 서양인에게 편리하다" "분명 서양 기술자를 고용할 터이니 돈이 외국으로 유출될 것이다" 이런 비난은 비단 중국에만 국한된 것이 아니며, 그 당시에만 해당하는 이야기도 아니다. 오늘날에도 비슷한 비난이 이 땅에는 없는지 살펴볼 일이다.

유동들이 미국에 파견되어 공부하던 1872년부터 1881년까지 리훙장의 나이는 49세에서 59세였다. 그는 서양인과 경쟁한 중국 최초의 상업 조직인 윤선초상국을 세우고, 1878년에는 개평 탄광을 열었으며, 1879년에는 중국 최초로 전신선을 설치했고, 1881년에는 중국 최초의 철도를 건설했다. 또 1881년에는 중국 해군을 근대적인 군대로 건설하기 위한 기초 작업을 대대적으로 전개하기도 했다. 하지만 그는 변화를 완강히 거부하는 수구 세력들의 공세에 무릎을 꿇고 만다. 리훙장은 양무운동의 좌절, 청일전쟁의 패배, 시모노세키조약과 신축조약의 체결 등으로 청일전쟁이 끝난 이후 100여 년 동안 수많은 역사교과서에서 "국권을 빼앗기고 나라를 팔아먹은 죄인"이라는 오명을 뒤집어썼다.

당시 일본과 유럽에 유학했다가 1881년에 강제 귀국당했던 유동들은 훗날 정치, 군사, 경제, 문화 분야에서 굵직한 역할을 맡게 되었다. 리훙장의 주변에는 일본 못지않게 서양 문물을 제대로 받아들일 수 있는 인물들이 포진하고 있었다. 하지만 일본과는 차이가 있었다. 중국에서 서양 문물을 배운 인재들은 19세기가 끝나갈 무렵까지 정치에 참여할 수 없었을 뿐만 아니라 정치 세력을 형성할 수 없었고, 정책에 영향을 끼칠 수 없었다. 반면에 일본의 이토 히로부미나 무스 무네미스는 제도를 연구하고 개혁을 기획하거나 추진하는 일이 가능했다.

중국의 비극은 중국만 해당되는 이야기가 아니다. 우리 역시 과거로부터 누적된 제도와 관행을 고치려는 지배 세력들이 존재하지 않았다. 결국 개개인은 주어진 제도라는 틀 안에서 노력할 뿐이었다. 당시 조선은 어떤 상황이었는가? 흥선대원군의 10년 세도가 끝나던 시점이 1873년이다. 세상은 정신없이 앞을 향해 질주하는데, 조선은 청나라를 종주국 삼아 곳곳에 서양 오랑캐를 배척하는 척양비를 세우고 있었다. 이처럼 무지몽매했던 사람들 때문에 조선은 근대화에 뒤처지고 말았다.

세상이 많이 바뀌었다고 하지만 사회나 산업의 프레임, 즉 틀을 건설적인 방향으로 바꿀 수 있는 유일한 방법은 '정치'다. "불행하게도 저 철옹성 같은 불변의 제도가 중국의 운명을 결정지어버리고 말았다"는 말은 우리에게도 그대로 적용되었다. 이처럼 지배 세력의 차이로 말미암아 이후 한국, 중국 그리고 일본이 걸어온 길은 하늘과 땅만큼이나 큰 차이를 낳고 말았다. 무지함 때문에 한국은 근대화에 실패했고, 결국 일제의 지배를 받는 딱한 상황에 처하고 말았다. 시대의 변화에 눈을 감은 채 과거 속에 살았던 정치 세력들이 자초한 비극이었다. 〈유미유동〉을 읽고 한 신문에 기고한 서평에서 필자는 이런 이야기를 한 적이 있다. "〈유미유동〉을 읽으면서 내내 가슴 저미는 부분은 어제가 아니라 오늘이고, 오늘에서 한걸음 나아간 내일이다. 우리는 지금 제대로 미래를 준비하고 있는가? 우리가 지금 내리는 결정은 두고두고 세대를 뛰어넘어 영향을 준다. 우리 시대의 정치 지도자들의 깊은 고뇌가 있어야 한다."

# 지나치게 분열적인
# 한국의 정치 풍토

──────────── 한국의 정치 풍토는 대단히 분파적이고 분당적이며 지역적인 색체가 강하다. 이것은 어제오늘의 일만이 아니다. 우리 역사에서 오랫동안 이런 분당적인 정치판의 성격이 계속되어 왔다. 우리 스스로 인정하기 힘들지 모르지만 그 뿌리는 조선조의 사색당쟁을 예로 들어도 크게 무리가 없을 것이다. 계파의 이익을 위해 궐기하듯이 일어섰고, 한 계파가 권력을 획득하는 데 성공하면 눈엣가시와 같은 상대 계파는 안중에도 없었다. 반드시 요절을 내서 완전히 제거해야 후일을 도모할 수 있는 상황이 조선조 정치판의 특성이었다.

왕정에서 법치국가로 넘어왔기 때문에 상대방의 생명을 담보로 하거나 재산을 빼앗을 수는 없다. 그러나 상대방의 공을 철저하게 제거하려는 행동은 현대라고 해서 크게 달라지지 않았다. 작은 이익 앞에서도 크게 흩어지고, 국익이나 대의를 위해 힘을 모으는 일도 드물다. 한마디로, '투쟁 일변도'로 나가는 것이 정치의 정석인 것처럼 자리 잡았다. 또 이념이나 이데올로기를 중심으로 정치가 이루어지기보다는 특정 개인을 중심으로 한 계파 조직이 활성화되어 있는 특징을 갖고 있다. 따라서 계파 수장의 부침에 따라 이합집산이 이루어지고 있는 것이 일반적이며, 여기에는 지역적 기반이란 꼬리표가 큰 역할을 한다.

사람을 중심으로 운영되는 정치판은 필연적으로 합리나 논리가 지배하기보다는 특정 인물에 대한 충성과 친소 관계에 따라 공천권이 행사되는 경향이 있다. 새로운 인물이 정치권에 영입되는 제도가 정립되어 있지 않고, 특정 인물의 선호나 시혜에 따라 인물이 선택되다 보니 멀쩡하던 사람도 마치 자신이 누구에 의해 간택된 것처럼 행동한다. 이런 현실이다 보니 자신을 선택해준 사람이 만든 정책이 나라 전체를 봐서는 도저히 수립되어서는 안 되는 것이어도 반대 의견을 제시하는 일이 금기시되어 있다. 조폭 조직도 아닌데 한국의 정치판에서 널리 회자되는 용어는 '의리'나 '신의'와 같은 용어들이다.

대한민국의 국익이 크게 신장되었다고는 하나, 여러 분야 중 가장 낙후된 분야가 정치다. 정치판에서는 몇 번이나 국회의원에 당선되었는가에 따라 위계질서가 명확하다. 그 어떤 조직보다도 위계질서의 힘이 강한 곳이 바로 한국의 정당 조직이다. 국익을 위해 신선한 아이디어나 파격적인 제안이 나오기 힘든 구조. 계파 수장의 판단에 따라 모든 사람이 거수기처럼 일사불란하게 움직이는 것이 올바른 일이라고 여기는 사람들이 다수를 차지하고 있다. 이를 거부하는 경우에는 어김없이 '반역자'라는 꼬리표가 붙는다.

정당마다 지향하는 이념적 색채를 정강으로 갖고 있지만, 북한에 대한 정책을 제외하면 경제 및 사회 정책에 관한 한 우리 여당과 야당 사이에는 큰 차이가 없다. 이념적 지향점이 명확하지 않다 보니 집권 이후에도 모호한 정책들이 쏟아져나오기 일쑤고, 이념이 실종된 자리를 특정 지역이나 특정 인물에 바탕을 둔 선호에 의해 결정한다.

우리 정치계에서는 이념적 토대가 튼튼한 정치인을 보기 드물다. 이념적 토대를 가지는 것이 유권자로부터 표를 얻는 데 도움이 되기보다는 오히려 손해가 된다. 반대편에서 '극우' 혹은 '극좌'라는 꼬리표를 붙이는 경우가 자주 일어나기 때문이다. 그래서 다들 "무난한 것이 좋다"는 식으로 행동하지 않을 수 없다. 정치를 하면서도 이념적 색채가 명확하지 않기 때문에 집권을 하더라도 물에 물탄 듯, 술에 술 탄 듯한 정책들을 쏟아낸다. 우리 사회에서 고통이 따르는 구조조정과 같은 정책이 쉽게 실행될 수 없는 이유도 바로 이 때문이다. 미래를 위해 현재의 고통을 감내하는 정책을 실천하기 위해서는 확실한 길잡이 역할을 하는 이념이나 이데올로기가 있어야 한다. 그런데 이를 갖추지 못하다 보니 정치인들은 '실용'이란 이름으로 오로지 현재의 이해득실을 중심으로 한 손쉬운 정책들만 선호하고 있다.

정치판의 핵심 인물들인 국회의원들도 자신의 임무에 대해서 그렇게 애착을 갖지 않는다. 나랏일을 고심해서 처리해야 하는 자리지만, 실제로는 재임에 도움이 되는 지역구의 민원을 해결하는 데 더 많은 시간과 에너지를 쏟는다. 나라의 일은 일종의 공공재이고 지역구의 일은 사유재이기 때문이다. 따라서 한국에서는 국회의원들이 직접 발의하는 의원입법이나 행정부의 요구를 대행해주는 행정입법들 대부분이 반시장적인 성향을 보인다. 특정 집단이나 단체, 지역에 특별한 권리나 이익을 분배해주는 일들이 자주 법의 이름으로 포장되곤 한다.

# 정치를 욕하는
# 국민의 의식 수준

──────── 국회의원의 딱한 사정도 이해하지 못하는 바는 아니다. 국민들의 의식 수준을 보면 거시적으로 나랏일을 하는 사람보다는 지역구에 한 푼이라도 더 보태는 사람을 선호하기 때문이다. 정치에 참여한 사람들이 특별한 사람은 아니다. 보편적인 한국 사람들 가운데 공명심이 뛰어난 사람들이 상당한 위험을 무릅쓰고 정치에 뛰어들게 된다. 이들은 한국 사람들이 보편적으로 갖는 특성에다 개인의 고유한 특성이 더해진 것으로 간주할 수 있다.

정치의 중요성은 아무리 강조해도 지나치지 않다. 어떤 사회의 개인들이 아무리 똑똑하더라도 한 사회의 구성원들이 어떤 활동에 더 많은 에너지를 투입할 것인가 말 것인가를 결정하는 데 중요한 영향을 주는 것이 정치다. 게다가 정치는 한 사회의 구성원들의 활동에 직간접적으로 영향을 행사하는 제도 경쟁력과도 밀접하다.

젊은 날에는 정치를 강 건너 불처럼 바라보게 된다. 그러나 세월이 흐르면서 많은 사람들은 정치가 내리는 의사결정에 따라 자신의 삶뿐만 아니라 아이들 세대의 삶이 큰 영향을 받는다는 사실을 뼈저리게 체험하게 된다. 그런 각성 이후에는 우리 정치가 가진 문제점과 향배에 깊은 관심을 갖게 되지만, 워낙 뿌리 깊은 독특한 정치 구조를 갖고 있기 때문에 개인이 나서서 변화시키기 어렵다고 여기는 듯하다. 난공불락의 요새처럼 느끼는 경우가 많다. 그러면서 많은 국민들이 정치에 실망하고 낙담하고 있다.

앞으로 한국 정치는 어떻게 변모해나갈까? 당위의 문제가 아니라 현실의 문제로서 한국 정치와 한국의 미래를 생각해보게 된다. 분파적이고 분쟁적인 사람 중심으로 혹은 지역 기반을 중심으로 돌아가는 한국 정치가 가까운 장래에 그 단점을 극복하기는 쉽지 않을 것이다. 개개인이 물려받은 유전적 특성들이 있기 때문이다. 작은 이익에 연연하고 국익이라는 대의를 위해 뭉치지 못하는 것은 우리 민족이 갖고 있는 약점으로, 이는 반드시 정치인들에게만 국한되는 성향이 아니기 때문이다. 그런 점에서 볼 때 앞으로 한국 정치는 현재보다 더 악화될 것이다.

　나라가 저성장 상태에 빠지게 되면 자신들의 곤궁함을 정치를 통해서 해소하려는 사람들이 많아질 것이다. 한마디로 "우리에게 더 많은 혜택을 달라"라는 아우성이 넘쳐날 것이다. 정치인들은 보통 사람들보다 조금 더 공적인 이익에 비중을 두는 인물들이다. 여기서 중요한 것은 '조금 더'라는 표현이다. 이를 다르게 표현하면 한국의 정치인들도 한국의 보통 사람들과 마찬가지로 자신의 사적인 이익, 즉 출세, 공명심, 인기, 재임에 대한 욕망에 휩쓸릴 가능성이 높다. 정치인들이 현재의 혜택과 미래의 혜택 사이에 균형을 잡기가 무척 힘들어질 것이란 뜻이다. 이런 상황에서 극단적인 목소리가 일정 기간 동안 인기를 얻을 것이다. 민중주의적 시각, 즉 포퓰리즘적 성격을 지닌 주장이나 정책들에 무게중심이 기울 가능성이 높다. 세력을 확보해야 하는 정치인 고유의 욕망이 일차적인 원인이지만 다른 측면에서 보면 이를 부추기는 시대 상황도 무시할 수 없을 것이다. 그러나 정치인의 본래의 사명이 국익을 위해 헌신하는 자리라는 점을 상기하면 시대 분위기는 배경에 지나지 않는다. 결국 이 모든 원인의 중심에는 사적 이익을 극대화하려는 데 혈안인 정치인들이 있다.

그래도 유능한 사람들이 정치판에 뛰어들어서 분위기를 쇄신할 수도 있지 않느냐고 의문을 제기하는 사람들이 있을 것이다. 이 또한 아주 불가능한 이야기는 아니다. 그럴 가능성이 낮기는 하지만 존재한다.

하지만 정당 조직도 하나의 시스템이다. 시스템은 오랜 기간 스스로 혹은 타의에 의해 축적된 기초나 기반을 갖게 마련이다. 그런 시스템을 몇몇 개인이 부수는 것은 거의 혁명적인 사건이다. 따라서 상황이 악화되어 바꾸지 않으면 도저히 살아남을 수 없는 극단적인 경우를 만나기 전까지 정치권에서 자체적으로 시스템을 크게 수선할 수 있는 가능성은 높지 않다.

영어에 '레거시(legacy)'라는 단어가 있다. '유산'이란 뜻으로, 과거로부터 면면히 이어져오는 것을 말한다. 우리 정치에서도 레거시가 앞으로 더 강하게 효과를 발휘하게 될 것이다. 시대 전체가 민중주의 정책이나 제도를 선호하는 쪽으로 달려가더라도 브레이크를 걸 수 있는 정치인들이 많이 나오기를 기대하지만, 이 기대는 그저 소망에 그치고 말 것 같다. 더 솔직히 말하자면, 일부 정치인들이 더 극성으로 민중주의 정책을 부추기는 데 앞장설 것이다.

"악은 선보다 세다"라는 말이 있다. 반신반의하고 싶은 격언이다. 현실 세계에서는 악의 전염성은 선의 전염성보다 강하고 세다. 이는 다양한 연구를 통해서도 입증되고 있다. 플로리다 주립대학교 심리학자인 로이 바우마이스터와 동료들은 200여 개의 연구 결과를 분석한 이후 악의 위력과 전염성에 관한 결론을 내렸다. 연구 결과에 따르면 나쁜 감정, 나쁜 부모, 나쁜 반응, 나쁜 정도, 나쁜 정책이 좋은 것보다 훨씬 강력한 영향을 끼친다고 한다. 민중주의 정책을 강력하게 선호하는 사람들이 많아지면 사람들은 자신의 자리를 지키기 위해 마지못해 그 대열에 동참하지 않을 수 없을 것이다.

근래 들어 화끈하게 현금을 나누어주는 정책들이 일부 정치인들에 의해 나오고 있다. 이런 경향은 앞으로 한국 정치의 지형도가 어떻게 진행될지를 가늠하게 해주는 징후라고 생각한다. 권력을 잡기 위해 특정 집단에게 파격적인 보상을 약속하는 정치인들이 대거 등장할 것으로 본다. 처음에 일반 유권자들은 "말도 안 되는 정책"이라고 반발하겠지만 일단 화끈한 보상을 약속하는 정책은 다른 사람들이 대안을 제시하는 데 하나의 기준점을 제공한다. 경쟁을 통해 권력을 잡아야 하는 정치인들은 비슷비슷한 정책을 양산하지 않을 수 없을 것이다. 그런 흐름은 상당 기간 계속될 것이며, 그 흐름이 마침표를 찍게 되는 시점은 "당신들이 내놓는 정책을 더 이상 수용할 수 있을 만큼 우리 경제의 여력이 없다"는 시장의 경고음이 강하게 울릴 때일 것이다. 그런 한계 상황에 도달하기 전까지 인기를 얻기 위해 튀는 행동을 하는 정치인들의 언행은 계속될 것이고 동료들도 대체로 그런 움직임에 동참할 것으로 보인다. 스스로 교정이 불가능한 모든 시스템은 결국 외부의 압력이나 개입에 의해 교정을 강요당하게 된다. 한국 사회와 마찬가지로 정치도 그런 과정을 밟을 것으로 전망된다.

# PART 4

# 지속 가능한
# 대한민국 시스템 재건

살아보면 알게 되는 진실이 있다.
무슨 일이든지 그냥 넘어가는 법이 없다는 것이다.
고질적인 문제들을 대충 덮어버리고 넘어갈 수 있다면 좋은데
그게 가능하지 않다. 적시에 합당한 노력을 기울이지 않으면 우리는
참담한 비용을 치른 다음에 긴 회복 과정을 거치게 될 것이다.

# 17

# 한국인의 원형

모든 것은 원래 모습으로 돌아가게 될 것이다

> 모든 것은 원래의 상태로 돌아가게 마련이다.
> 가난을 극복하기 위해 잠시 동안 어떤 민족이
> 자신의 기질이나 특성에서 벗어나는 모습을 보일 수 있지만,
> 중장기적으로 어떤 사회의 구성원들은
> 민족의 기질로 회귀하는 속성을 갖고 있다.

"그 사람들이 잘못한 것은 사실이지만, 우리가 지나치다 싶을 정도로 과거사 문제를 두고 갈등을 빚는 이유는 무엇일까?" 이 땅에 살면서 자주 되새기는 문장이다. 식민지 지배 문제가 그렇고 친일 문제가 그렇고 현대사의 주요 문제들이 그렇다. 우리 사회가 특정 과거사 문제를 두고 뚜렷하게 두 진영으로 나누어진 다음에 격론을 벌이는 것을 볼 때면 무의식적으로 떠올리게 되는 질문이다.

수학계의 원로인 김용운 교수는 이런 질문에 대해 오래전부터 나름의 부분적인 해답을 제공해왔다. 김 교수는 민족의 역사가 반복적인 모습을 보이는 것은 변하지 않는 원형이 있기 때문이라고 주장한다. 여기서 원형이란 무엇을 말하는가? "개개 민족의 기본적 존재 양식은 곧 문화이며, 그 문화의 기본적인 가치의식 또는 문화의 지가 곧 원형이다. 인류는 지구상 북극으로부터 적도에 이르기까지

각 곳에 분포되어 있다. 또한 각 민족은 각 지역의 환경 조건에 어울리도록 독자적인 문화를 갖는데 그것을 형성하는 것이 그 민족의 원형이다." 김 교수가 내세우는 원형사관의 특징은 어떤 민족의 역사는 유사한 시대적 상황과 지정학적 조건에 변함이 없는 한, 민족 고유의 원형의 기반에 두고 똑같이 반복되는 일이 발생한다는 것이다.

독자에 따라서는 원형이란 개념을 받아들이는 사람도 있을 것이고 그렇지 않은 사람도 있을 것이다. 그런데 그동안의 이런저런 경험과 관찰은 필자로 하여금 한 가지 유력한 가설을 갖도록 만들었다. 그것은 어떤 민족이라도 좀처럼 변하지 않는 기질이나 특성 그리고 속성을 갖고 있다는 사실이다. 이런 기질이나 특성은 시대나 환경에 따라 조금씩 바뀌기는 하지만 중요 부분은 거의 변함이 없다는 점이다. 우리들은 대체로 한국인, 중국인 그리고 일본인을 떠올릴 때면 그들의 기질과 특성을 일반화할 수 있다.

이런 가설을 갖게 된 최초의 관찰은 필자 자신을 관찰의 대상으로 삼으면서부터다. 나란 사람을 특징짓는 기질이나 성품은 나이를 먹어가면서 조금씩 변하긴 하지만 큰 변화를 확인할 수 없다는 점이다. 여기에다 가까운 지인들을 관찰하면서도 나에 대한 관찰과 비슷한 결론을 끌어낼 수 있었다. 사람은 저마다의 기질과 성품을 갖고 있는데 이것이 세월이 가더라도 좀처럼 변하지 않는다는 점이다. 이런 관찰 결과를 특정 개인의 합으로 확대하면 민족의 기질이나 특성까지도 연장할 수 있을 것이다. 어떤 민족의 원형이라 불러도 좋고 어떤 민족의 민족성이란 용어를 사용할 수도 있을 것이며 민족의 기질이나 특성이라 불러도 좋을 것이다.

한국인, 중국인, 일본인의 기질이나 성품은 삶을 둘러싼 환경이 변하고 생활수준이 높아지면서 조금씩 변한다. 그러나 근본적인 부분은 변함이 없다. 김용운 교수의 〈풍수화〉에 소개된 한중일 3국 국민들의 역사관은 흥미롭다.

한국인들은 '역사 바로 세우기'를 즐겨 사용한다. 그들은 중국보다 짧은 주기의 시간관을 갖고 있고, 직선적인 시간관보다는 회귀하는 시간관, 즉 '돌아간다'는 개념으로 시간을 바라본다. 이처럼 돌아가는 시간관을 갖고 있기 때문에 한국인은 독립 이후에도 식민지 시대의 상징인 조선총독부 건물을 철거하기도 하고, 인천 맥아더 장군의 동상을 철거할 움직임을 보이기도 한다. 쉼 없이 한국인들의 시간관은 원점 회귀와 역사 바로 세우기를 반복하는 경향이 있다.

반면에 일본인의 시간관은 흘러가버리는 것이다. 일단 가고 나면 다시는 돌아오지 않는 것으로 시간을 바라본다. 마치 강물이 흘러가는 것처럼 역사 또한 마찬가지라고 생각한다. 김용운 교수의 의견에 고개를 끄덕이게 되는 충분한 이유가 여기에 있다.

"일본인은 죽음을 '사루(去)'로 표시하는데, 이는 한국어의 '화살'의 '살'로 '사라지다'와 동족어다. '살(sal, 사라지다)-sari' 한국어, '케케묵은 옛 이야기'라는 표현인 일본어 무카시는 '묵'과 동족어로서 지나간 것은 묶어버린 것, 즉 현실과는 아무 관련이 없는 것이다. '묵(다), muk-muka-mukasi'이 의미하듯 한번 먹어버린 것은 좋은 것이나 나쁜 것 모두 배설물로밖에 안 나온다. '사루, 무카시'는 공통적으로 역사를 가볍게 여기는 심성을 나타내고, 실제 '역사 인식'이란 무의미한 것으로 이해한다." (김용운, 〈풍수화〉, 맥스미디어, p. 145)

자연스럽게 두 나라 국민들이 과거사를 바라보는 관점도 다르다. 한쪽은 자꾸 원점 회귀를 올바른 것으로 바라보고, 다른 한쪽은 흘러가버리는 것을 올바른 것으로 받아들인다. 여기서 두 민족의 역사관은 서로 다를 수밖에 없다.

　김용운 명예교수는 역사관의 충돌의 해법을 이렇게 단호하게 말한다. "한국과 중국이 일본에 대해 아무리 역사인식을 외쳐도 이 시간관의 차이는 메울 수 없다. 결국 서로의 말은 상대에게 마이동풍이 되어 감정만 악화시킬 뿐이다." 한국인으로서는 받아들이기 쉽지 않은 주장일 수 있지만 옳고 그름을 제쳐둔다면 현실적으로 한국인과 일본인 사이에는 이런 깊은 간격이 놓여 있다.

　또 하나는 한국인들은 지나치다 할 정도로 과거사에 대해서 옳고 그름을 따지기 좋아한다는 것이다. "당신들이 우리나라를 침범했으므로 잘못한 것이다"라는 주장을 한국인이라면 누구든지 옳은 주장이라고 받아들일 것이다. 그러나 일본인은 '대세(大勢)'와 '시류(時流)'를 받아들이는 것, 즉 '승자가 정의다'라는 관점을 가지고 있다. 그들은 내놓고 이야기하지는 않지만 "당시는 제국주의의 시대였기 때문에 힘을 가진 자들이 그렇지 않은 자들을 지배하는 시대지 않았는가"라고 묻고 싶을 것이다. 한걸음 나아가 "당신들이 힘을 갖지 못한 것이 문제가 아닌가?" "당신들도 우리 입장이 되었다면 당연히 침략을 하려 하지 않았겠는가?" "당시 유럽 국가들도 모두 제국주의의 물결을 타지 않았는가?"라고 묻고 싶을 것이다. 하지만 일반적인 한국인들은 시대 상황에 관계없이 "옳은 것은 옳은 것이고, 틀린 것은 틀린 것이다"라는 정의관을 갖고 있다. 이처럼 두 나라가 과거에 일어난 일을 올바르지 않은 일로 받아들일 것인가, 아니면 피치 못할 일로 받아들인 것인가의 사이에는 큰 차이가 있다.

우리가 주목해야 할 것은 어떤 민족의 기질이나 특성은 좀처럼 변하지 않는다는 점이다. 마치 시험을 앞두고 벼락치기 공부에 열중인 학생일지라도 시험이 끝나고 나면 다시 그 학생의 기질에 맞는 상태로 돌아가버리는 것과 마찬가지일 것이다. 위급 상황에 처하게 되었을 때 개인이나 민족은 모두 비상한 노력을 할 수 있다. 하지만 위급 상황이 사라지고 나면 원래의 상태로 돌아가고 만다. 배고픔을 극복하기 위해 노력해야 할 때는 '노력해야 한다'는 필연성이 민족의 기질이나 특성을 압도하지만, 일단 배고픔의 문제가 해결되기 시작하는 그 순간부터 다시 민족의 기질과 특성은 위력을 발휘하게 된다.

따라서 우리는 현상에 관심을 가지면서 동시에 우리 민족의 기질이나 특성에도 관심을 가질 필요가 있다. 이런 기질이나 특성이 우리의 앞날을 내다보는 데 도움을 줄 수 있기 때문이다.

첫째, 우리 민족은 분파적인 성향이 강하다. 한국인은 개개인으로 보면 참으로 똑똑하지만, 합치면 힘을 발휘하기가 쉽지 않다. 이런 속성은 국내뿐만 아니라 해외의 이민 사회에서도 흔하게 볼 수 있는 일이다. 또한 비교적 한국의 고유문화로부터 영향을 적게 받은 유학생 사회도 마찬가지다. 앞으로도 한국인의 분파성은 다양한 사회 현안을 두고 사회적 합의를 내릴 때 계속해서 걸림돌이 될 것이다. 경제 성장이 정체될수록 불만을 가진 사람들은 늘어날 것이며, 이들은 자신에게서 원인을 찾기보다는 사회 구조에서 원인을 찾으려고 할 것이다. 그러면 이런 불만 세력을 이용하는 정치 세력들이 등장하게 될 것이고, 이들을 부추김으로써 분파성은 더욱 확대될 것이다. 특히 권리나 이득을 포기하도록 요구하는 제도 개혁이 사회적 합의를 끌어내는 일은 성공할 가능성이 낮다.

둘째, 한국인은 관념적인 성향이 강하다. 여기서 관념적인 성향은 "마땅히 그러해야 한다"는 당위를 중시하고 현실, 즉 "실제로 어떠하다"는 것은 별로 고려하지 않는 성향을 말한다. 이런 성향은 이익이 걸려 있지 않은 사회적 이슈를 다룰 때 유난히 빛을 발한다. 조선 시대에서 제사를 둘러싼 치열한 논쟁을 볼 때면, 중국의 유학이 한국에 건너와서 그토록 극단적인 순수성을 보존할 수 있었던 이유가 무엇이었는지 생각하지 않을 수 없다. 지금도 "흑은 흑이고 백은 백일 뿐, 절대로 두 가지는 섞일 수 없다"는 주장을 표출하는 일을 자주 목격하게 된다. 무상급식은 전면 무상급식일 뿐 다른 종류의 무상급식 즉, 필요한 사람만 무상으로 제공하는 선별적 무상급식은 절대로 안 된다는 식의 주장도 마찬가지다.

친일파를 낙인 찍는 일도 이런 것에 해당한다. "일제 시대에 관직에 있었다면 모두 친일파다"라는 식의 주장을 들을 때면 필자는 이런 생각을 떠올린다. 일제 치하에 살았던 사람들이 모두 만주로 가서 독립운동을 할 수는 없는 것 아닌가? 단지 당시에 큰 사업을 하거나 제법 고위직에 올랐다고 해서 모두를 친일파로 단죄할 수는 없는 일이 아닌가? 상황 논리를 들어서 "당시에 살았던 사람들의 입장에서 한번 생각해보라"는 권유라도 듣는다면 발끈하는 사람들이 나오게 마련이다.

국사학계의 주류로 자리매김하는 데 성공한 '민족 사관'도 관념적인 성향과 맥을 같이한다. 그들은 조선이 자생적으로 중세 봉건 사회에서 근대 자본주의 사회로 발전하고 있었는데, 그 과정이 완성되기 전에 일본이 한국을 강점하여 자생적인 역사 발전의 씨앗을 빼앗아버렸다고 주장한다. 이런 주장은 일제 치하의 잔혹성을 강조하는 데 심정적으로 호소력이 있을지 모르지만, 조선 말엽의 극단적인 부패와 무능한 정치를 생각하면 과연 가능한 일인가라는 생각을 하지 않을 수 없다. 게다가 조선은 1894년까지 대단히 엄격한 신분제 사회, 다시 말해 노예제도를 갖고 있었다. 이런 악한 제도를 외압이 주어지지 않았을 때 스스로 깰 수 있었을까? 실증자료는 우리가 보고 싶은 것과 봐야 하는 것 사이에 차이를 제시한다.

예를 들어, 식민지 시기(1910~1942년) 조선인의 인구증가율은 2.09%로, 조선 후기(1678~1876년) 조선인의 인구증가율 0.12%를 압도한다. 뿐만 아니라 식민지 시기 일본 본토 일본인(1910~1942년)의 인구증가율 1.24%는 물론이고, 당시 20세기 전반 세계(1900~1950년)의 인구증가율 0.85%라는 실증 자료를 어떻게 설명할 수 있는가? (복거일, 〈죽은 자들을 위한 변호: 21세기의 친일 문제〉, 들린아침, 2003. 8., p.13) 그러나 "올바른 것은 올바른 것이고 틀린 것은 틀린 것이다"는 주장은 설득력을 갖지만 같은 일이 밝은 면도 있었고 어두운 면도 있었다는 주장이 설 자리는 없다. 이런 경우에 관념과 현실이 뚜렷하게 충돌하게 된다.

시대가 바뀌면 타협을 해야 하고 협의를 해야 할 일들이 생겨나게 된다. 학문의 세계에서는 관념적인 성향이 도움이 될 수 있을지 모르지만, 현실 세계에서는 흑과 백을 조합하여 효과적인 해법을 찾아내는 일이 필요하다. 그러나 우리 사회는 이것 아니면 저것이라는 식의 주장들이 횡행하는 일들이 자주 일어나고 있다. 극단적인 쪽으로 치우치는 우리 사회의 모습 이면에는 우리 민족의 기질과 특성이 자리하고 있음을 자주 확인하게 된다.

앞으로도 각종 사회 현안에 대해 우리는 현실적인 대안을 찾아내지 않을 수 없는, 어찌할 수 없는 상황이 오기 전에는 관념적인 성향이 기세를 드높일 가능성이 높다. 우리 사회가 상황이 아주 어려워지기 전에는 합리적인 대안 도출을 힘들어하는데, 우리의 기질이 제법 큰 역할을 할 것으로 보인다.

셋째, 한국인이 추구하는 이상적인 가치의 토대는 허약하다. 서구 역사를 보면 흥미로운 점은 가톨릭을 받아들인 나라는 대부분 가난하고 개신교를 받아들인 나라는 대부분 부유하다는 것이다. 이런 차이가 나는 이유에 대해서는 다양한 견해가 있을 수 있지만, 일단은 가치관의 차이에서 비롯되었을 수 있다. 개신교를 받아들인 나라는 청교도 정신에 주축을 이루는 기업가 정신, 이른바 자활 의지가 매우 중요한 역할을 하고 있음을 알 수 있다.

유대인의 성공 요인을 탐구하다 보면 어김없이 등장하는 것이 있다. 그들이 히브리성경(구약성경)을 통해서 반복적으로 교육받는 가치관 교육이다. 그들이 소수 민족이면서도 현실 세계에서 눈부신 성공을 거두는 일은 히브리성경과 탈무드가 제공하는 확고한 가치관 때문일 것이다. 역사적으로 시민 사회를 경험하지 않은 우리 사회는 히브리성경처럼 우리 자신의 가치관에 토대가 되는 것이 부족하다. 이런 점에서 1960년대 이후 한국인들을 움직여온 것은 "잘살아야 하겠다"는 욕심과 이를 가능하게 하는 자활의지가 큰 역할을 해왔다. 이런 면에서 보면 '근면, 자조, 협동'으로 대표되는 새마을운동의 3대 정신은 한국인이 갖고 싶었고 우리의 성장 과정에서 상당한 일익을 담당했던 가치들이었다. 앞에서 이야기한 것처럼 우리가 배고픔을 탈피하기 위해 노력하던 과정에서 이런 가치관은 큰 역할을 하였지만 이 시기를 벗어남과 아울러 이런 가치관은 희박해 지기 시작하였다. 언젠부터인가 우리 사회는 '내 탓이요'라는 말보 다는 '남 탓이요'라는 말이 훨씬 설득력을 얻어가고 있으며, 이제는 당연히 사회 구조적인 이유를 찾아내는 데 열심인 사람들이 늘어나 고 있는 추세이다.

이미 우리 사회는 가치관의 혼돈을 극심하게 경험하고 있다. 앞 으로의 경제 상황이 녹록지 않을수록 우리 사회는 가치관의 혼돈 문제로 비용을 더 많이 지불하게 될 것이다. 더욱이 지난 20여 년 동안 교육 현장에서 일어난 변화들도 영향을 크게 끼치고 있는 것 으로 보인다. 더 나은 사회를 위해 바깥에서 원인을 찾는 일이 필요 하지만 과도할 경우는 모든 책임을 바깥으로 돌려버릴 수 있는 위 험이 있다. 아무튼 우리 사회는 가치관이란 점에서 매우 취약한 사 회이다. 그래서 유독 정직이나 신의 등과 같은 덕목은 교과서 속에 나 있는 것이 되어버렸다.

어떤 사회의 구성원들이 공유하는 튼실한 가치관이 부재할 때 는 어떤 일이 일어나게 되는가? 그곳에는 오로지 사적인 이익을 추구하는 일만이 남게 된다. 우리 사회는 다른 사회에 비해서 유 독 사기, 무고, 위증 사건이 많다. 〈2014 범죄분석백서〉(대검찰청) 에 따르면 2013년 사기 사건은 29만 1,128건이나 된다. 이 숫자는 2000년에 비해 2배 이상이 늘어난 수치이다. 건수 기준으로 매년 기록을 갱신할 정도로 계속해서 증가하는 추세에 있다. 이 숫자가 사기 사건으로 처벌된 숫자임을 고려해볼 때 증거불충분 등으로 포 기한 사건까지 포함하면 그 숫자는 크게 증가한다. 일본은 5천 건 정도로 추계된다. 인구 비례로 보면 적게 잡아도 100배 이상의 차이가 난다. 흥미롭게도 기소된 사기 사건 가운데서 최근 5년간 무죄율 현황은 2% 이하이다. 기소된 사기 사건 중에서 거의 100%가 유죄로 판결받았다는 이야기이다.

한일 간의 격차는 무고 사건이나 위증 사건의 경우 그 격차가 더 벌어지게 된다. 위증의 경우는 사법부를 상대로 하는 거짓말이기 때문에 죄질이 더욱 나쁘다. 언론에 자주 등장하는 보험 사기만 해도 우리 사회의 가치관 혼돈 현상을 드러내는 대표적인 사례다. 2014년을 기준으로 5년 사이에 건수 기준으로 42.1%나 사건이 증가하였다. 〈우리는 왜 친절한 사람들에게 당하는가〉의 저자인 황규경 변호사는 "대한민국에는 사기 사건이 많다는 것을 알고 또는 인정하는 데서 시작해야 할 것입니다"라고 강조하기도 한다.

범죄를 행한 자에게 주어지는 물렁물렁한 형벌도 원인이 되겠지만, 더 근본적인 원인이 있다는 생각을 지울 수가 없다. 이 문제를 TV에서 다룬 정규재 주필은 "사기, 위증, 무고는 한국인들의 특이한 정신적 질병이다"라고 말하기도 하는데, 필자는 질병이라기보다는 민족의 기질에 원인이 없는지 궁금할 때가 있다.

예를 들어, 유대인들이 중시하는 히브리성경에만 613가지의 율법이 있는데 이 가운데 가장 중요한 것이 십계명이다. 십계명의 9번째 계명은 "네 이웃에 대하여 거짓 증거하지 말라"다. 또한 시편에는 인간이 범할 수 있는 가장 지독한 죄가 남을 해치기 위해 말하는 거짓 증거라고 규정하고 있다.(시편 27:12, 35:11) 잠언에도 하나님께서 미워하는 여섯 가지 중 하나가 거짓을 말하는 망령된 증언이라면서 반복적으로 강조하고 있다. 개신교회의 개혁자인 칼뱅은

1555년 7월 4일에 행한 설교에서 "자기 이웃에 대하여 거짓 증거하는 사람은 누구나 그 이웃을 죽이는 것과 같습니다. 또 본질적으로 그는 자기 이웃의 것을 강탈하는 것이며, 그에게는 자신의 거짓말에서 비롯되는 모든 죄에 대한 책임이 지워지는 것입니다"라고 강조한다.

필자가 보기엔 위증뿐만 아니라 사기가 무고와 같은 범죄는 타인의 소유, 권리, 명예, 행복을 탈취하는 행위와 같다. 이런 일들이 우리 사회에서 거리낌 없이 행해지고 있는데, 이것이 한때 유행하는 현상이라고 보여지지는 않는다. 생산적인 방향으로 머리를 쓸 수 없는 사람들이라면 앞으로 경제 상황이 녹록해지면서 더 많은 사람들이 타인의 부를 포함해서 귀한 것을 탈취하는 쪽으로 에너지를 쏟을 것으로 본다. 지난 10여 년의 추세를 미루어 보면 경제 상황이 더 팍팍해질 향후 10년간 사기, 무고, 위증 사건도 더 증가할 것으로 전망된다. 필자가 현장에서 경험한 깨달음은 "우리 사회에는 사기 사건이 너무 많다"는 것과 "이런 사건들에 개입되는 사람들의 머리가 상상할 수 없을 정도로 비상하고 죄의식이 거의 없다"는 점이다.

넷째, 한국인은 이성이나 논리보다 감성적이다. 한국인들은 정이 많고 흥이 많다. 고대의 문헌을 보더라도 가무에 능한 사람들이란 기록이 남아 있을 정도다. 사업을 할 때도 엄밀하고 객관적인 분석보다는 감각에 의존하는 경우가 더 많다. 감성적인 경우는 빛과 그림자가 모두 있다고 본다. 특히 감성이 풍부한 사람들이라면 분위기나 선동에 휘둘릴 가능성이 높음을 뜻한다. 가뜩이나 경제 사정이 어려워지면서 선동가들이 선동을 하기에 적합한 기술적 환경이 마련되어 있기 때문에 이런 점에서 위험이 더해지고 있다고 본다. 작고한 칼럼니스트 이규태 씨는 조용필이 열창한 평양 무대를 보면서 다음과 같이 기고한 바 있다. "통제된 반응을 보이던 청중이 서서히 감동의 회오리에 빠져드는 모습을 보니 그동안 억눌려 있던 민족 원형질을 터뜨리는 것 같아 많은 생각이 들었다." 그는 중국 정사인 〈이십오사(二十伍史)〉에 언급된 고대 한국인의 특성에서 한국인의 원형을 확인하기도 한다. "한국인들은 어울리기만 하면 노래하고 춤을 추는 낙천적인 기질을 갖고 있다."

다섯째, 한국인은 축적보다는 순발력에 강하다. 우리 사회에서는 어떤 일에 깊이 파고드는 것을 그렇게 높이 평가하지 않는다. 빠른 성취에 큰 의미를 두며, 근대화 과정에서도 다른 나라의 방법이나 기술을 빠른 시간 안에 복제하거나 응용하는 방식으로 성공 스토리를 만들어왔다. 우리의 기질에 잘 맞는 시대였기 때문에 우리가 활짝 꽃을 피울 수 있었을 것이다. 복제나 응용을 넘어서 고난도 기술을 요구하는 분야일수록 우리가 어려움을 겪게 된 이유는 우직하게 한 분야를 파고 드는 사람들이 곳곳에 포진되어 있어야 하는 분야이기 때문이다. 시대의 변화가 요구하는 이런 것은 우리의 기질에 잘 맞지 않는 일이라 하겠다. 가계든, 사람이든, 공직자는 모든 것이 축적보다는 빠른 순환을 특징으로 한다. 한 시대에 잘 통하였던 이런 기질들이 새로운 시대에는 어려움을 겪을 것으로 본다. 때문에 한국의 주력 산업들이나 기업들이 어느 수준까지는 올라갈 수 있지만 마지막 고난도 부분을 꿰차는 데는 어려움을 겪지 않을까 걱정하게 된다.

여섯째, 양반 의식이나 유사 양반 의식이 계속되고 있다. 양반 의식은 '놀고 먹는 것이나 유유자적하게 사는 것을 귀하게 여기는 의식' 혹은 '자신은 뒷짐을 지고 서 있지만 타인에게 이리 오너라를 지시하는 것을 높게 치는 의식' 등이 대표적인 사례에 속한다. 조금만 직급이 올라가면 자신이 직접 하기보다는 일을 시키는 데 익숙한 사람들이 한국인이다. 마치 예전의 양반들이 "이리 오너라"를 외쳤던 것처럼 말이다. 높은 관직이나 자리에 올라가면 자신이 손수 가방을 들고 다니는 법이 없다. 필요 이상으로 많은 부하들을 데리고 다니면서 위세를 부리는 공인들의 모습을 바라볼 때면 '역시 양반의 후예구나'라는 한탄이 절로 나온다. 사람들을 데리고 다니는 것 자체가 비용이기 때문이다.

또한 사회적으로 허드렛일로 간주되는 일들이 많다. 이런 일에 종사하는 사람들은 스스로 자긍심을 갖기 힘들 뿐만 아니라 주변 사람들도 함부로 대한다. 단순 노동을 하는 사람 가운데 "이것은 내 일입니다"라고 당당하게 받아들이는 사람들이 얼마나 되겠는가? "그저 먹고 살기 위해 합니다"라는 인식이 강하다. 자기의 직업에 대한 소명의식이나 노동을 자기 목적으로 하는 사람들이 흔치 않은 것이 현실이다. 자연스럽게 업무에 대한 몰입도나 집중력이 떨어지게 된다.

조금만 사회적으로 출세를 하면 "이리 오너라"를 마음껏 외칠 수 있는 정치판을 향하는 사람들이 우리 사회에는 얼마나 많은가? 양반계급이 사라진 지 오래지만 한국인의 기질과 특성에는 여전히 양반 의식이 남아 있으며, 미래에도 이런 의식은 계속될 것으로 보인다. 자신의 분야에 대해 자긍심을 갖고 깊이 파고들어야 특별한 것이 나올 수 있는데 이런 점에서 우리 사회는 상당히 미흡하다. 배가

고픈 시절에는 양반의식이 간과되었지만 배고픔을 탈피하자마자 어김없이 활보하기 시작하였다.

　도도히 흐르는 강물처럼 우리의 기질과 특성은 앞으로도 큰 변화가 없을 것이다. 이런 민족의 기질과 특성을 제대로 이해하고 순기능은 발휘되도록 하고 역기능은 억제할 수 있도록 해야 한다. 미래를 전망함에 있어서 우리는 겉으로 드러난 것에만 주목하지 말고 그 밑바닥에 흐르는 것에도 주목해야 한다. 우리가 좀처럼 버릴 수 없는 우리 자신의 기질 말이다. 바로 그곳에서 한국의 미래를 읽는 실마리의 상당 부분을 잡아낼 수 있다.

# 18

# 대한민국 재건 프로젝트

지나친 비관론은 경계해야 한다

> 구조적인 문제들에 대한 현명한 대응책들이 지체되면서
> 우리 사회에는 앞날에 대한 비관과 체념이 빠르게 확산되겠지만,
> 지나친 비관론을 갖지 않도록 해야 한다.
> 설령 우리가 예상치 못한 일을 겪는 일이 있더라도
> 그것은 끝이 아니라 또 다른 시작일 뿐이다.

우리의 기대에는 미치지 못하겠지만 한국 경제는 계속해서 성장할 것이다. 추세선은 하향선을 그려가겠지만 마이너스 성장과 같은 극단적인 상황이 일어나기까지는 제법 시간이 흘러야 할 것으로 보인다. 그때까지 경제만이 아니라 사회, 문화 등 다양한 분야에서도 성장은 계속해서 이루어질 것이다.

이 시대는 그 어느 시대보다 사람들의 아이디어가 계속해서 조합되고 복제되면서 더 많은 혁신과 창조가 이루어지는 시대다. 이런 혁신과 창조가 일어나기에 충분할 정도로 우리 사회는 물리적 인프라와 지적 인프라를 두루두루 잘 갖추고 있다. 이런 전망에 대해 의문을 가진 사람이라면 지난 몇 해 사이에 여러분의 주변에서 어떤 일이 일어났는가를 잠시 살펴보면 된다. 삶은 기대만큼 나아지지 않았고 팍팍함이 더해졌더라도 사회 곳곳에는 새로운 시도와 변화

가 진행되어 왔다.

경북궁 주변에 북촌과 서촌 등을 방문할 때면 앞으로의 세상에 대한 직관을 얻게 된다. 사람들이 몰리는 곳이라면, 그리고 기회가 있는 곳이라면 사람들은 어디든지 새로운 가게를 여는 '창발'적인 발상을 보일 수 있다는 사실을 이곳에서 확인하게 된다. 북촌이나 서촌처럼 한가한 곳이 그처럼 눈부시게 변화할 줄을 누가 알았겠는 가! 이곳을 방문할 때면 무엇보다 한국 사람들의 디자인 감각이나 사업 감각이 무척 뛰어나다는 점에 대해 감탄하지 않을 수 없다.

어디 그뿐인가. 모바일 유통 분야에서도 신흥 강자들은 대부분 기존 업체와는 인연이 없던 신생 기업들이다. 찬찬히 우리 사회의 곳곳을 들여다보면, 한쪽에는 완강하게 구습을 고집하는 사람들이나 조직들도 있지만 또 다른 곳에서는 쉼 없이 건설적 파괴가 일어나고 있음을 확인할 수 있다. 이런 일들은 앞으로도 계속될 것이다.


## 지나치게 비관적인 미래 전망은 올바르지 않다

———————— 저성장의 칙칙한 분위기가 우리 사회를 감싸고 있지만, 우리는 어떤 경우라도 역사에 대해 비관적인 관점을 갖지 않도록 주의해야 한다. 긴 시각으로 역사를 바라보면 역사는 개개인의 권리뿐만 아니라 소수자의 권리가 꾸준히 신장되어온 역사다. 또한 생산성이 향상되어온 역사다. 더욱이 이 시대는 사람들이 저마다 모바일 기기를 갖고 새로운 정보를 공유하고 마음껏 확산시키면서 아이디어를 만들어낼 수 있는 시대다.

역사는 우리들에게 지나친 비관론이 언제나 올바르지 않다는 사실을 늘 확인시켜준다. 미국 경제가 대공황의 와중에 풍전등화와 같은 상황에 빠졌을 때, 미국의 부호 록펠러는 당황해서 어쩔 줄 모르는 대중 앞에 서서 이런 말을 한 적이 있다.

"구십 평생을 살며, 나는 공황이 오고 가는 걸 수없이 보았습니다. 언제나 풍요는 돌아왔습니다. 이번에도 그럴 겁니다."

해가 지고 다시 떠오르는 것처럼 역사도 마찬가지다. 시계(視界)를 앞뒤로 펼쳐놓고 보면 인류 역사는 계속되는 진보로 이루어져 있다. 특히 경제나 사회와 같은 시스템은 나름의 회복하는 힘을 갖고 있다. 우리 사회와 우리 민족의 회복탄력성이 낮은 편은 아니다. 여기서 '회복탄력성'이란, 크고 작은 다양한 역경과 시련 그리고 실패를 맞은 이후에 도약의 발판으로 삼아 회복하는 마음의 근력을 말한다.

앞으로도 우리들의 일상은 어제처럼 반복될 것이며, 사람들은 어려우면 어려울수록 새로운 시도로 난국을 타개하기 위해 몸부림칠 것이다. 인간은 수동적인 존재가 아니라 능동적인 존재라는 사실을 염두에 둔다면 비관적인 생각을 가질 필요는 없다. 대부분의 사람들은 상대적으로 과거에 비해 삶이 팍팍해지는 것을 피할 수 없지만 이런 상태에서도 성공 신화를 만들어내는 사람들의 이야기는 계속해서 미디어를 장식할 것이다. 하지만 나라가 저성장 상태에 접어들면 대다수 사람들은 비용을 톡톡히 치를 수밖에 없으며 삶에 대한 기대 수준도 낮추어 잡을 수밖에 없을 것이다.

그러나 이는 평균적으로 어렵다는 이야기이지 모든 개인과 조직에게 해당하는 이야기는 아니다. 어떤 나라라도 경제가 구조적인 불황 상태에 빠지게 되면 지나친 비관론이 확산되는 경향이 있다. 마치 내일이나 모레 갑자기 나쁜 일들이 벌어지는 것처럼 상황을 과대포장하여 비관론을 확산시키는 사람들이 등장하게 마련이다. 언제나 낙관론은 인기를 끌 수 없지만 비관론은 단박에 사람들의 마음을 사로잡는 특성이 있기 때문이다.

때문에 우리는 우리 사회가 가진 구조적인 문제들이 시스템의 비효율과 낭비를 누적시키고 스스로 손을 쓸 수 없는 상태에 이르지 않도록 특별한 주의를 기울여야 한다. 시스템의 비효율성을 누적시키는 요인들은 대부분 개인의 선택 영역이 아니라 사회적 선택이 필요한 영역이다. 개인의 노력만으로 해결될 수 있는 성격의 문제가 아니다. 그렇기 때문에 해결하는 일이 상대적으로 어렵다. 이런 점에서 우리 한국인들은 더 현명해져야 하고, 더 솔직해져야 하고, 더 용감해져야 한다. 특히 개혁을 주도할 수 있는 정치 지도자와 정치 세력들의 각성과 혜안, 그리고 용기가 그 어느 때보다 절실하다. 그들의 역할이 정말 중요하며, 그들이 타이밍을 놓치지 않도록 해야 한다.

우리 사회에서 걱정이나 경고를 넘어서 비관론을 펼치는 사람들의 주장에는 한 가지 공통점이 있다. 그것은 한국 사회의 지도자들이나 구성원들이 시스템의 비효율성을 누적시키는 구조적인 문제들을 직시하지도 않은 채 해결에 적극적으로 나서지 않는 것을 우려하기 때문이다. 이런 비효율성과 낭비가 누적되어 외압에 의해 문제 해결을 강요당하는 상태에 빠지지 않을까 하는 걱정 때문이다. 세상에는 은근슬쩍 넘어갈 수 있는 것도 있지만 사회적 선택과 관련된 문제들은 그렇게 할 수 없다. 모든 선택은 그 자체로 긍정의 흔적이든 부정의 흔적이든 남길 수밖에 없다. 이것들이 차근차근 쌓여가면서 파열음을 내는 상황에까지 이를 수 있기 때문에 특별히 주의해야 한다.


## 파열음이 끝을 뜻하는 것은 아니다

———————— 지금까지 살펴본 바와 같이 우리를 둘러싼 대외 환경도 녹록지 않지만, 무엇보다 내부적으로 해결해야 할 과제들이 첩첩이 쌓여 있는 것도 큰 문제다. 내부적으로 해결해야 할 과제들 가운데 통제 불가능한 것은 거의 없다. 주의를 기울이고 의지를 가진다면 충분히 해결할 수 있는 것들이다. 이런 과제들을 적극적으로 해결하려는 의지를 보이지 않는다면, 우리는 또 한 번의 어려운 상황을 맞을 수도 있다. 내가 걱정하는 것은 사사건건 국론이 갈기갈기 찢어진 상태로 분열과 갈등을 반복하다 귀한 시간을 흘려 보내버리는 일이다.

미래의 일을 어느 누가 정확히 알 수 있겠는가? 그럼에도 불구하고 우리는 그런 위급한 상황이 발생할 수 있다는 가능성을 항상 염두에 두면서 우리가 가진 고질적이고 구조적인 문제들을 더 과감하게 고치는 데 힘을 모아야 한다.

'위기'라고 부르든지 '파국'이라고 부르든지 바라보는 사람에 따라 용어 선택은 달라질 수 있다. 그럼에도 불구하고 우리 사회가 어려운 상황을 경험하지 않은 채 조용히 넘어갈 가능성은 낮다. 우리 스스로 누적된 시스템의 비효율성을 청소하지 않을 수 없는 힘든 시기를 피할 수는 없을 것이다. 그런 힘든 시기를 겪지 않고 미리미리 문제를 해결할 수 있길 바라지만 아무리 생각해봐도 기적이 우리에게 일어나기는 어려울 것이다.

진리는 언제나 단순하다. 복잡하게 생각할 필요도 없고 어렵다고 생각할 필요도 없다. 우리 자신에게 정직하도록 노력하면 문제가 무엇인지 확연히 드러나게 된다. 앞에서 거론한 17가지 문제들은 누구든지 마음의 문을 열면 그것이 문제라고 인정하지 않을 수 없는 것들이다. 어떤 일이든 때가 있다. 움직여야 할 때가 있고 머물러야 할 때가 있다. 그때를 놓치고 나면 다시는 그런 기회를 갖기 어려운 것이 세상사의 이치이다.

우리의 문제 해결을 미루다가 또 한 번의 경제 위기와 같은 어려움을 겪는 딱한 사정도 가정해보자. 불행히 우리가 그런 일을 또 다시 경험하더라도 그것이 끝을 의미하지는 않는다. 그때도 일상의 삶은 계속될 것이다. 다만 그런 상황에 놓이게 되면 급격한 부(富)의 재편 작업이 이루어지면서 다수의 사람들이 엄청난 고통과 비용을 치르게 된다. 이런 혼란의 와중에서도 큰 부를 축적하는 사람들이 흔치는 않지만 나올 것이다. 이들 가운데는 한국인들보다는 외국인들이 큰 비중을 차지할 것이다. 오랜 세월에 걸쳐 애써 만들었던 우리의 자산들이 싼 가격으로 팔려나가지 않도록 해야 한다. 필자는 이런 최악의 상황이 발생할 수도 있음을 진심으로 걱정한다. 그때도 형편이 좋은 사람은 큰 기회를 갖게 되겠지만 대다수 사람들은 어려운 상황에 놓이게 될 것이다.

지나친 비관론을 가진 사람들은 그런 어려운 상황에 놓이게 되면 마치 삶이 끝나기라도 한 듯이 비관적인 견해를 피력한다. 하지만 나는 긴 시각에서 볼 때, 스스로 문제를 해결할 수 없다면 외압에 의해서 문제 해결을 강요당할 수도 있다는 시각을 갖고 있다. 물론 후자의 방법은 치러야 할 대가가 크기 때문에 가능한 한 피해야 한다.

개인의 인생사든 역사든 간에 현상이나 사건을 바라보는 관점은 사람마다 다르다. 우리들은 대부분 '우연적 시각'을 갖고 자신의 인생사와 민족사 그리고 세계사를 바라본다. 그러나 튼실한 신앙적인 토대를 갖게 되면 그런 시각이 변하게 된다. 나는 그런 시각을 '섭리적 시각'이라 부르고 싶다. '우연적 시각'을 갖게 되면 큰 위기는 끝을 의미할 수 있지만, '섭리적 시각'을 갖게 되면 그것은 과거의 오래된 적폐(積弊)를 정리하는 시간이자 사건이며 조정 작업을 그친 다음에는 또 다른 시작이자 회복의 시기로 바라볼 수 있게 된다. '섭리적 시각'으로 바라보면 한민족이 어려운 상태에서 버림을 당할 수 있는 불행한 민족이 아니라는 시각을 갖게 된다. 화급한 상황을 반드시 피해야 하지만 그런 상황이 발생하더라도 낙담하거나 체념할 필요는 없다고 본다. 그런 고난을 통해서 다시 시작할 수 있는 계기를 마련할 수 있기 때문이다. 고난의 시기 뒤에는 반드시 회복의 시기가 오게 마련이다.

어떤 사회를 중심으로 보면 대체로 정신을 차리는 계기가 되는 고난이나 역경이 때로는 필요할 때가 있다. 마치 부패를 방지하는 소금처럼 말이다. 현명한 자들이라면 큰 우환을 경험하지 않고 미리미리 준비를 하겠지만, 사회의 대다수는 현재의 고통을 감내하기보다 문제를 다음으로 미루는 데 익숙하다. 어렵게 쌓아올린 우리 사회의 기초를 생각하면 큰 우환을 피해야 한다. 어떻게 하면 그런 우환을 미리 피할 수 있을까?

진리의 단순함에 주목해야 한다. 단박에 효과를 낳을 것처럼 보이는 정치적 해결책보다는 가능한 한 시장 친화적인 해법을 선택해야 한다. 어중이떠중이 같은 정치인과 지식인들의 선동적인 주장이나 감언이설에 속지 않고 자신의 처지에 맞게끔 지나치게 허장성쇠를 부리지 않는 삶의 자세가 필요하다. 유행이나 선동이나 착각이나 자만과 같은 것들에 의해 눈이 가려지지 않기를 바란다. 우리의 처지를 직시할 수 있다면, 우리의 미래를 직시할 수 있다면 해결하지 못할 문제가 어디에 있겠는가?

긴 이야기를 마무리하면서 하고 싶은 말은, 우리들이 지금 당장해야 하는 일이 무엇인가를 짚어보자는 것이다. 전투에서는 전선을 넓게 확산하지 않고 주요한 거점에서 승리를 거두는 일이야말로 승리의 지름길이다. 초조한 나머지 이것저것 손을 대서는 문제를 해결할 수 없다. 일단 가장 중요한 거점을 확보하는 일이 필요하다. 쉽게 말하자면 지금 우선적으로 '해야 하는 일'을 잘 선별한 다음에 이를 집중적으로 공략해서 성과를 내는 일이다. 일단 이것에 성공하고 나면 그다음에는 실타래처럼 얽히고설킨 문제들도 어렵지 않게 해결할 수 있다.

# 직시하되
# 타이밍을 놓치지 말아야 한다

> ❝ 지금 우리에게 절실히 필요한 것은
> 발칙하다고 할 만큼 큰 상상력을 발휘하는 일이다.
> 우리가 겪는 현재의 어려움은 자원의 부족이 아니라
> 상상력의 부재 때문이다. ❞

어느 사회든 찬란하게 떠오르는 해와 같은 시기가 있다. 하지만 우리는 지금 정반대의 상황에 놓여 있다. 마치 어둑어둑 해가 저무는 석양의 분위기가 사회 전체를 감싸고 있다. 이처럼 딱한 상황을 넘어서 다시 희망과 낙관으로 가득 찬 새벽녘과 같은 상황을 만들 방법은 없을까? 우리 국민들은 지금 우리가 어떤 길에 들어서고 있는지, 앞으로 어떤 길을 가게 될지 어렴풋이 알기 시작했다. 무엇이 잘못된 줄 알면서도 이를 반전시킬 수 있는 노력을 기울이지 않는 일은 있을 수 없다. 왜냐하면 우리는 이미 '잃어버린 20년'을 경험한, 일본이라는 반면교사(反面教師)를 갖고 있기 때문이다. 특단의 조치들을 지속적으로 취하지 않는다면 한국 경제는 일본 경제가 걸었던 길을 그대로 답습하고 말 것이다. 우리는 과연 어떻게 상황을 반전시킬 수 있을까?

## 한국인들은 더 정직해져야 한다

먼저 우리는 우리 자신에게 더 정직해져야 한다. 모든 문제의 해결책은 문제를 문제로 깊이 인식하는 데서부터 시작된다. 우리는 우리의 실제 모습을 직시(直視)해야 한다. 문제를 직시하면 절실함이 생기고, 절실함이 있어야 어떤 문제든 해결할 가능성이 생기기 때문이다. 그러나 우리 사회는 우리에게 당면한 문제를 직시하려는 조직적인 노력을 하고 있는 것으로 보이지 않는다. 문제의 심각함과 중대성에 비해 그것을 해결하려는 노력이 참으로 부족해 보인다. 결과적으로 절실함도 없고, 절박함도 없고, 위기의식도 없는 무기력한 사회가 되어가고 있다. '어떻게든 잘 되겠지'라는 막연한 낙관과 '이렇게 가면 안 되는데'라는 우울한 걱정이 씨줄과 날줄로 교차하고 있을 뿐이다.

나랏일을 맡은 사람들은 우리 사회가 갖고 있는 어렵고 고질적인 과제들을 정확하게 시민들에게 알려야 한다. 그것도 한두 번이 아니라 국민들의 충분한 공감대를 얻을 수 있을 때까지 반복적으로 알려야 한다. 한국이 지금 비상 상황에 놓여 있음을, 대단한 위기 상황에 놓여 있음을, 그리고 타이밍을 놓치면 우리가 어떤 상황에 내몰리게 될지를 더 적극적으로 알려야 한다. 미래를 장밋빛으로 치장하지 않고 솔직하게 고백해야 한다. 경쟁력 약화 문제, 실업 문제, 부채 문제, 고령화 문제, 저출산 문제, 교육 문제 등을 온 국민들과 공유할 수 있도록 노력해야 한다. 우리와 주변 국가들과의 격차 확대라는 현상에 대해서도 국민들이 정신 번쩍 들도록 더하거나 빼지 않고 정확하게 알려야 한다. 초거대 국가 중국의 부상 속도와 모습을 우리와 비교해보라. 지금 우리가 이렇게 넋 놓고 있을 때가 아니다.

새 정부가 등장할 때 가장 먼저 해야 하는 일이 바로 이것이다. 특히 우리가 계속해서 수입을 창출할 수 있는 능력에 심각한 문제가 발생하고 있음을 낱낱이 국민들에게 알리고 협조를 구해야 한다. 아쉽게도 근래에 등장한 어떤 정부도 우리의 실상을 정확하게 알리고 국민들에게 진정한 협조를 호소하지 않았다. 지금이라도 늦지 않았다. 날로 악화되고 있는 우리의 현주소와 수입창출 능력의 문제점을 더욱 적극적으로 알리기 바란다. 그럭저럭 작동해왔던 한국호를 구성하는 여러 시스템이 시대 흐름에서 뒤처져가고 있다는 현실과 이로 인해 누적되는 적폐를 있는 그대로 공개해야 한다.


## 과거의 성공 공식은 반복되지 않는다

어떤 사회가 크게 성공한 경험은 현재의 문제를 해결하는 데 오히려 족쇄가 될 수 있다. 또한 미래를 준비함에 있어 큰 방해가 될 수 있다. 사람들은 자꾸 옛날 생각을 하면서 호시절에 성공을 가져다준 과거의 방법에 매달리는 경향을 보이기 때문이다.

우리가 명심해야 할 것은 이제까지 우리를 제대로 인도했던 방법과 제도라 할지라도 시대가 바뀌고 환경이 변하게 되면 그것들이 한순간에 무용지물이 될 수도 있다는 사실이다. 쉽게 말하자면, 이제까지 우리를 이끌었던 최선의 방법들이 미래로 나아가는 데 있어 차선은 고사하고 최악이 되어버릴 수도 있음을 잊지 말아야 한다. 한국 사회에 경제적인 풍요로움과 자신감을 불어넣었던 방법들이 오히려 걸림돌이 될 수 있다는 사실을 누가 쉽게 인정하고 받아들일 수 있겠는가?

그러나 이제까지 우리를 성공으로 이끌었던 거의 모든 것들을 의심해봐야 한다. "과연 이것이 이 시대에도 통할 수 있겠는가?"하는 의문을 던질 수 있어야 한다. 그리고 원점(제로베이스)에서 다시 생각해보고, 문제가 있다는 사실을 발견하면 허심탄회하게 대안을 마련해보는 용기를 가져야 한다. 이를 거부하고 그동안 익숙해져온 제도와 관행, 정책과 생각에 매달린다면 머지않아 반드시 이에 상응하는 혹독한 비용을 지불하지 않을 수 없다.

고도성장기에 만들어진 관료제도, 정치제도, 교육제도, 지방자치제도, 각종 규제 등 거의 모든 분야에서 근본적인 재검토가 이뤄져야 한다. 원점에서부터 획기적인 발상의 전환, 관점의 전환이 필요하다. 누더기를 덕지덕지 붙이고 메우듯 과거의 성공 공식에 색칠을 하고 기능을 조금 더하는 방식으로는 우리 사회의 고질적인 문제들을 절대 해결할 수 없다.

우리가 스스로를 건설적인 방향으로 파괴하고 개조할 수 없다면, 외부 상황이 우리의 운명을 흔들 수밖에 없다. 거대 시장의 거친 물결이 우리를 파괴하도록 내버려둘 것인가.


## 어렵고 불편한 길을 선택하는 리더가 필요하다

지금 우리는 안주(安住)와 변신(變身), 이 두 가지 선택의 기로에 서 있다. 하나는 익숙하고 쉽고 편안한 길이다. 이 길은 우리가 잘 아는 길이기도 하다. 다른 하나는 익숙지 않고 어려우며 불편한 길이다. 후자의 길을 선택하면 그 결과가 다소 미심쩍기도 하고, 무엇보다 힘든 것은 상당한 고통과 인내를 요구한다는 점이다. 대체로 보통 사람들은 미래에 큰 이득을 가져올지라도 당장의 불편을 주는 정책을 선뜻 선택하기가 쉽지 않다.

본래 인간은 현재의 불편함을 무척 싫어한다. 이를 잘 아는 정치인들은 선거에서 이기기 위해 국민들에게 당장 듣기 좋은 아부를 할 수밖에 없다. 정치인만 아부의 주체가 되는 것은 아니다. 지식인들도 마찬가지다. 그들도 다수의 사람들이 듣기 싫어 하는 이야기를 할 때는 한 번 더 고민하고 주저하게 된다. 우리 사회 자체가 대중사회이자 시장사회이기 때문에 이를 피할 방법이 없다.

어려운 일이긴 하지만 고양이 목에 방울을 달려는 사람이 있어야 한다. 어떤 사회가 시대의 변곡점에서 큰 행운을 차지하게 된 경우는 이런 사람들이 존재했을 때였다. 이는 특별한 인물일 수도 있고, 일군의 정치 세력일 수도 있다. 역사에는 다수가 손을 놓고 있는 상태일 때, 혹은 다수가 편안한 길을 가고자 할 때에도 시대의 흐름을 읽고 대중을 불편한 길로 이끌었던 사람들이 있었다. 이들의 혜안에 힘입어 한 민족이 부흥하거나 한 조직이 살아남은 사례를 우리는 역사에서 드물지 않게 찾을 수 있다. 처칠, 아데나워, 등소평, 박정희, 리콴유, 마하티르, 대처 등이 이런 부류에 속했던 사람들이다. 이들은 나라를 위해 획기적인 일을 실행했지만 당시에는 사람들의 환호와 갈채를 받지 못했다. 그러나 이들 덕택에 한 나라가 가난과 혼란의 질곡을 벗어날 수 있었다.

시대는 변했지만 사람 사는 곳은 예나 지금이나 본질적인 면에서는 비슷하다. 언제 어디서나 다수는 편안한 길, 익숙한 길 그리고 잘 알려진 길을 원한다. 이때 깨어 있는 리더들이 나서야 한다. "지금 이 길이 편안한 길이지만, 이 길은 우리가 죽는 길입니다. 지금 불편하고 힘이 들더라도 다른 길을 선택하면 우리는 살 수 있습니다." 이렇게 감동적으로 국민들을 설득하고 단호하게 행동으로 옮길 수 있는 리더들이 나와야 한다.

정치는 공공재이기 때문에 개인에게 당장 이득이 되지는 않는다. 그러나 제법 세월을 살아본 사람들이라면 잘 안다. 정치인들이 내린 의사결정 하나가 개개인의 삶 구석구석에까지 영향을 미친다는 사실을 말이다. 놀라운 일은 그것이 한 세대에게만 그치고 마는 것이 아니라는 점이다. 정치인들이 내린 결정은 세대를 넘어서 한 사회와 나라에 오랫동안 영향력을 행사한다. 우리 사회가 시대의 흐름을 정확하게 읽고 국민들에게 적극적으로 이를 알리고 해결책을 찾도록 독려하는 리더를 만나는 일은 대단한 행운일 것이다.

그렇다면 어려운 시기에 필요한 리더는 어떤 사람이어야 하는가? 아부와 상당히 거리를 둔 지도자여야 한다. 인기에 영합하는 민중주의 노선에 당당하게 맞서서 국민들을 제대로 살 길로 인도하는 리더여야 한다. 지금은 인기가 떨어지더라도, 사람들이 힘들더라도, 다음 세대를 위해서 우리가 조금 더 희생하고 헌신하는 선택을 해야 한다고 간곡히 호소하는 인물이어야 한다. 국민들 역시 그런 정치 세력들이 나라를 이끌도록 도와야 한다.

점점 고통이 심해짐에도 불구하고 우리 사회가 계속해서 쉬운 길을 선택할지는 두고 봐야 할 것이다. 지금의 정치 지형도와 인물 분포도를 미루어볼 때 어려운 길을 선택하는 정치 지도자가 나오기란 쉽지 않을 것이다. 하지만 이 또한 국민들이 하기에 따라서 바꿀 수 있는 일이다. 정치적 선택은 유권자인 국민 모두가 스스로 결정하고 통제할 수 있는 일이기 때문이다.

## 뭐든지 되는 쪽으로 제도를 혁파해야 한다

"이것은 이래서 할 수 없고, 저것은 저래서 할 수 없다." 우리 사회의 어느 곳을 보더라도 자주 눈에 띄는 현상이다. 어느 사회든 선진화가 될수록 점점 활력을 잃어간다. 그것은 인구 구조의 변화나 근로 의욕의 변화, 노동시간의 감소 등과 같은 수요와 공급 측면에 그 원인이 있다. 하지만 더 큰 원인은 제도적인 측면에서 기인한다. 경제활동의 동기부여를 결정하는 인센티브를 포함한 제도에 문제가 발생하기 때문이다.

한국처럼 정부의 영향력이 큰 사회에는 명시적인 규제뿐만 아니라 묵시적인 규제가 아주 많다. 특히 개발시대 때부터 관 주도의 성공을 이루어온 탓에 모든 분야가 규제로 둘러싸여 있다. 특정 상황이나 시대의 필요에 의해 만들어진 것이라도 일단 한번 만들어진 규제는 어떤 집단에게는 권리가 되기 때문에 이를 다시 빼앗기란 무척 힘들다. 실타래처럼 얽히고설킨 규제들을 하나하나 풀어가면서 무언가를 도모해야 하는 사람들에게는 진이 빠지는 일이지만 피할 도리가 없다.

고비용, 저효율, 거래 제한을 유발하는 규제들이라면 안전이나 보안 등과 같은 공공의 이익에 직접 관련되지 않는 한 과감하게 풀어주어야 한다. 선례에 따라 수년 혹은 수십 년간 이어져온 규제를 제거하는 데 총력을 기울여야 한다. 나라가 평화로운 시기라면 느슨하게 할 수도 있지만, 지금처럼 저성장 사회가 본격화되는 시점이라면 우리는 규제와의 전쟁에 박차를 가하고 속도전을 펼쳐야 한다.

무엇보다 경제를 활성화할 수 있는 선택을 할 수 있는 권리나 권한을 경제 주체들에게 이전시켜주어야 한다. 거래의 활성화에 걸림돌이 되는 모든 규제는 원칙적으로 푸는 방향으로 과감하게 나가야 한다. 여기서 핵심적인 표현에 주목해야 한다. "거래를 활성화시키는 데 도움이 된다면 원칙적으로 모든 것을 풀어라!"

금지 조항이 있다면, 이런 조항이 반드시 필요한 일인가? 보조금 정책이 있다면 이 또한 필요한 일인가? 특정 집단에 이익을 주는 차별 입법이 있다면 이는 정당화될 수 있는가? 등과 같은 예리한 질문과 검토로 원점부터 규제를 들여다보고 해체하는 일이 꼭 필요하다. 그것은 완화가 아니라 혁파여야 하고, 부분이 아니라 덩어리여야 하고, 점진적이 아니라 단번에야 하고, 가능한 선택할 수 있는 자유를 경제 주체들에게 제공하는 일이다. 경제 주체들이 보기에 놀라울 정도의 파격적인 규제 혁파 없이는 저성장 시대의 전개라는 거대한 흐름을 피할 수 없을 것이다.

## 성역화된 규제를 풀 비상한 개혁 조치가 필요하다

성역화된 규제는 대부분이 정부가 재정을 투입하지 않고서도 이미 갖고 있는 자원의 활용도를 크게 높일 수 있는 것과 관련되어 있다. 우리는 경제를 살리기 위해 적자 재정을 편성하고 이를 반복적으로 경기 부양책을 사용하는 데 날려버리는 잘못을 범하지 않아야 한다.

우리가 경제를 살릴 수 있는 방법으로 우선적으로 검토해야 할 일은 이미 갖고 있는 자원들 가운데 이런저런 명분으로 수십 년 동안 활용할 수 없었던 것에 과감하게 물꼬를 터는 방법이다. 산, 강, 들, 도심 외곽 등 샅샅이 살펴보면 때로는 인구 억제 대책으로, 때로는 산지 보호 대책으로, 때로는 수질오염 방지 대책으로 모든 경제 활동을 금지시킨 것들이 숱하게 널려 있을 것이다.

예를 들어, 우리나라의 수도권 입지 규제는 인구가 늘어나던 시절 인구 집중을 막기 위해 제정되었다. 개인의 사유재산권을 과도할 정도로 수십 년간 묶어버린 규제 가운데 하나다. 산지가 전국의 62%인 나라에서 가용 토지 가운데 가장 생산성을 높일 수 있는 토지들을 이렇게 꽁꽁 묶어서 미련하게 사용하는 곳이 지구상에 어디에 있는가?

경제주체에게는 돈을 벌 수 있는 기회를 제공하고, 나라 전체는 유효 수요를 늘릴 수 있는 방법이 있다. 이미 녹지로서의 기능을 상실한 수도권 인근 지역이나 지방의 도시 인근 지역을 과감하게 택지나 공장용 용지로 풀어주는 일이다. 이는 정부가 시혜를 베푸는 것이 아니라 토지를 소유한 사람들의 마땅한 권리이기도 하다. 이런 조치들을 사회 공익 차원에서 검토할 경우 우선적으로 생각해볼 수 있는 것은 저출산과 높은 주거비 때문에 결혼과 출산을 미루는 사람들을 겨냥한 맞춤형 정책일 것이다.

서울과 수도권 인근 지역에는 지하철과 도시 철도 시설이 잘 갖추어져 있다. 그렇다면 역사를 중심으로 반경 4~5km, 즉 마을버스가 손쉽게 다닐 수 있는 지역에 임대용 주택 건설을 위한 조치를 적극적으로 실시할 수 있다. 이런 조치를 취하면 반드시 반대 목소리가 있을 것이다. 우리가 어떤 정책을 실시할 때 가장 중요한 것은 정책의 우선순위를 명확히 하는 일이다. 지금처럼 한국 경제가 일본식 저성장 경제 체제로 들어가는 초입에 있다면 특단의 조치를 고려해야 한다.

젊은 사람들의 주거비를 낮출 수 있도록 녹지 기능을 상실한 토지를 활용하여 일부분은 사회공익적 목적에 맞게 대량 주택으로 공급하는 정책은 충분히 활용할 만하다. 여기에다 출산 자녀의 숫자가 늘어날수록 주택 구입비를 일정한 액수만큼 할인해서 구입하는 제도도 도입할 수 있다. 도시민들이 세컨드 하우스를 먼 지역이 아니라 자신이 사는 곳의 근교에 가질 수 있도록 허용한다면, 이는 또 다른 유효 수요를 창출할 수 있다.

정책이란 평화 시에 통할 수 있는 것이 있고, 비상시에 통할 수 있는 것이 있다. 나라 전체가 낮은 출산율 때문에 골머리를 앓고 있고 저성장 때문에 어려움을 겪고 있다면 이를 해결할 수 있는 방법을 찾아야 하지 않을까. 이런 정책은 기존의 고정관념을 과감하게 깨버리는 데서 해법을 찾아야 한다. 이것도 안 되고 저것도 안 된다고 우기면서 시간만 마냥 흘려보내버린다면 어떻게 우리가 우리 자신의 문제를 해결할 수 있겠는가? 재정을 투입하지 않고 최우선적으로 고려해야 하는 것은 우리가 이미 갖고 있는 자원의 효율성을 최대한 높이는 일이다. 그것도 조금씩 높이는 것이 아니라 획기적으로 높이는 일이다.

이런 정책은 수십 년간 공직에 몸담은 사람들이나 법조문에 둘러싸인 채 살던 사람들에게서 나오기는 힘들다. 틀을 완전히 깨버리는 일이기 때문이다. 우리의 어려움은 자원의 부족이 아니라 상상력이나 발칙한 생각의 부족에서 기인한다. 이로 말미암아 통념을 깨고 거래를 활성화할 수 있는 과감한 정책들이 좀처럼 등장할 수 없다는 것이다. 한국의 어려움은 상상력의 빈곤에서 비롯된다는 사실을 인정해야 한다. 한국의 위기는 물질의 위기가 아니라 생각의 위기임을 명심해야 한다. 왜, 좀 더 획기적이고 파격적인 생각을 하지 못하는가! 왜, 수십 년 전에 만들어놓은 틀 안에만 안주하려 하는가! 틀을 깬다고 해서 죽지 않음을 기억해야 한다. 우리가 살 길은 계속해서 틀을 깨는 데 있다.

## 공공부문에 대해서도 과감한 정비가 필요하다

최대한 간접부문을 줄여야 한다. 저성장시대에 국가는 고정비용을 감축하는 데 솔선수범해야 한다. 모든 사람들은 사적으로 합리적이며 자신의 이익에 충실하다. 공적 성격의 조직에서도 각각의 조직이 갖고 있는 애로나 필요를 들어보면 저마다 모두 합리적인 것처럼 보일 수 있다. 한마디로 부분 최적화의 사례에 속한다. 그러나 나라 전체를 보자. 공적 부문에 종사하는 사람이 한 사람 늘게 되면 납세자들은 그의 정년을 보장해야 하며, 정년 이후에도 인생의 끝날까지 연금의 부족분을 세금으로 채워주어야 하는 어려움이 발생하게 된다. "그게 무슨 문제가 있는가?"라고 반문하는 사람도 있을 수 있다.

그러나 저성장 시대에 걸맞게 한 나라의 행정서비스라는 간접 부문의 고정비를 줄여나가는 것이 최적의 방법임을 명심해야 한다. 당장 불편하기 싫으면 이제까지 해오던 모든 것들을 그대로 안고 가면 된다. 이런 체제가 존속될 수 있다면 좋겠지만 저출산과 저성장 체제하에서는 얼마 가지 않아서 행정 조직의 정비를 통한 비용 절감이라는 문제가 등장할 수밖에 없다. 중앙 및 지방 공무원뿐만 아니라 공적 성격을 가진 조직의 비중을 낮추는 것이 국가경영에 필수적이다. 이를 거부하면 얼마 동안은 유지 가능하겠지만 오늘날 경제 위기를 겪는 나라들과 같은 상황을 피할 수 없을 것이다. 어려움을 맞은 다음에 국가의 기간산업에 해당하는 시설까지 팔아 치우면서 재정난을 해결하기 위해 고심하는 유럽 국가들에게서 큰 교훈을 얻어야 할 것이다.

**노동시장을 비롯해서 모든 것을 유연화에 맞추어야 한다**

현재처럼 경직화된 노동시장하에서 기업들의 고용 창출 속도는 계속해서 떨어질 것이다. 사업가들의 솔직한 이야기를 들어보면 금방 답이 나온다. 관이 나서서 아무리 목소리를 높여봐야 결국 리스크를 안고 사람을 고용하는 주체는 사업가들이다. "매출이 정체되고 앞을 기약할 수 없는 상태에서 해고가 거의 불가능한 사람을 어떻게 뽑을 수 있겠습니까?"라는 주장이 고용주들의 속마음이다.

한국 사회는 지금보다 더 유연해져야 한다. 유연화를 우리 사회의 핵심 가치로 받아들여야 한다. 왜냐하면 이것이 우리 사회가 더 나은 사회로 나아가는 데 반드시 필요한 것이기 때문이다. 그러나 유연화는 이성적이고 합리적으로 이해할 수 있는 일이지, 본능적으로 받아들일 수 있는 현상은 아니다. 본능에 비해 이성과 합리는 늘 어렵다.

유연화는 반드시 노동시장에만 해당하는 것은 아니다. 한국 사회는 곳곳에 담합구조가 형성되어 있다. 그것은 견고한 성채를 구축하고 있는 것처럼 높은 비용과 낮은 생산성의 원인을 제공하고 있다. 그것은 올바른 일이 아니기 때문에 우리 사회가 해체할 수 있도록 노력해야 한다. 합당한 사람에게 합당한 몫이 주어지지 않고 논리적으로나 경제적으로 납득할 수 없는 사람에게 자원이 배분되는 것은 정의로운 일이 아니며, 장기적으로 사회에 분노와 갈등을 고조시키는 요인이 된다.

실용적인 측면에서도 유연화가 이뤄져야 하는 이유는 명확하다. 그것은 효율성을 낮추고 생산성을 방해하는 요인이 되기 때문이다. 모든 경영은 효율적인 자원 배분을 목표로 한다. 마땅히 자원이 적재적소에 배치되어야 사회 전체의 생산성을 극대화할 수 있고 이에 따라 사회 전체가 만들어내는 가치도 극대화될 수 있다. 자신들의 무리에 속하는 사람들에게 특권을 주는 그런 조직이나 사회는 오랫동안 경쟁력을 지탱할 수 없다. 요컨대 정의라는 기준으로 볼 때, 그리고 효율성이란 기준으로 볼 때 한국 사회에는 해체에 가까운 조치들이 필요한 분야들이 너무 많다. 고인 물이 부패하는 것처럼 담합구조가 부패의 중요한 요인이다. 우리 사회 곳곳에 포진하고 있는 학연, 혈연, 지연 등과 같은 것들도 대부분이 단합구조의 또 다른 아류들이다. 시대는 우리에게 유연화를 요구한다. 정실과 친고가 지배하는 사회가 개혁되어야 하는 이유이기도 하다.


**수입 증가율의 둔화에 맞춘 지출 구조 조정**

우리 사회는 인구 구조상 큰 변화를 경험하고 있기 때문에 경제성장률의 둔화가 불가피하다. 여기에다 인구 구성비에서 차지하는 노인 인구의 증가로 수입의 둔화가 불가피할 것으로 예상된다. 설령 추가적으로 특별한 복지 프로그램을 더하지 않더라도 지출의 빠른 증가는 불가피하다.

지출에 대해 성역을 두지 않고 줄여나가는 작업을 전개해야 한다. 수많은 보조금들도 하나하나 들여다보고 줄여야 한다. 행정부의 각 부처들이 오랫동안 운영해왔던 습관적인 비용 지출에 대해서도 원점에서 점검하는 철저한 노력이 있어야 한다.

현명한 자는 어려움을 겪기 전에 그런 일을 치르지만 미련한 자는 대부분 외압이 닥치고 나서야 허둥대게 된다. 여기서도 깨어 있는 사람들이 아무리 아우성을 쳐봐야 이 문제의 심각함을 알고 실천할 수 있는 주체는 정치인과 일군의 정치세력이다. 그런데 그들 가운데 빚의 무서움을 아는 사람이 얼마나 되겠는가! 사기업을 운영하는 사업가들처럼 빚과 관련하여 절실한 경험을 가진 사람들은 드물 것이다.

다시 한 번 강조하면, 자신의 경험치를 넘어설 수 있는 정치가들이 등장해야 한다. "그때 뭘 했습니까?"라는 이야기를 젊은 세대로부터 듣지 않으려면 지출을 줄이는 체계적인 노력을 과감하게 실천에 옮겨야 한다. 외압에 의해 지출 구조조정을 강요당하기 전에 반드시 그런 노력을 기울여야 한다.


## 조세 및 준조세 부담 증가는 신중히 해야

인간의 심성에는 너 나 할 것 없이 다소의 사악함이 숨어 있다. 다른 사람들에게 비용을 부담시키는 일을 좋아한다는 사실이다. 상대방이 과중한 부담 때문에 힘들어 하더라도 추가적인 부담을 지우면서 양심의 가책을 받는 사람들은 드물다. 우리 사회에서 근로자들 가운데 근로소득세를 전혀 내지 않는 사람의 비중은 57%나 된다. 이미 소수의 고액 소득자들이 상당한 부담을 지고 있다.

한국 사회는 조세와 준조세의 증가에 신중해야 한다. 왜냐하면 우리가 어떤 정책이나 제도를 선회할 때 눈에 보이는 효과에만 집중하는 경향이 있기 때문이다. 당장 세율을 올리면 세원 곱하기 세율로 얼마의 조세 수입을 거두어들일 수 있을지 숫자로 계산해낼 수 있다. 하지만 문제가 그렇게 간단하지 않다. 세율을 올리면 그것에 비례해 납세자들은 반응한다. 그들은 자신의 세금 부담 증가에 따라서 경제 활동을 회피하거나, 활동 지역을 옮기거나, 아니면 절세를 할 수 있는 다양한 수단을 선택할 것이다.

어차피 세금의 대부분은 소수의 사람들이 더 많이 부담할 수밖에 없다. 이들에게 합당한 세율이 얼마인지는 바라보는 사람에 따라, 처한 입장에 따라 다를 것이다. 우리 사회가 지출구조를 선행하지 않고 지출이 늘어나면 그것에 걸맞게 세금을 더 거두어들이면 된다는 주장을 그대로 받아들여서는 안 될 것이다. 장기적으로 어느 사회건 경제가 어려워지면 소득이 많은 사람들이 추가적인 부담을 더 많이 지는 것은 정상이다. 그러나 손쉽게 일부 집단에게 과중한 세금을 물리는 방법으로 문제를 해결하려는 대증요법으로부터 자유로울 수 있어야 한다.

증세뿐만 아니라 모든 경제정책에서 지나친 정치적 결단은 항상 부작용을 낳게 된다. 이런 점에서 나랏일을 맡은 사람들이 합리적으로 행동해야 할 것이다. 세원 확보의 대상을 넓히고 골고루 넓게 세금 부담을 질 수 있도록 조치해야 하며, 우선적으로 지출을 줄이도록 노력해야 한다. 최후의 수단이 증세인데 증세는 궁극적으로 경제 체제의 변화를 낳기 때문에 신중히 생각할 필요가 있다. 역사적으로 눈앞에 보이는 효과를 거두기 위해 무리하게 정치적 결단을 행한 나라들이 얼마나 많은 비용을 지불하게 되었는가를 우리는 잘 알고 있다. 역리를 취할 것이 아니라 순리를 취해야 한다. 세율에도 순리가 있으며, 이런 순리를 지키는 일이 이 사회를 지키는 일이기도 하다. 이미 과중한 세금 부담에 시달리는 소수자들에게 단지 상대적으로 많이 번다는 이유만으로 약탈적 과세가 이루어지지 않도록 주의해야 한다. "왜, 우리들만 약탈당해야 하는가?"라는 분노가 터져 나오지 않도록 해야 한다.


## 정치의 제 역할

개개인의 역할을 과소평가하는 것은 아니지만, 우리 각자는 주어진 틀 안에서 반응하고 적응하는 일이 활동의 대부분을 차지한다. 틀을 결정하는 곳은 정치이며 이를 추진하는 주체는 정치인이다.

정치인은 보통의 사람들과 달리 한 사회의 사회적 선택에 대한 의사결정에서 중추적인 역할을 맡는 사람들이다. 그렇기에 이들을 현명하게 선택하는 것처럼 중요한 일이 있을까 싶다. 유권자들은 이런 불평을 털어놓는다. "그런 일 하라고 우리가 저 사람에게 표를 주었습니까?" 사람인 까닭에 예상하지 못한 의사결정을 할 수도 있다. 하지만 대체로 정치인들의 행동은 예상 가능하다.

정치인을 뽑을 때에는 그가 지금까지 어떤 결정을 내려왔는가를 유심히 살펴보면 된다. 드물게 예상할 수 없는 선택을 하는 경우도 있지만 정치인의 경우는 대체로 예상 가능하다. 그의 머리와 가슴 속에 어떤 신념이나 이데올로기가 자리 잡고 있는가를 보면 된다. 정치인의 선택은 큰 방향에서는 신념의 지도를 받고, 지엽적인 선택은 자기 이익이나 당의 이익에 의해 영향을 받게 된다. 이익은 상황에 따라 바뀌기 때문에 예상하기 힘들지만 정치인의 선택에 중요한 방향타를 제시하는 신념 혹은 이데올로기는 예측할 수 있다.

　　이따금 신념이 오락가락하는 정치인들도 있다. 이들은 이익에 따라 움직이기 때문에 사안별로 큰 편차를 보이는 경우도 있다. 하지만 이런 경우까지 유권자들이 정확하게 예측하는 일은 어렵다. 우리 사회가 더 나은 방향으로 나아가기 위해서 우선 필요한 일은, 괜찮은 정치인을 선거 과정을 통해 뽑는 일이다. 괜찮은 사람은 누구일까? 권력을 잡는 정치인이나 그 세력들이 시대의 흐름을 읽고 단기적인 이익에 지나치게 매몰되지 않은 상태에서 국가의 중장기적인 이익을 향해서 나라를 이끄는 것이 괜찮음의 기준이 될 수 있다.

　　이따금 소신 없이 여론에 일희일비하는 선택을 내리는 정치인과 그 세력들이 있는데, 이런 경우에는 대부분 단기적인 이익이나 인기를 추구하게 된다. 이들은 대부분 포퓰리즘, 즉 민중주의 정책을 선호하는 방향으로 가버릴 가능성이 높다. 이런 정치인을 역사적 변곡점이나 중요한 시점에 선택하는 것은 우리에게 큰 불행이다. 이는 변해야 할 시점을 놓치고 상황을 악화시키는 일이 생기기 때문이다. 지금부터라도 시대 흐름을 읽고 내부적으로나 외부적으로 개방과 교역을 활성화시키는 것을 중요하게 여기는 정치인과 그 세력들이 집권해야 한다.

최악의 상황은 시대의 변화와 완전히 거꾸로 가는 정치인을 선택하는 경우이다. 이런 경우조차도 정과 반으로 여론이 나누어지기 때문에 극단적인 쪽으로 나라를 움직일 수는 없을 것이다. 하지만 민중주의적 성격의 정책들이 양산되면 짧은 시간 안에 내부와 외부에 잘못된 시그널을 줄 수 있고 이에 따라 예상치 못한 위기 상황을 초래할 수 있다. 정치 지도자를 제대로 선택하는 일은 매우 중요하다.

그러나 집권에 성공한 사람 혼자서 나라를 이끄는 것은 아니다. 야당의 협조가 있어야 원활한 국정 운영이 가능하다. 어느 나라 정치 세계나 그렇지만 우리의 정치권도 분열 성향이 강하다. 나라의 국익을 위해 힘을 합치는 경우는 드물고, 작고 사소한 이익에 사적인 감정까지 겹쳐서 분열하는 성향이 강한 편이다. 이런 성향을 극복하는 일은 시대의 분위기, 정치인의 자질 그리고 민족의 기질 등이 어우러진 일이기 때문에 단시간 내에 극복하기 쉽지 않을 것이다. 그럼에도 불구하고 우리가 끝까지 노력해야 할 일이다.


## 각자가 자기 자리에서 자기 몫 이상을 해야 한다

인간의 의식에는 무엇인가에 의지하지 않을 수 없는 강한 속성이 있다. 어떤 사람은 돈을 믿고 또 어떤 사람은 신을 믿는다. 국가에 대해 갖는 막연한 기대감도 든든함을 제공하는 것 가운데 하나다. 우리 사회에는 이른바 온정주의적 국가관을 갖고 있는 사람들이 많다. 어떤 사건이 터지고 나면 항상 "우리 사회 혹은 우리 국가는 이런저런 일을 해야 한다”는 주장을 펼친다.

국가는 시민들의 계약체이다. 특정 지역에 운명적으로 태어난 사람들 혹은 그 지역에 살기 위해 찾아온 사람들 가운데 특정 가치에 동의하는 사람들의 계약체로 국가를 바라볼 수 있다. 국가가 누군가를 도와준다는 것은, 엄밀한 의미에서 국가가 돕는 것이 아니라 다른 납세자들이 낸 세금으로 누군가를 도와주는 것을 말한다. 단일한 행동 주체처럼 보이는 국가와 많은 납세자들로 이루어진 계약체 사이에는 큰 간격이 있지만 사람들은 국가를 납세자들의 조합보다는 단일 주체로서 인식하는 경우가 잦다.

인격체가 아니면서도 마치 인격체처럼 받아들여지는 것이 국가이다. 성장률이 떨어지고 각 부문의 경제주체들이 짊어지는 부채 액수가 늘어나게 되면 자연스럽게 국가 역시 특정 그룹에 베풀어왔던 혜택을 계속해서 제공하기 힘들어진다. 하지만 사람들은 종합적인 시각에서 국가의 살림살이를 이해하기 어렵고, 이해하려고 노력하지도 않는다. 마치 부모에게 도움을 청하듯이 인격체처럼 보이는 국가에 이것을 해달라 혹은 저것을 해달라고 요구하는 사람들이 있다. 사실 그것은 국가에게 요구하는 것이 아니라 다수의 납세자에게 이것을 해달라 혹은 저것을 해달라고 요구하는 것과 같은 일이다.

연금개혁을 둘러싸고 치열하게 접전이 벌어졌지만 미지근한 미봉책으로 봉합이 되는 것을 지켜보면서 이런 생각을 해보았다. 개인에게 가장 중요한 것은 추상적인 것이 아니라 구체적이고 실질적인 것이다. 연금이 제공하는 생활비처럼 한 사람 한 사람에게 절실한 것이 어디에 있겠는가? 이런 절실함 앞에서 아주 깨인 특별한 사람이 아니라면 국가 전체의 형편이나 미래의 모습을 생각할 수 있겠는가? 연금에 생계비의 대부분을 의존하는 사람들에게 어려움이 닥치기 전에 미리미리 연금 액수를 조정하자고 요구하는 일이 과연 통할 수 있는가?

쉽지 않은 일이다. 때문에 재정적으로 위기 상황이 도래하기 이전까지 실질적인 의미에서 연금개혁과 같은 개혁조치들이 성공을 거둘 가능성은 낮다. 연금뿐만 아니라 국가가 지원하는 대부분의 프로그램도 마찬가지다. 실질적인 위기가 눈앞에 닥치고 나서야 우왕좌왕하면서 실질적인 개혁을 해야 하나 말아야 하나를 논하기 시작할 것이다.

오늘날과 같이 위기의 전파 속도가 빠르고 그 실상이 빠르게 공유되는 시대에는 위기가 빈번히 일어날 수 있으며, 전혀 예상치 못한 우연적인 사건으로 촉발될 수 있다. 개혁, 개혁을 외치지만 실질적인 개혁은 대부분 어려움이 닥치고 난 이후에나 부분적으로 가능한 일이라고 생각한다. 여기서 중요한 포인트는 '부분적으로'라는 꾸밈말이다. 말끔하거나 완전한 해결책은 위기 이후에도 쉽지 않음을 뜻한다.

국가가 안고 있는 고질적인 문제들의 치유에는 오랜 시간이 걸릴 수밖에 없다. 그리고 그런 치유책이 어느 기간 동안 효과를 보더라도 얼마 가지 않아서 망각이 지배할 즈음이 되면 또 다른 문제들이 누적되게 된다. 따라서 우리가 명심할 것은, 국가가 장기적으로 나에게 어떤 도움을 줄 수 있을 것이라는 기대를 접는 것이다. 오히려 비효율적인 국정 운영이 나에게 피해를 끼치지 않았으면 하는 바람이 더 나은 판단일 것이다. 이처럼 국가의 도움을 받을 수 있으리라는 막연한 생각을 접어버리고 나면 그때부터 국민 개개인이 스스로 준비해야 하는 절박감이 생겨난다. 그리고 절실하게 해결책을 찾아 나설 수밖에 없다.

## 환경 변화에 따른 의식의 전환이 필요하다

어느 시대건 빛도 있고 그림자도 있다. 현상의 양면을 모두 볼 수 있다면 삶의 무게는 한결 가벼워질 수 있다. 고도성장기에 빛과 그림자가 있듯이 저성장이 고착화되는 시기도 마찬가지다. 다만 저성장기의 그림자는 더욱 짙게 그늘을 드리우며 고통이나 체념을 커지게 한다.

한국 경제는 2%대 경제성장률을 거쳐서 점차 성장률이 내려앉는 저성장 추세를 피할 수 없을 것이다. 이미 충분히 설명하였듯이 과감한 개혁조치로 이런 추세를 몇 년 정도 뒤로 미룰 수는 있겠지만 큰 추세선을 전면적으로 뒤집을 수 있는 방법을 찾기는 쉽지 않을 것으로 본다.

여기서 등장하는 단어가 '익숙함'이다. 매년 봉급이 오르고 최소한 어느 수준 정도의 생활을 누릴 수 있어야 한다는 기대감에 수십년간 젖어온 사람들로서는 '기대 체감의 시대'를 받아들이는 일은 여간 어렵지 않다. 그러나 생각과 관점을 크게 전환하지 않으면 이러한 시대에 살아남고 승리하는 방법을 찾기가 쉽지 않다. 저성장 시대의 초입을 헤쳐나갈 지혜는 저성장 시대가 우리 삶의 일상 속으로 밀고 들어왔음을 기꺼이 인정하는 일이다. 그냥 머리로만 인정하는 것이 아니라 마음으로 받아들이는 일이다.

상황에 대한 냉철한 인식은 일과 생활을 바라보는 관점에 큰 변화를 가져올 것이다. 생활, 직업, 씀씀이, 투자, 교육, 인간관계 등 다양한 분야에 걸쳐 거품을 제거하고 합리적인 조정을 시도해야 한다. 관점만 바꿀 수 있다면 합리적인 조정은 아주 어려운 일이 아니다. 사람은 마음먹기에 따라 다양한 변신을 시도할 수 있기 때문이다. 저성장 시대라고 해서 나쁜 것만은 아니다. 고성장 시기에는 모든 것이 '더 많이 더 빨리'에 초점을 맞춰야 했다. 그러나 저성장기는 외형보다는 내실에 초점을 맞출 것과 양적 사고에서 질적 사고로의 전환을 요구한다. 합리성과 효율성에 초점을 맞추고 그동안 부풀어진 것들을 야무지게 다이어트 할 수 있어야 한다.

이처럼 어떤 개인은 자신의 삶을 성공으로 이끌기 위해 의식 전환을 하기도 하지만, 한 시민으로서 더 나은 나라가 되는 데 도움을 줄 수도 있고 부담을 줄 수 있다. 자본주의는 본질상 보이는 것을 강조할 수밖에 없는 체제이다. 그러나 우리가 볼 수 있는 것들의 배후에는 정신이란 것이 자리를 잡고 있다. 물질은 정신에 의해 좌지우지된다. 정신이 무너지면 자연스럽게 물질도 허물어지고 만다. 물질을 만들어내는 토대는 정신에 의해 좌우되게 된다. 즐기는 것은 내가 하고 비용은 사회의 다른 구성원들에게 무작정 미뤄버리는 무임승차가 한 시대의 중심을 차지하는 사회는 어떤 경우든 쇠락할 수밖에 없다.

시민 각자가 자신의 삶을 치열하게 개척하려는 자조정신 혹은 자활의지를 계속해서 유지 발전시킬 수 있어야 할 것이다. 이를 위해 우리 사회는 도덕재무장 운동이라도 해야 한다. "나에게 혹은 우리에게 더 많은 공짜를 달라!"는 목소리가 높아지는 이 시대를 볼수록 그런 생각이 절실하다.

세상의 모든 것은 변화하고 만다. 변화를 두려워하거나 불편해할 필요는 없다. 자연스럽게 '삶은 변화'라는 시각으로 받아들이면 된다. 시대가 바뀌면 그에 맞게 자신과 사회를 바꾸어가야 한다. 그것도 좀 더 과감히 말이다.

KI신서 6363

# 3년 후, 한국은 없다
**총체적 난국에 빠진 대한민국 민낯 보고서**

1판 1쇄 발행 2016년 1월 27일
1판 3쇄 발행 2016년 3월 20일

지은이 공병호
펴낸이 김영곤  펴낸곳 ㈜북이십일 21세기북스
출판기획팀장 신주영  편집 남연정 권오권
디자인 씨디자인: 조혁준 함지은 조정은 김하얀
출판사업본부장 안형태  영업마케팅 이경희 민안기 김홍선 최성환 정병철 이은혜 백세희
홍보 이혜연  제작 이영민

출판등록 2000년 5월 6일 제406-2003-061호
주소 (10881) 경기도 파주시 회동길 201(문발동)
대표전화 031-955-2100  팩스 031-955-2151
이메일 book21@book21.co.kr  홈페이지 www.book21.com
페이스북 facebook.com/21cbooks  트위터 @21cbook  블로그 b.book21.com

ISBN 978-89-509-6310-1 03320
책값은 뒤표지에 있습니다.